本书出版获重庆课堂内外杂志有限责任公司资助

关心下一代工作 社区教育

全国教育系统关心下一代工作委员会社区教育发展报告

姚喜双 / 主编

社会科学文献出版社
SOCIAL SCIENCES ACADEMIC PRESS (CHINA)

编 委 会

主 任

姚喜双　教育部关工委常务副主任

　　　　教育部关工委社区教育中心主任

副主任

刘信中　教育部关工委社区教育中心常务副主任

郑金城　教育部关工委社区教育中心副主任

　　　　重庆市教委关工委副主任

成 员

胡长江　教育部关工委社区教育中心秘书长

张　丽　教育部关工委社区教育中心副秘书长

线长久　北京教育系统关工委副主任

袁晴凯　天津市教育系统关工委常务副主任

李金海　河北省教育厅关工委常务副主任

畅日宝　山西省教育厅关工委主任

于玉清　内蒙古自治区教育厅关工委副主任兼秘书长

齐再光　辽宁省教育厅关工委常务副主任

孙玉刚　吉林省教育厅关工委常务副主任

孙　权　黑龙江省教育厅关工委副主任

俞恭庆　上海市教育系统关工委执行主任

葛高林　江苏省教育系统关工委主任

张绪培　浙江省教育厅关工委主任

郭荣辉　福建省教育系统关工委主任

文元骏　江西省教育厅关工委副秘书长

马庆水　山东省教育厅关工委常务副主任

崔炳建　河南省教育厅关工委常务副主任

孟庆金　湖北省教育厅关工委常务副主任

廖湘生　湖南省教育厅关工委副主任

王玉学　广东省教育系统关工委主任

覃长征　广西壮族自治区教育厅关工委秘书长

陈　晓　海南省教育厅关工委常务副主任

蒲晓容　重庆市教委关工委副秘书长

王晓都　四川省教育厅关工委执行主任

皮俊林　贵州省教育厅关工委常务副主任

杨　丽　云南省教育厅关工委常务副主任

索朗达杰　西藏自治区教育厅关工委副主任

刘桂芳　陕西省教育系统关工委主任

时宁国　甘肃省教育厅关工委主任

王　利　青海省教育厅关工委秘书长

刘培俊　新疆生产建设兵团教育局关工委副主任

董春月　大连市教育局关工委常务副主任

孙　钢　宁波市教育局关工委常务副主任兼秘书长

编写组编辑

邓世碧

编写组成员

黄正兰	何红梅	王 晋	李洪蕾	薛 斐	周 玉	何慧敏
李旌旗	姜黎燕	张 智	文洁琼	郑小焱	何 静	简小红
张华宾	周海芳	吴晓玲	陈秋华	张 慧	詹 萍	何 祺
叶李萍	朱爱萍	达建国	李成智	林培顺	宋平堂	张利辉
曾 莉	彭华婷	谭翠莲	赵 平	梁丽珊	赵丽霞	孔令梅
桂寅乐	张奕光	苏朗格望		施 捷	周建玲	陈 杰
梁彤彤	吴雅秋					

前　言

　　自 20 世纪 90 年代以来，在教育部党组领导支持下，教育部关工委围绕国家教育大局，配合主渠道，把立德树人作为根本任务，做了大量卓有成效的工作。广大教育战线老同志忠诚党的教育事业，退而不休、辛勤耕耘、无私奉献，受到社会的广泛赞誉，关心下一代事业被誉为培育未来、事关民族复兴与国家前途的战略工程。进入新时代以来，教育系统关工委深入学习贯彻习近平新时代中国特色社会主义思想，认真领会习近平总书记关于关心下一代工作、社区工作的重要指示精神，按照"党政统筹领导、教育部门主管、关工委有力配合"的工作定位，发挥"五老"优势，配合补充，充分协调、整合、利用各类资源，不断推进家庭教育、学校教育、社会教育三结合育人工作，在加强青少年思想道德建设、促进社区教育发展、推动全民终身学习氛围的形成等方面发挥了重要作用。2019 年是中华人民共和国成立 70 周年，我们特编辑《关心下一代工作与社区教育——全国教育系统关心下一代工作委员会社区教育发展报告》一书，主要目的有二：一是为中华人民共和国成立 70 周年献礼，二是总结教育系统关工委从事社区教育工作近 30 年的宝贵经验，为下一步社区教育工作提供有效帮助。

　　本书分为上下两篇。上篇为"全国教育系统关工委社区教育发展报告"，包含四章，梳理了教育系统关工委开展社区教育的历程、方式、成效和经验，并提出工作建议，为下一阶段教育系统关工委加强社区教育工作提供思路和启发，为实现"两个一百年"奋斗目标添砖加瓦。第一章"教育关工委与社区教育"，概述了教育系统关工委的基本情况，阐释了关工委从事社区教育的重大意义；第二章"社区教育发展状况"，全面回顾了教育系统关工委从事社区教育工作的历程，并从工作方式、工作成绩等维度系统总结了教育系统关工委的社区教育工作；第三章"社区教育工作经验"，从十个方面总结了教育系统关工委有效开展社区教育工作的经验；第四章"工作建议"，从当前教育系统关工委社区教育工作面临的挑战展开，结合工作现状和经验，从加强领导、落实责任、强化保障、贯彻方针、出台意见、开展工作六个方面提出了加强社区教育工作的建议。下篇为"社区教育优秀案例汇编"，详细介绍了 29 个来自不同地区、针对多种对象的社区教育工作案例。社区教育是随着改革开放和经济社会发展而提出的重要课题，教育系统关工委自成立以来，一直关注此课题，基层关工委组织对此认可度高，工作抓得早，积极开展各种社区教育模式的实验，力求发挥关工委队伍的优势，促进社区教育发展。近年来，各地关工委不断向我们报送社区教育实践中产生的优秀案例。在兼顾典型性与多样性的前提下，我们从今年收到的众多优秀案例中筛选了 29 个编入书中。由于社区教育是一项涉及不同主体的系统性工程，所以我们筛选典型案例时，并未局限于教育系统关工委自身开展的工作，而是根据案例主题进行分类，依据分类顺序编列，从更广泛的维度上介绍社区教育的实践经验。

当前，我国社区教育工作体现出鲜明的中国特色，在维护社会稳定、提高人民生活质量、推动学习型社会建设方面发挥了重要的作用。教育系统关工委以习近平总书记关于教育的重要论述为指引，关注青少年的全面发展，坚持以立德树人为根本任务，通过社区教育这一途径，帮助青少年树立正确的世界观、人生观、价值观，努力推动家庭教育、学校教育、社区教育相结合，为培养德智体美劳全面发展的社会主义建设者和接班人贡献力量。希望本书可为奋斗在社区教育一线的实践者提供一些可借鉴的经验，为教育系统关工委深入开展社区教育提供支持，为其他关注社区教育的人们提供一个了解社区教育的窗口，并引发读者对相关工作的广泛思考和探讨，共同推进关心下一代事业。

姚喜双

2019 年 8 月

目　录

上篇　全国教育系统关工委社区教育发展报告

第一章　教育系统关工委与社区教育 …………………………… 3

　一　教育系统关工委概述 ……………………………………… 4

　二　我国社区教育概述 ……………………………………… 11

　三　关心下一代工作与社区教育的关系 ……………………… 14

第二章　社区教育发展状况 ………………………………………… 17

　一　社区教育工作历程 ……………………………………… 17

　二　社区教育工作方式 ……………………………………… 23

　三　社区教育工作成绩 ……………………………………… 36

第三章　社区教育工作经验 ………………………………………… 44

　一　坚持围绕中心，致力立德树人 ………………………… 44

　二　强化组织领导，争取领导支持 ………………………… 45

　三　加强自身建设，完善工作机制 ………………………… 45

　四　组织学习交流，推广先进经验 ………………………… 46

　五　弘扬"五老"精神，发挥"五老"优势 ………………… 47

　六　依托基层社区，做好阵地建设 ………………………… 48

　七　彰显工作特色，打造工作品牌 ………………………… 48

　八　善于借力借势，坚持协作共享 ………………………… 49

　九　开展调查研究，强化理论引领 ………………………… 50

十 重视宣传工作，扩大社会影响 ················· 50

第四章 工作建议 ······································ 52

一 各级党委加强领导 ······························· 53

二 相关部门落实责任 ······························· 54

三 强化人力财力保障 ······························· 54

四 贯彻落实工作方针 ······························· 55

五 探索制定指导意见 ······························· 55

六 立足实际开展工作 ······························· 56

下篇 社区教育优秀案例汇编

案例1 整合社会学习资源，建设市民终身学习服务基地 ·········· 61

案例2 构建"选-备-联-讲-馈"社区教育培训流程模式 ········· 66

案例3 打造"五色讲堂"，助推终身学习 ················· 73

案例4 建设"楼院学习点+"，提升社区教育治理能力 ········· 78

案例5 充分利用高校教育资源，开展社区居民教育服务 ········· 85

案例6 辖区资源进校园，学生、社区同发展 ·············· 92

案例7 以"1+2+N"模式，打造青少年教育工作新格局 ········· 97

案例8 探索社区教育联盟，打造"幸福书屋" ·············· 105

案例9 共享共建，促进社区教育发展 ················· 111

案例10 拓思路，聚资源，构建青少年健康成长环境 ········· 116

案例11 互融共享，凝聚关爱合力 ·················· 122

案例12 培育社会组织，关爱困难学生 ················ 128

案例13 依托"五老"，整合资源，健全社区青少年教育机制 ····· 135

案例14 爱心助成长，留守不孤单 ·················· 140

案例15 社区红色讲坛，红色教育斑斓 ················ 144

案例16 小手牵大手，共建和谐家园 ················· 148

案例17 "五老"建功新时代，助力青少年成长 ············ 153

案例18 搭建"五老"平台，助力社区教育 ·············· 158

案例 19　挖掘邕宁文化特色，打造"桂风壮韵"品牌 …………… 165

案例 20　健全组织架构，完善工作机制 ………………………… 170

案例 21　立足家长学校，构建"1＋N"家庭教育体系 ………… 176

案例 22　共驻共建社区教育 ……………………………………… 181

案例 23　一点学堂，一点都不简单 ……………………………… 186

案例 24　重视隔代家庭教育，提升祖辈育幼素质 ……………… 191

案例 25　学校放假，社区开学 …………………………………… 196

案例 26　搭建社区关爱教育平台，让朵朵蓓蕾在阳光下绽放 … 202

案例 27　聚社会组织力量，为关爱下一代注入活力 …………… 209

案例 28　志愿服务凸显公益，合力开创社区教育 ……………… 216

案例 29　点亮心灯，润物无声 …………………………………… 221

参考文献 …………………………………………………………… 225

附录 1　个案访谈名单 …………………………………………… 228

附录 2　案例和报告提交单位 …………………………………… 230

附录 3　问卷提交单位 …………………………………………… 234

后　记 ……………………………………………………………… 241

全国教育系统关工委社区教育发展报告

第一章　教育系统关工委与社区教育

独具中国特色的关心下一代组织产生于 20 世纪 80 年代。1984 年 3 月，中国第一个关心下一代工作协会（简称"关协"）在河南安阳成立，为当地的老同志们开展关心下一代工作搭建了良好平台。安阳市"关协"的成立，受到党中央和有关部门的高度重视。中顾委、中组部、团中央于 1985 年和 1988 年两次联合举行全国关心下一代工作座谈会，总结推广安阳市"关协"的经验。之后，各地纷纷建立起关心下一代工作协会。经过多年的探索实践，各地"关协"积累了丰富的经验。1990 年，经党中央的批准，全国性的关心下一代组织"中国关心下一代工作委员会"（简称"中国关工委"）正式成立，由时任中顾委副主任习仲勋、王任重任名誉主任，时任中顾委常委康世恩任主任，王照华任常务副主任；中组部、中宣部、司法部、文化部、财政部、国家教委、总政治部、全国总工会、全国妇联、团中央等中央国家机关为中国关工委成员单位，各有一位领导同志任副主任。历经 30 余年，关工委组织建设取得突出成绩。截至 2018 年，全国的关工委组织已经达到 107 万个，其中教育、铁路等系统的关工委组织还在不断拓展，民营企业和机关事业单位的关工委组织数量也在大幅增加。关工委的广大老干部、老战士、老专家、老教师、老模范（简称"五老"）发扬"忠诚敬业、关爱后代、无私奉献、务实创新"的精神，退而不休，以社会主义核心价值观影响着一批又一批的青少年，得到了党和国家的高度认可。习近平总书记曾多次指出，"五老"是党和人民的宝贵财富，他要求各级党委、政府要"弘扬'五老'精神，尊重'五老'，爱护'五老'，学习'五老'，重视发挥'五老'作用，推动关心下一代事业更好发展"。2019 年 6 月,《中共中央 国务院 关于深化教育教学改革 全面提高义务教育质量的意见》发布,明确要求"关心下一代工作委员会要做好少年儿童有关教育引导和关爱保护工作"。

一 教育系统关工委概述

在中央的部署和中国关工委的关心下,1991 年 4 月 9 日国家教委下发了《国家教委关于成立国家教委关心下一代工作委员会的通知》(教办〔1991〕12 号),正式成立"国家教委关心下一代工作委员会"(简称"国家教委关工委",即今"教育部关工委")。在随后的 20 多年里,经过努力,整个教育系统关工委的组织建设取得巨大成绩。截至 2015 年底,省、市、县三级教育关工委组织实现全覆盖。2018 年,全国中小学关工委已经实现全覆盖,普通高校院(系)、高职院校、中职院校关工委覆盖率均超过 70%。随着离退休老同志数量逐年增加,关心下一代队伍也愈加壮大。根据教育部关工委的统计,截至 2008 年底,全国教育系统约 540 万名离退休老同志中,有 158 万人参与了关心下一代活动,其中骨干队伍约 70 万人;到 2016 年教育部关工委成立 25 周年时,教育系统"五老"志愿者队伍已有 190 多万人。随着人数的增加,各地教育关工委也越来越重视优化人员结构,关心下一代工作队伍建设成效显著。

(一)性质、任务

所谓性质,本质上就是解决"是什么"的问题。2003 年,教育部办公厅转发《教育部关心下一代工作委员会关于进一步加强全国教育系统关心下一代工作委员会工作的意见》(教关厅〔2003〕1 号),这个文件首次完整、明确地界定了教育系统关工委的性质,指出教育系统关工委是"以离退休老同志为主体,在职同志参加的,广泛团结热心教育的自愿者参与的,全面关心青少年健康成长的群众性工作机构;是配合教育部门和学校全面推进素质教育,促进学校教育、家庭教育、社会教育紧密结合的重要组织形式"。前半部分概括了关工委组织的共性,后半部分则对应教育系统关工委的特性。2009 年印发的教育部党组 20 号文件,即《中共教育部党组关于加强全国教育系统关心下一代工作委员会建设的意见》（教党〔2009〕20号），重申了教关厅〔2003〕1号文件的要点，并将领导体制和工作方式加入"性质"当中，表述为"教育系统关工委是在同级教育部门和各级各类学校党组织的领导下、以离退休老同志为主体、有在职同志参加的工作机构。以现职党政领导为主导，提出工作任务，以老同志为工作主体，开展工作"。这两份文件在教育系统关工委自身的建设中发挥了极其重要的作用，从三个方面阐述了教育系统关工委的性质：第一，它是在同级教育部门和各级各类学校党组织的领导下开展关爱工作的群众性工作机构；第二，开展工作的主体是离退休老同志，但提出工作任务时以现职党政领导为主导，同时广泛团结热心教育的自愿者；第三，开展工作的核心是"立德树人"，全面关心青少年健康成长。

教育部党组20号文件对教育系统关工委的任务进行了全面概括，指出"教育系统关工委的主要任务是组织、指导教育系统离退休老同志，配合教育部门和学校，全面贯彻党的教育方针，着力对高校和中小学校学生以及青年教职员工进行思想政治和道德品质教育，全面关心青少年健康成长，为培养德智体美全面发展的中国特色社会主义事业合格建设者和可靠接班人服务"。进入新时代以来，教育系统关工委以习近平新时代中国特色社会主义思想为指导，深入学习贯彻党的十九大精神和全国教育大会精神，围绕教育中心工作，发挥"五老"优势，配合补充，以立德树人为根本任务，着力加强青少年思想道德建设，教育引导青少年听党话跟党走，助力培养德智体美劳全面发展的社会主义建设者和接班人。

"立德树人"是教育系统关工委的工作重心。2004年印发的《中共中央国务院关于进一步加强和改进未成年人思想道德建设的若干意见》（中发〔2004〕8号）、《中共中央国务院关于进一步加强和改进大学生思想政治教育的意见》（中发〔2004〕16号）和2019年印发的《新时代爱国主义教育实施纲要》等三份文件，是教育系统关工委开展立德树人工作长期遵循的纲领性文件。在这些文件的指引下，教育系统关工委"全面落实青少年思想道德教育的主要任务"，"大力推进思想道德教育的创新"，"为青少年健康成长创造良好的环境和长效机制"。

（二）工作方针

经过十多年的实践和总结，教育部关工委在教关厅〔2003〕1号文件中首次明确提出了教育系统关工委的工作方针，即在党的领导下，"围绕中心、配合补充，因地制宜、量力而为，立足基层、注重实效"。这24字工作方针指明了教育系统关工委开展工作的要求。首先，通过"配合补充"的方式来"围绕中心"、服务大局，找准教育系统关工委的定位，将自身工作融入大局、配合教育主渠道开展关心下一代工作。其次，坚持实事求是、从实际出发，按照因地制宜、量力而为的原则办事，考虑地域、人员、事件等具体要素，与时俱进、具体问题具体分析。最后，扎根基层、服务基层，注重行动的实效性，真正为促进青少年健康成长发挥作用。这24字工作方针浑然一体，经过20多年实践的考验，被证明是准确而恰当的。各地教育系统关工委在24字工作方针的指导下开展工作，"急教育所急、帮青少年所需、尽关工委所能"。

（三）组织特点

关工委具有四个鲜明的特点，即政治性、群众性、先进性和教育性。（1）政治性主要体现在关工委与党委政府之间的密切关系。关工委是由党组织批准成立、吸纳了在职同志的群众性工作组织，接受同级党组织的领导，以在职领导为主导提出工作任务，配合补充主渠道工作。（2）群众性主要体现在以下三个方面：一是动员范围广泛，以广大离退休老同志为主体；二是成员遵循自愿参与、量力而为的工作原则；三是双向开展工作，关工委既要面向青少年开展关爱教育工作，也要动员和激励老同志参与关心下一代工作。（3）先进性体现在关工委的主体和任务上。一方面，关工委以"五老"为主要力量，这些离退休老同志具有坚定的共产主义信仰和社会主义理想及奋斗精神，在开展青少年教育工作过程中拥有独特的政治、经验、情感、威望和时空优势。他们积极响应国家号召，不求名利，怀着无私奉献的公益精神自愿参与青少年关爱教育工作。另一方面，关工委在党的领导下，围绕、配合主渠道开展工作，以习近平新时代中国特色社会主义思想为指导，从事着"培养德智体美劳全面发展的社会主义建设者和接班人"这一具有先进性的事业。（4）教育性也是关工委的鲜明特点，在教育系统关工委中体现得更为充分。首先，教育系统关工委配合教育部门推进素质教育，着力构建家、校、社三结合的育人网络，是其教育性的重要体现。其次，关工委老同志在关爱、教育青少年的过程中不断丰富、完善、更新自己的知识体系，做到"老有所学"，同样体现了关工委的教育性。

（四）工作制度

在 20 多年的发展过程中，教育系统关工委不断加强自身建设，形成了严谨的工作制度体系，包括办公会议、学习培训、协作交流、表彰奖励、调查研究等。自成立以来，教育部关工委每月召开一次常务主任办公会，每年召开一次全体委员会议。1991 年 10 月，全国教育系统关工委片区协作制度建立，并于 2009 年 1 月调整为工作协作组制度。自 1993 年起，教育部关工委每年组织一次全国教育关工委领导干部培训，并于 2011 年经教育部党组批准，正式纳入教育部干部年度培训项目。从 1996 年开始，每五年召开一次全国教育系统关工委工作会议。自 2009 年起，正式建立教育系统关工委秘书处工作座谈交流制度。2010 年 5 月，在 75 所教育部直属高校关工委中成立了 5 个工作协作组。2012 年 3 月，建立教育部关工委中等职业院校和高等职业院校联系点工作会议制度。在原先不定期召开社区教育工作会议的基础上，从 2016 年开始，每年年末召开一次全国教育系统关工委社区教育工作会议。为激励先进，1995～2011 年，教育系统关工委每四年进行一次全国教育系统关工委表彰活动，2015 年没有专门举办教育系统关工委先进集体和个人表彰会议，不过教育部关工委推荐的 23 个集体和 42 名个人受到了中国关工委的表彰。教育系统关工委还建立了工作调研制度，相关领导长期坚持深入基层了解关工委工作情况，针对关心下一代领域的热点、难点及相关理论问题广泛开展调研，以增强工作的针对性和实效性。

（五）工作品牌

1999 年 10 月，教育部关工委家庭教育中心成立；2002 年 7 月，教育部关工委社区教育中心成立；2002 年 11 月，教育部关工委培训中心成立；2002 年 12 月，教育部关工委理论中心成立；2009 年 5 月，培训中心撤销，理论中心更名为理论研究中心，教育部关工委家长学校教材资源研究开发中心成立。教育系统关工委依托这些中心推动实践工作，深化理论研究。党的十八大以后，为进一步宣传典型、整合资源，教育系统关工委综合、归纳、整理已有的特色工作，形成了高校关工委十大品牌（见表1-1），确立了基础教育领域的关工委工作五大平台（见表1-2）。同时，根据新时代青少年思想政治教育工作的要求，教育部关工委着力推动品牌创新工作，陆续推进"院士回母校""杰出老校友回母校""大国工匠进校园""老校长下乡""读懂中国"等活动（见表1-3）。

表1-1 高校关工委十大品牌

名称	简介
特邀党建组织员	由高校聘请政治素质高、敬业精神强、热爱党建工作、经验丰富、身体健康的离退休老党员担任特邀党建组织员，主要任务是协助学校党委有关部门，重点做好学校院（系）的学生党员培养、发展和考察工作；审查《入党志愿书》等有关材料，与入党申请人（入党积极分子）和发展对象进行谈话；指导学生党支部的建设工作；开展大学生党建工作和学生党员思想状况的调查研究，及时发现问题，提出意见建议
"五老"报告团	由理论水平较高、阅历丰富、学术造诣较深的老干部、老战士、老专家、老教师、老模范组成。主要任务是积极配合学校党委有关部门，以立德树人为根本任务，以社会主义核心价值观教育为重点，结合个人的阅历和体会，在青年学生、青年党员、青年教师和干部中进行宣讲，弘扬主旋律，引导广大青年树立正确的世界观、人生观和价值观
主题教育活动	各高校根据时事需要和学生成长特点，由学校关工委组织老同志协助学校党政部门，引导广大学生开展的特色教育活动。活动始终坚持以践行社会主义核心价值观为引领，以立德树人为根本任务，以重大节日、重要会议、重点事件为切入点，围绕社会普遍关注的热点和难点问题，通过专题讲座、征文大赛、影视展播、书籍推荐、歌曲传唱、网络文化等形式多样的教育活动，逐步实现传播理念、培育素质、励志青春、报效祖国的育人目标
青蓝工程	聘请师德高尚、业务精湛的离退休老教师参与青年教师培养工作。工作方式是采用老教师研究会、名师工作室、专家指导组、老教师督导团等形式，在制订教学计划、备课、听课、教学督导、教学质量评估、毕业设计等教学环节，在师德建设、教学态度、语言表述、教学方法、辅导员工作开展等方面，对青年教师进行传、帮、带
校园文化传承	发挥老同志热爱学校、熟悉历史和关爱学生的优势，通过举办专题讲座、主题班会、培养样板社团、开设专业课程和新生参观校园等形式，组织离退休老同志讲述学校办学特色、发展过程，解读学校精神，讲述为推动学校发展做出突出贡献的历史人物、杰出校友的故事，讲述学校在促进社会发展、民族振兴等历史进程中的故事，大力弘扬爱国爱校的精神，激发学生成长成才的动力

续表

名称	简介
社团指导	组织在政治、科技、文化、体育和艺术等方面有专长的离退休老同志，参与学生社团的指导活动。主要任务是协调、指导社团积极参与校园文化建设，开展丰富多彩、积极向上的文化、体育和教育活动，促进和提高学生的综合素质与能力；指导学生理论政治社团的组建、章程制订与修改，确定工作计划和重点，有针对性地做好理论研究和指导；深入学生社团，加强与社团骨干的沟通交流，了解社团活动中存在的问题，向学校有关部门提出改进工作建议
大学生涯导航	高校关工委配合有关部门，以老同志为主体，对大学生在校期间的学习、生活实施全程引导和跟踪教育的一种工作机制。主要内容是对低年级学生进行励志教育，引导学生树立正确的世界观、人生观、价值观，把"立志成才、乐于奉献"作为个人成长的目标；对高年级学生进行择业观教育，引导他们理性选择就业，有条件时给予帮助和推荐；针对大学生中存在的学习、形象、心态、情感等问题进行心理疏导，帮助他们化解心理健康方面存在的问题
老少共话	关工委老同志配合学校党政有关部门，在加强大学生党建工作、思想政治教育、学术文化教育等方面，特别是围绕理论和思潮问题、形势和社会热点、大学生成长等重大话题，通过书信、面谈、电话、座谈等形式，以自身的政治优势、威望优势、经验优势、亲情优势，教育、启发、引导大学生明白做人道理、明确认识目标、坚定理想信念
帮困助学	发挥老同志的威望优势，动员社会力量、挖掘社会资源、资助贫困学生；发挥老教师的教学经验优势，指导、帮助学习困难的学生完成学业；发挥老同志的亲情优势，耐心细致地做好心理困惑学生的疏导工作
专题调研	发挥老同志政治理论素养较高、人生阅历丰富、有较强的科研能力的优势，围绕大学生和青年教师成长成才中遇到的难点热点问题、立德树人中迫切需要解决的问题、教育改革中社会普遍关注的问题以及高校关工委自身存在的问题等开展专项调查研究，撰写调研报告，建言献策，为决策提供参考

表 1-2　基础教育领域关工委工作五大平台

名称	简介
主题教育活动	通过积极发挥"五老"优势，组织广大学生参加各种特色教育活动。活动坚持以践行社会主义核心价值观为引领，以立德树人为根本任务，以重大节日、重要会议、重要事件为切入点，围绕社会普遍关注的热点和难点问题，通过开展专题讲座、征文活动、影视展播、书籍推荐、歌曲传唱、网络文化引导等形式多样的教育活动，逐步实践传播理念、培育素质、爱党爱国的育人目标。教育部关工委从 1994 年开始与中国关工委共同主办"中华魂"主题教育读书活动，从 1997 年开始主办全国青少年"五好小公民"主题教育读书活动（2018 年起更名为"新时代好少年"主题教育读书活动）

续表

名称	简介
家长学校	家长学校是教育关工委参加家庭教育、开展家庭教育指导服务的主阵地，是提高家长素质、加强家校沟通、推进家庭教育工作的重要平台。据统计，全国有 33 万所学校建立了家长学校。各级教育关工委积极推动主渠道加强家长学校建设文件和规划，协助做好家长学校日常教学、管理和联系沟通家长等方面工作
青蓝工程	青蓝工程是在教育系统全面推进的一项重要工作，起源于本世纪初，是辽宁省一些高等学校和中小学校的积极探索与有益实践。聘请师德高尚、业务精湛的离退休老教师参与青年教师培养工作。在基础教育领域，这种老教师帮助青年教师的模式，丰富了在职教师培养模式，是与系统培训相配合的培养青年教师的有效途径，在促进青年教师提升教育、教学质量和管理水平等方面发挥了积极作用
课外辅导	广大"五老"本着就地就近、量力而为、发挥所长的原则，立足社区和家庭，义务创办和开展文化庭院、社区报刊资料室、家庭图书室、校外学习辅导站、家庭心理咨询室，开展老园丁联系户、家教一条街活动等，优化育人环境，促进学校、家庭、社会教育紧密结合，形成育人合力
帮困助学	发挥"五老"力量，通过筹款、募捐、筹集物资、心理辅导等多种形式，为青少年解决物质上、精神上的困难，帮助他们完成学业。2010 年 7 月，教育关工委帮困助学的重要平台——中国下一代教育基金会——经国务院批准成立，以教育部为业务主管单位，挂靠教育部关工委秘书处。在成立以来，基金会围绕学前教育、校外教育和家庭教育三大领域及留守帮扶行动、圆梦行动、红烛行动、德育行动等四个方面，联合教育系统关工委开展了主题鲜明、形式多样的公益项目及行动，受益地区遍布全国 31 个省、自治区和直辖市

表 1 – 3　新时代教育系统关工委工作品牌

品牌名称	简介
院士回母校、杰出老校友回母校	为深入贯彻落实习近平总书记关于关心下一代工作重要指示精神，创新青少年思想政治教育，有效教育引导青少年树立正确人生观、价值观和择业观，2016 年，教育部关工委和中国工程院科学道德建设委员会在 10 所教育部直属高校开展了"院士回母校"活动试点，并于 2017 年起在教育系统关工委全面开展"院士回母校""杰出老校友回母校"活动。活动立足于有效引导在校青少年树立社会主义核心价值观，立志报国，邀请院士以及在各条战线上取得优异成绩，为国家、社会、学校做出重大贡献，信念坚定、品德高尚的老干部、老战士、老专家、老教师、老模范等杰出老校友回到母校，通过现场访谈、主题报告、交流互动等多种方式，与在校学生面对面分享治学做人、干事创业等的经历和感悟，展现和诠释院士和杰出老校友矢志报国的理想追求、坚持不懈的创新精神、甘于奉献的品德风范，帮助引导青少年学生树立远大理想、激发学习动力、培养奋斗精神

续表

品牌名称	简介
大国工匠进校园	"大国工匠进校园"活动于 2016 年 10 月启动，由中国关工委指导，教育部关工委和中华全国总工会宣传教育部总体组织协调，将大国工匠请进校园，与学生面对面交流，传授做人学艺的经验和体会，通过建立"大师工作室"等，学校与大国工匠建立长期联系，生动展示工匠精神，助力职教人。活动以"弘扬工匠精神　提升职业素养"为主题，旨在深入贯彻落实习近平总书记等中央领导同志关于弘扬"工匠精神"的讲话精神，充分发挥"大国工匠"在职业院校开展社会主义核心价值观教育的资源优势和引领示范作用
老校长下乡	教育部关工委于 2016 年 10 月启动"老校长下乡"工作，组织大城市、教育相对发达地区优秀老校长等退休教育管理者、老教师深入贫困地区乡村学校支教，充分发挥他们阅历、经验、理念上的优势，重点指导学校提高管理能力、校园文化建设水平和加强教师队伍建设，将城市优质教育资源向农村辐射，向薄弱地区、薄弱校辐射，助力贫困地区中小学打好教育扶贫攻坚战
读懂中国	为深入贯彻落实全国教育大会精神，创新大学生思想政治教育形式和内容，拓展教育关工委工作平台，使更多的在校大学生进一步深刻感受中国的历史性变革和伟大成就，深切感悟中国共产党的历史担当和社会主义制度的优越性，进一步坚定跟着中国共产党走中国特色社会主义道路的信心和自觉性，教育部关工委于 2018 年在 20 所部直属高校试点开展"读懂中国"活动，从 2019 年起，结合党和国家发展历程重要节点，每年一个主题，在全国高校关工委全面开展"读懂中国"活动。活动由各高校二级关工委指导青年大学生面对面访谈学校"五老"人员，了解他们亲历改革开放中值得纪念的事件、感悟和经验、体会，以征文和微视频形式记录展示，取得了显著成效，成为高校关工委开展思想政治工作的有效平台

二　我国社区教育概述

社区教育是大教育体系的组成部分，是构建终身学习体系、创建学习型社会的重要方式和载体。从 20 世纪 80 年代发展至今，社区教育已成为我国提高社会治理能力、建设和谐社会的重要抓手，越来越受到全国上下的重视。

（一）社区教育的概念

我国的"社区教育"一词，有着丰富的内涵和广阔的外延。结合《民政部关于在全国推进城市社区建设的意见》（中办发〔2000〕23 号）和中共中央办公厅、国务院办公厅 2015 年印发的《关于深入推进农村社区建设试点工作的指导意见》（中办发〔2015〕30号），并对照实际工作可以看出，"社区"一词表示的是一定的地域范围，但是对这个范围可以有多重理解，既可以是村/居委会辖区，也可以是更大范围的街道或乡镇。"教育"一词，在这里突破了"学校教育"的概念，突破了各种流行的教育类型区分，涉及包含正规教育、非正规教育、非正式教育在内的"大教育"体系，与构建学习型社会和建设终身教育体系的社会治理目标密不可分。对"社区教育"的理解，要结合场所、资源和对象三个要素，把握其地域性、教育性和目的指向性。2006年，国家标准化管理委员会在《社区服务指南 第3部分：文化、教育、体育服务》（中华人民共和国国家标准GB/T206473－2006）中将"社区教育"界定为："在社区中，开发、利用各种教育资源，以社区全体成员为对象，开展旨在提高成员的素质和生活质量，促进成员的全面发展和社区可持续发展的教育活动"，比较全面地概括了其所蕴含的要素。

（二）社区教育在我国的发展

一般认为，我国现代意义上的社区教育始于1986年9月。当时，上海市普陀区的真如中学为了应对"依附性"和"封闭性"这两大积弊，成立"真如中学社会教育委员会"，"以学校为牵头单位，由社区的工厂、商店、部队、镇政府为理事单位……初步形成了各行各业主动关心、支持学校教育的局面"[1]，并逐步形成了"学校、家庭、社会德育一体化网络和信息反馈系统"，促进了学校教育社会化。1986年以后，"社会支持学校教育"的相关实践在各地大量涌现，很多地区建立了"社区教育委员会"，支持青少年校外德育工作。20世纪90年代，社会主义市场经济体制逐步建立，工作重心转变为以经济建设为中心，与经济发展相伴而来的人才需求、消费引导等问题，使得社区教育的重点逐步转移到成人继续教育和上岗培训方面，"社区学校"广泛建立；随着人口的老龄化，老年教育成为某些地区社区教育的重要工作内容。各地自发实践深化，党和国家对社区教育的重视程度加深，开始从国家层面推动社区教育工作。1999年1月，国务院

---

① 杨志坚、张少刚：《中国社区教育发展报告（1985—2011年）》，中央广播电视大学出版社，2012。

转批教育部《面向 21 世纪教育振兴行动计划》，提出要"开展社区教育的实验工作，逐步建立和完善终身教育体系"，并从 2000 年 4 月正式启动社区教育实验工作。此后，党和国家接连发布多个政策文件，大力推动社区教育的发展。尤其是党的十八大以后，多部门联合发布相关文件，对推动社区教育工作意义重大。典型的文件包括《教育部等七部门关于推进学习型城市建设的意见》（教职成〔2014〕10 号）和《教育部等九部门关于进一步推进社区教育发展的意见》（教职成〔2016〕4 号）。2019 年 2 月，中共中央办公厅、国务院办公厅印发的两份教育领域的重要文件都包含社区教育的相关内容，社区教育和终身学习的重要性上升到前所未有的高度。在《加快推进教育现代化实施方案（2018—2022 年）》的"深化重点领域教育综合改革"这一条目下，明确提出了"加快构建终身学习制度体系""加快发展社区教育"的相关要求；在《中国教育现代化 2035》中，专门将"构建服务全民的终身学习体系"作为第五大战略任务提出来，指出要"扩大社区教育资源供给，加快发展城乡社区老年教育，推动各类学习型组织建设"。

当前，我国社区教育工作已开创了良好局面。社区教育实验区和示范区的基础能力建设取得长足进步，整合社区教育资源、推进社区教育取得突出成效，社区教育内容和形式丰富，服务重点人群的能力大幅提升；已基本形成"党委领导、政府统筹、教育部门主管、相关部门配合、社会积极支持、社区自主活动、市场有效介入、群众广泛参与的社区教育协同治理的体制和运行机制"①；在经费保障、师资建设、阵地建设、督查评价机制建设等方面取得了较大进展；通过举办社区教育活动、开展"终身学习活动周"等，营造了全民终身学习的良好社会氛围；某些社区教育实验区和示范区已经开始探索推进学习成果的积累转换机制。《教育部等九部门关于进一步推进社区教育发展的意见》中明确提出了全面推进社区教育的总体目标，即"到 2020 年，社区教育治理体系初步形成，内容形式更加丰富，教育资源融通共享，服务能力显著提高，发展环境更加优化，居民

---

① 杨志坚、张少刚：《中国社区教育发展报告（1985—2011 年）》，中央广播电视大学出版社，2012。

参与率和满意度显著提高，基本形成具有中国特色的社区教育发展模式。建设全国社区教育实验区 600 个，建成全国社区教育示范区 200 个，全国开展社区教育的县（市、区）实现全覆盖"。

三　关心下一代工作与社区教育的关系

关工委开展关心下一代工作有多种不同的形式，涉及不同的内容。《中国关心下一代工作委员会工作规则》（中关工委〔2018〕4 号）中概括了关心下一代工作的内容，包括加强青少年思想道德建设、关爱帮扶工作、智育教育、身心健康教育，维护青少年合法权益以及提升青少年文明素质等。工作阵地既包括学校、各类教育基地，也包括社区。关工委在社区中面向青少年开展的关心下一代工作，绝大部分属于社区教育领域，关心下一代工作与社区教育之间有着密切的联系。

我国社区教育以社区全体成员为对象，以"提高成员的素质和生活质量，促进成员的全面发展和社区可持续发展"为目标，是大教育体系的重要组成部分，也是构建终身教育体系、建设学习型社会的有效途径。青少年作为社区全体居民中的一部分，是社区教育工作的重要对象之一；各级关工委在关爱、教育和培养青少年的过程中，也越来越重视社区教育的作用，已将社区教育作为开展关心下一代工作不可或缺的一种重要途径。近年来，教育系统关工委在配合主渠道做好学校教育的同时，积极参与家长学校建设，重视和发挥社区教育作用，推动学校教育、家庭教育、社区教育共同繁荣。

（一）两项工作存在一致性

关心下一代工作与社区教育工作存在多方面的一致性，至少包括服务对象、工作内容、工作阵地和最终目的四个方面。首先，二者都以青少年为服务对象。教育系统关工委以关心、教育、培养青少年健康成长为目的，而我国的社区教育始于社会支持青少年德育，并且青少年一直是其服务的重点人群之一。其次，二者的内容有重合。关工委完成"加强青少年思想道德建设""关爱帮扶""智育教育""身心健康教育"

"维护青少年合法权益""提升青少年文明素质"等关心下一代任务，必须在青少年当中开展各类相关的教育活动，而这些教育活动很多也属于社区教育的工作内容。再次，社区既是社区教育的阵地，也是教育系统关工委关心下一代的重要阵地之一。关工委一直坚持把工作重心放在基层，社区教育的工作重心也在基层，二者落实工作的阵地都在基层，而"基层"最主要指的就是"社区"。社区是青少年长期生活、成长的场所，社区的服务与教育活动，对青少年健康成长至关重要。最根本的一致性在于，无论是关心下一代工作还是社区教育工作，都是在中国共产党的领导下开展的、服务于国家发展大局的，二者的最终目的是一致的。关工委工作一直坚持服务大局的原则，引导青少年树立和践行社会主义核心价值观，教育和帮助青少年成长成才，最终服务于"实现'两个一百年'奋斗目标""实现中华民族伟大复兴的'中国梦'"；社区教育为构建终身学习体系和建设学习型社会服务，服务于全面建成小康社会的战略目标。

（二）社区教育是关心下一代的有效途径

教育系统关工委长期坚持推进家、校、社协同育人，开展的很多教育活动属于社区教育的工作内容。调研发现，关工委在社区开展针对青少年及其家长的教育活动，主要依托社区的场地等资源，有的社区重视关工委工作，还会解决一部分活动经费。参与相关教育活动的人员，无论是"五老"志愿者，还是青少年、家长，大都是社区成员。在社区中开展，利用社区的资源，服务于社区成员——在社区开展的关心下一代工作具备这些特征，因而天然地属于社区教育工作。

站在关工委的角度来看，社区教育工作的蓬勃发展给关心下一代工作的开展带来了新的资源。在东部沿海发达地区，社区教育阵地网络越来越完善，如上海，不仅建立了市级、区级和街道的社区学校，还在居民小区设立教学点，并于2019年开始试点在睦邻中心开设睦邻学堂；社区教育参与主体越来越多元，开放大学（广播电视大学）、高校、中小学、职业学校，以及其他的社会力量都积极参与推进社区教育；社区教育的内容整合共享越来越广泛，不仅社区教育专门课程体系的建设取得长足进步，各种文化设施和单位的资源也逐步整合进社区教育当中；社区教育工作者队伍建设取得良好效果，专业性不断提升、队伍不断壮大；社区教育信息化水平也越来越高，依托微信等网络平台开展的活动越来越丰富、质量也越来越高……社区教育的阵地资源、课程资源、教师资源、信息平台等，很多都可以运用到关工委的关心下一代工作中，提升工作实效。

第二章　社区教育发展状况

我国社区教育工作和关心下一代工作在发展过程中不断融合、相辅相成，顺应了时代对青少年关爱教育工作的要求。教育系统关工委很早就开始关注和参与社区教育的相关工作，不断丰富工作内容、改进工作方式。本章系统梳理了教育系统关工委社区教育工作的发展历程，从参与途径和工作方式两个方面分析教育系统关工委社区教育的工作方式，对教育系统关工委在社区教育领域取得的工作成绩进行总结。

一　社区教育工作历程

迄今为止，教育系统关工委开展社区教育的历程可大致分为三个阶段。第一阶段为 1991～2000 年，国家教委（教育部）关工委主要配合其他单位和部门举办会议，推动社区教育相关工作。第二阶段为 2001～2011 年，教育部关工委设立了专门的社区教育推进机构——社区教育中心，教育系统关工委逐步深入探索社区教育工作开展方式。第三阶段为 2012 年至今，教育系统关工委开展全国性的调查走访、深化理论研究和实践探索，设立社区教育联系点，全面深入开展社区教育工作。

（一）配合推动阶段（1991～2000 年）

20 世纪 80 年代，我国现代意义上的社区教育工作发端，各地有了一定程度的探索和实践，但是并没有全国意义上的总体规划和推进。90 年代初，关工委的关心下一代工作刚刚起步，教育系统关工委的关心下一代工作也在探索中发展。1993 年 2 月，中共中央、国务院印发的《中国教育改革和发展纲要》（中发〔1993〕3 号）中指出，"支持和鼓励中小学同附近的企业事业单位、街道或村民委员会建立社区教育组织，吸引社会各界支持学校建设，参与学校管理，优化育人环境，探索出符合中小学特点的教育与社会结合的形式"。根据文件精神，教育系统关工委开始关注社区教育领域。当时的国家教委关工委主要通过与有关单位和部门联合召开主题会议、开展调研等方式来推动社区教育发展。国家教委（教育部）关工委分别于 1993 年 10 月、1995 年 2 月、1996 年 10 月、1997 年 10 月和 1998 年 6 月联合有关单位和部门在北京、上海、重庆、天津和湖北召开社区教育工作研讨会、现场会，展示区域的社区教育实践，探讨社区教育工作经验与方法、社区教育与家庭教育和学校教育的关系，研究关工委开展社区教育工作的途径等，积累了丰富的经验。1997 年 3 月，国家教委关工委与中国关工委一起，联合中央教科所、中国社会学会教育社会学委员会成立了"中国关心下一代工作委员会社区教育中心"，对全国各地关工委的社区教育工作情况进行了大量的调查与研究。这一中心实际工作由教育部关工委筹划，为后期教育部关工委组建新的社区教育中心打下了良好基础。1998 年 11 月，教育部关工委参加了由上海市教委承担的国家"八五"重点社区教育课题的结题与鉴定会议，开始尝试"把开展社区教育实践与科学理论研究相结合"①。

1999 年 1 月 13 日，国务院转批教育部《面向 21 世纪教育振兴行动计划》，是新中国教育事业发展的一个里程碑，对于社区教育的发展非常重要。文件第 37 条明确提出，"开展社区教育的实验工作，逐步建立和完善终身教育体系"。2000 年，教育部发布了《关于在部分地区开展社区教育实验工作的通知》（教职成司〔2000〕14 号），从国家层面正式启动社区教育实验工作。在主渠道展开行动之后，教育系统关工委积极发挥配合补充作用，逐步深化理论研究和实践探索。

（二）逐步深入阶段（2001~2011 年）

2001 年在重庆市召开的"全国教育系统关工委社区教育、家庭教育工

---

① 张凤山主编：《关工委工作概论》，北京交通大学出版社，2008。

作会议"，要求把参与社区教育作为教育系统关工委工作的重要任务。紧接着，2002 年 7 月，教育部关工委成立了专门指导和推动社区教育的部门——社区教育中心，通过调查研究、理论研讨、信息交流、业务咨询、人员培训、出版书刊等方式开展工作，配合社区教育主管部门，努力实现"创建学习化社区和学习型家庭，逐步构建全员、全程、全面的终身教育体系，提高社区公民的生活质量和社区公民的素质，促进社区教育、学校教育和家庭教育的三结合"的工作目标。

2002 年 10 月，成立不久的社区教育中心积极组织专家，编印了《社区教育基本理论》《社区教育探索与实践》（共约 50 万字）两本社区教育学习资料，为后期工作打下了良好基础。2002～2008 年，社区教育中心组织了五届与社区教育相关的研修班和三届德育论坛，培训人员近 1700 人次；此外，中心还曾多次组织教育系统关工委的同志赴发达国家和地区开展社区教育考察活动、组织国内不同地区的同志们跨地区交流学习。2003 年，中心创办了《社区教育》内刊，赠送给全国所有省级、地市级教育关工委和部分县、高校关工委，搭建了一个长期的互动交流平台。迄今为止，此内刊已出版 80 余期。社区教育中心及时在《社区教育》上刊载社区教育理论和实践研究文章，推广优秀的关工委社区教育经验，供读者学习和交流。

在教育部关工委的大力支持和社区教育中心的积极推动下，教育系统关工委在社区教育理论与实践相结合方面有了长足的进步。各地教育关工委依据地方特色，探索社区教育的路径和方法，形成了诸多有益的经验，并且通过开展理论研究，推动社区教育相关工作逐步深入。相关理论研究和实践探索的成果，大都体现在《社区教育》这一刊物上。2002～2004 年，社区教育中心组织专家参与承担了全国教育科学"十五"规划课题"农村城镇化过程中的社区教育问题研究"子课题"社区教育和中小学教育相衔接的途径与方式研究"，全国"十五"规划教育科学类重点课题"21 世纪初中国社区教育发展研究"子课题"21 世纪初重庆市社区教育发展研究"等。这些研究的成果都发表在《社区教育》上，产生了广泛影响。各地关工委也积极投稿，将他们关于教育理论的研究，地方社区教育实践的经验，对地方相关问题的调研成果等发表出来。例如，上海市嘉定区教育系统关工委的《关工委参与社区教育的实践》（2009 年第 4 期）一文，提出"组织建到社区""队伍抓在手里""活动紧绕重心"的基本经验；江苏省海门市教育局关工委阐述了开展校外辅导站活动的宗旨、原则、主要形式和要注意的问题（2007 年第 2 期）；四川省华蓥市教育局关工委发表了对华蓥市未成年人违法犯罪情况的调查与研究，从家庭、学校和社会三个方面去找原因（2008 年第 1 期）。这些理论研究和经验总结与具体实践形成了良好的互动，相互促进、共同发展。

（三）全面深化阶段（2012 年至今）

2012 年 11 月，党的十八大召开，中国特色社会主义进入新时代。当年也正好是教育部关工委社区教育中心成立十周年。教育系统关工委社区教育工作的新阶段与中国特色社会主义新时代紧密契合。在这一阶段，教育系统关工委社区教育工作进一步深化，理论研究全面开花，实践探索硕果累累。2017 年，教育部关工委开始创造性地通过在基层设立联系点的方式，以点带面地推动社区教育工作。

2012 年，社区教育中心开展了为期一年多的社区教育调研，先后走访上海、浙江、北京、河北、山西、陕西、甘肃、重庆、四川等 9 个省份，通过实地考察、座谈交流等方式，了解教育系统关工委参与社区教育的状况，形成调研报告。以此调研为基础，2013 年，教育部关工委组织召开了全国教育系统关工委社区教育工作研讨会，时任教育部关工委主任田淑兰作了题为《发挥组织优势推动社区教育》的讲话，提出了教育系统关工委社区教育工作的思路和要求。2015 年，根据教育部关工委的部署，社区教育中心组织开展社区教育理论与实践研究征文活动，23 个省份提交征文604 篇，对新形势下教育系统关工委社区教育工作的地位作用、工作思路、制度机制、方法路径等进行了多方探讨。

2016 年 6 月，教育部、民政部、科技部、财政部、人力资源和社会保障部、文化部、国家体育总局、共青团中央、中国科学技术协会等九部门联合发布《教育部等九部门关于进一步推进社区教育发展的意见》（教职成〔2016〕4 号），从加强基础能力建设、整合社区教育资源、丰富内容和形式、提高服务重点人群的能力、提升社区教育内涵这五个方面对进一步推进社区教育工作的主要任务作出了明确部署。根据文件精神，教育系统关工委积极创新工作方式，逐步启动了教育部关工委社区教育联系点工作。2016 年 11 月，全国教育系统关工委社区教育工作交流研讨会在海口召开，学习贯彻《教育部等九部门关于进一步推进社区教育发展的意见》文件精神，深入交流探讨教育系统关工委加强社区教育工作的方法。教育部关工委主任李卫红发表了题为《抓住机遇　主动作为　积极推动教育关工委社区教育工作创新发展》的讲话，鼓励各地教育系统关工委积极推动社区教育工作。2017 年 6 月，教育部关工委发文要求各省、自治区、直辖市教育厅（教委）关工委和新疆生产建设兵团教育局关工委组织推荐教育部关工委社区教育联系点。经过审核评定，于同年 11 月公布了覆盖全国 26 个省、自治区和直辖市的首批 28 家教育部关工委社区教育联系点单位（见表 2 - 1）。之后，在四川省成都市召开了教育部关工委社区教育联系点建设推进会，总结了教育系统关工委社区教育相关工作，各地代表交流了工作经验，教育部关工委就如何做好联系点工作以及如何发挥联系点作用提出要求、作出部署，有效推动了社区教育联系点建设工作。2018 年 12 月，全国教育系统关工委社区教育联系点工作会议在上海市杨浦区召开，教育部关工委主任李卫红出席会议。她在讲话中总结了教育部关工委社区教育联系点建设一年来的工作经验，并就下一步如何发挥联系点"以点带面"的作用进行了部署。教育部关工委社区教育联系点的建设，加强了各地教育系统关工委与基层社区的联系，促进了社区教育工作进一步发展。自工作启动以来，各地积极响应，多部门联合协作，取得了很多优秀的成果。2019 年，教育系统关工委继续大力建设社区教育联系点，同时启动全国教育系统关工委社区教育状况调研工作，旨在系统总结教育系统关工委社区教育的工作方法和历程，推广优秀经验，带动更多地区社区教育工作的繁荣发展。

表 2 - 1　第一批教育部关工委社区教育联系点名单

序号	社区联系点名称	社区所在地教育关工委	对口领导
1	北京市昌平区燕平路社区	北京市昌平区教育系统关工委	
2	河北省邯郸市东吾吉村	河北省邯郸市肥乡区教体局关工委	孙成华
3	内蒙古包头市都兰社区	内蒙古包头市青山区教育局关工委	

序号	社区联系点名称	社区所在地教育关工委	对口领导
4	内蒙古呼伦贝尔市芳园社区	内蒙古呼伦贝尔市海拉尔区教科局关工委	
5	辽宁省抚顺市安怡社区	辽宁省抚顺市顺城区教育局关工委	
6	吉林省四平市广兴茂社区	吉林省四平市铁东区教育局关工委	
7	黑龙江省哈尔滨市建成社区	黑龙江省哈尔滨市香坊区教育局关工委	
8	上海市杨浦区	上海市杨浦区教育关工委	
9	江苏省镇江市金山街道	江苏省镇江市润州区教育局关工委	于 虹
10	浙江省杭州市上城区	浙江省杭州市上城区教育局	
11	福建省福州市军门社区	福建省福州市鼓楼区教育系统关工委	
12	江西省新余市龙州社区	江西省新余市教育局关工委	
13	山东省滨州市彩虹湖社区	山东省滨州市滨城区教育局关工委	
14	河南省郑州市康桥华城社区	河南省郑州市教育局关工委 郑州市二七区教体局关工委	
15	湖北省武汉市丽岛花园社区	湖北省武汉市洪山区教育局关工委	刘信中
16	湖南省湘潭市和平社区	湖南省湘潭市雨湖区教育局关工委	
17	广东省佛山市均安镇	广东省佛山市均安教育局关工委	
18	广西柳州市威奇社区	广西柳州市柳北区教育局关工委	
19	海南省儋州市大同社区	海南省儋州市教育局关工委	
20	重庆市万盛经开区	重庆市万盛经开区教育局关工委	
21	四川省成都市东一路社区	四川省成都市金牛区教育局关工委	郑金城
22	四川省成都市汇泽路社区	四川省成都市金牛区教育局关工委	
23	贵州省贵阳市世纪城社区	贵州省贵阳市教育局关工委	
24	云南省昆明市黄家庄社区	云南省昆明市官渡区教育局关工委	
25	陕西省西安市劳动一坊社区	陕西省西安市莲湖区教育系统关工委	
26	甘肃省定西市东街社区	甘肃省教育厅关工委	胡长江
27	青海省西宁市文亭巷社区	青海省西宁市城西区教育局关工委	
28	新疆克拉玛依市西月潭社区	新疆克拉玛依市教育局关工委	

  在这一阶段，教育系统关工委紧紧围绕"五老"动员、师资储备、工作平台建设等方面开展工作，组织教育系统离退休老同志依托"四点钟学校"、校外教育辅导站等关爱教育平台，在社区中关爱、教育青少年，打造了许多响亮的工作品牌，如重庆万盛经开区的"杜老师工作室"、"傅婆婆暖心室"、浙江杭州上城区的"梦想加油站"等。围绕"教育部关工委

社区教育联系点"建设工作，教育系统关工委积极寻求教育系统党政领导支持，与地区关工委和社区进一步加强联系，通过联席会议等方式，探索凝聚关爱力量的有效方式。

教育系统关工委的社区教育工作宣传渠道也越来越丰富。社区教育中心成立之初就建立了专门的网站，在2008年以后申请了独立的域名、优化了版式，该网站是社区教育中心重要的宣传窗口。2016年7月，社区教育中心开通微信公众号，进一步增强了信息发布的实效性和信息覆盖的广泛性。随着微信的普及，公众号已经成为社区教育中心及时推动工作最得力的平台。目前，教育系统关工委内部关于社区教育的宣传、推动平台，包括但不限于教育部关工委官网、《心系下一代》杂志开辟的社区教育专栏、社区教育中心创办的内刊《社区教育》、社区教育中心网站、社区教育微信公众号以及各地自己建立的微信和网站。

二　社区教育工作方式

20世纪90年代至今，教育系统关工委社区教育工作总体呈现参与逐渐深入、工作内容不断丰富的特征。纵观三个阶段的历程可以发现，根据"围绕中心、配合补充"的定位，教育系统关工委主要从三个维度开展社区教育工作：第一个维度是借助系统网络，通过文件传达与学习、会议交流、组织调研等方式配合补充主渠道，推动工作开展；第二个维度是发挥关工委及"五老"的优势，协调教育系统内部和外部的各种资源与关系，营造有利于开展社区教育相关工作的环境；第三个维度是动员"五老"人员，积极参与社区教育相关的活动。

（一）配合补充推动工作发展

1. 传达文件推进工作

教育系统涵盖了各级教育行政部门和学校，是一个覆盖全国各地的、广泛的系统性网络。依托这个网络，各类工作文件可以快速上传下达、达成共识，在系统内形成强大的合力。教育系统关工委的工作，也在很大程度上凭借这一网络的力量。2016年6月，《教育部等九部门关于进一步推进社区教育发展的意见》印发，各地教育部门高度重视，纷纷传达文件内容和贯彻文件精神。教育系统关工委也积极响应，推进社区教育工作。例如，吉林省教育厅关工委为加强组织学习和贯彻落实文件精神，迅速将相关文件转发至相应社区，着重宣传文件精神；天津市教育系统关工委高度重视，组织相关部门共同认真学习落实文件精神，进一步发挥"五老"作用，深入开展社区教育工作。有的"五老"在接受社区教育中心工作人员访谈时表示，"九部委的文件下发以后，我们通过学习，才对社区教育有一个真正的认识，进一步加强了社区教育工作"。每当教育部关工委有重要工作任务需要部署，例如开展社区教育联系点建设工作、进行全国社区教育调研等，一般都是以正式文件的形式发到各省级教育系统关工委，然后再层层转发、落实。各级教育系统关工委通过转发上级文件、学习文件精神，计划和推进当地的社区教育相关工作。在各自区域内推进工作时，通过文件来沟通交流也是教育系统关工委常用的方式。比如，重庆市万盛经开区教育局关工委每年寒暑假都会与区关工委联合发文至辖区内的学校和社区，强调在假期期间注重对青少年学生的教育。

2. 举办会议交流探讨

在推动社区教育工作的过程中，教育系统关工委非常重视会议在传达文件精神、统一思想认识、落实工作方法方面的作用。教育部关工委紧跟主渠道步伐，及时组织会议深入学习社区教育相关的政策文件，多次举办社区教育相关的工作会议，总结交流经验、提出工作要求。自 2016 年以来，全国教育系统关工委社区教育工作会议成为每年年末的常规工作之一。社区教育工作会议已连续召开三年，致力于在整个教育系统关工委内部推动对社区教育工作的正确认识，消除"五老"关于参与社区教育的疑虑，发动最广泛的力量参与社区教育，产生极大推动作用。

举办会议也是各地教育系统关工委的常态化工作方式。他们常常通过组织联席会、研讨会、交流会、现场会、表彰会等各种主题的会议，来强化认识、交流思路、展示经验、表彰先进，加强各单位各部门之间的协作关系，探讨社区教育相关的理论和实践问题，提出工作的目标和要求，推进优秀工作方法的传播、扩散，推广优秀团队和人物事迹。社区教育联系点建设工作开始以前，有些地方的教育关工委已经开始有针对性地通过会议推动社区教育发展。大连市甘井子区教育局关工委 2010 年就联合区青保办在兴华街道召开现场会，推广社区教育试点经验；重庆市南岸区教育关工委定期组织召开学校、社区双方组长和相关人员的联席会议，共同研究、协同制订社区教育工作计划和活动方案；吉林省四平市教育局关工委推动市教育局召开联席会议，由主管市长出面，区政府主持，各街道办事处主任出席，理顺社区教育工作中的各方关系，落实各方责任；天津市教育系统关工委通过召开现场会、座谈会、经验交流会等大力推广典型经验，推动各区之间互相学习；浙江省绍兴市越城区教体局关工委促成各镇街关工委、社区（村）关工小组召开各级联席会议，并在每年暑假结束后召开越城区教体局社区实践活动表彰会，总结经验，表彰先进。

在教育部关工委社区教育联系点建设前期，会议是推进工作的重要抓手。大多数社区教育联系点所在地都在教育系统关工委的推动下组织召开了包括地方各级政府、社区工作人员、教育主管部门和学校等在内的联席会议，协同推进社区教育，有的地区还将联席会议制度化，形成稳定的常规工作方式，如上海市杨浦区、江苏省镇江市润州区等。云南省、江西新余、广西柳州等地教育系统关工委都曾联合其他单位在当地的联系点社区召开现场会，推广经验。从 2013 年起，重庆市万盛经开区就建立了稳定的季度镇街交流制度，年终工作总结制度和区党工委、区关工委定期分别表彰制度，经常性地通过会议开展总结、表彰、推广工作。通过召开会议，教育系统关工委团结了各方面的力量，推广了先进的工作经验，提高了广大"五老"的工作能力，激发了大家的工作热情。

3. 组织调研支撑实践

调查研究既是关工委的优良传统，也是国际国内形势和青少年成长规律的客观需要。《中国关心下一代工作委员会工作规则》专门将调查研究列为关工委的工作任务之一，教育部关工委历年工作要点也将调查研究列为重要工作，如 2019 年的工作要点中就要求开展教育系统关工委社区教育大调研，以推动社区教育创新发展、助力家校社协同育人。尊重和把握新形势下青少年工作的特点和规律，找准服务大局和服务青少年的结合点，探索教育、关爱、引导青少年的新途径和新方法，实现关心下一代工作的创新发展，是进行调查研究的目的。

国家教委（教育部）关工委于 1997 年、2012 年和 2019 年三次参与或组织全国范围内以"社区教育"为主题的大型调研，多次组织开展社区教育相关的课题研究，教育部关工委领导也时常到基层开展调研工作，深入了解基层社区教育的发展状况。各级教育关工委也注重发挥教育系统"五老"理论素养高、教育工作经验丰富的优势，大力开展专题调研和理论研究，为实践工作提供基础支撑。2004 年，天津市教育系统关工委以"我市义务教育学校实施减负后全社会促进学生全面健康成长"为题进行调查研究，建议充分发挥社区教育的作用。在教育部关工委的支持下，吉林、江苏、广东等省级教育关工委也曾撰写有关社区教育问题的调研报告。江西省新余市教育局和新余市关工委于 2016 年对部分社区和中小学校进行专题调研，了解当地中小学生的社区教育现状和问题，调研报告正好为之后新余市渝水区龙州社区的联系点建设工作提供了理论指导。在教育部关工委社区教育联系点的建设过程中，燕平路社区、杨浦区、均安镇等联系点重视通过调查研究了解青少年及其家长的需求，并以之为依据制订相应的工作规划。各地教育系统关工委也常常将社区教育相关的现状调研和理论研究文稿登载于各种宣传平台，以推广经验、探讨问题。

（二）发挥优势扮演协调角色

社区教育是教育性与社会性的统一，需要社会各界的配合与支持，而且关心青少年的全面健康成长，也是全社会共同的责任。教育系统关工委的老同志曾长期活跃于教育系统，退休后生活重心又在社区，同时连接了教育系统和社区这两个不可或缺的社区教育要素。在教育部门党政领导和地区关工委的支持下，教育系统关工委能够协调各方关系和各类资源，理顺工作关系、获取资源支持，推动社区教育工作的发展。

1. 协调各方关系

（1）协调关工委与党政主管单位的关系

关工委的工作定位是配合补充，教育系统关工委围绕教育主渠道的中心工作开展关心下一代工作，首先要处理好的就是自身与教育系统党政主管单位之间的关系。如果获得同级党政主管单位支持，工作开展起来就会得心应手。在实践中，各级教育系统关工委主动向主管的党政领导请示汇报工作，争取领导的重视和支持。在党政领导的重视下，教育系统的人力、经费、阵地等资源都能够为关心下一代工作助力，增强关工委开展工作的能力。近年来各地建设社区教育联系点的经验表明，相关工作开展得好的地区，都获得了主管单位党政领导的重视和支持。例如，上海市杨浦区坚持三区（大学校区、科技园区、公共社区）联动理念，以政府为主导、以大学为依托、以园区为平台，在杨浦区学习办和区教育局的支持下，采取社区资源集聚共享的发展模式推进社区教育工作；江苏省镇江市润州区金山街道设立了社区教育联系点领导小组，由润州区教育局党委副书记任组长、分管社区教育的副局长任副组长兼办公室主任，市教育局关工委副主任、区关工委副主任、金山街道副主任任副组长。

（2）协调各相关单位和部门之间的关系

2001 年《全国社区教育实验工作经验交流会议纪要》中指出，我国社区教育的管理模式是"政府统筹领导，教育部门主管，有关部门配合，社会积极支持，社区自主活动，群众广泛参与"。这一管理模式明确了我国社区教育的系统性和复杂性，对各方协作的必要性有准确的认识。教育系统关工委单靠自身力量是难以推动社区教育的，必须发动各方力量协作。

从各地举办联席会议、建设教育部关工委社区教育联系点、面向青少年开展社区教育活动的经验来看，教育系统关工委在开展社区教育相关工作时，除了争取教育系统党政主管部门的支持外，还注意加强与地区关工委的联系，接受地区关工委的指导，将自身工作与地区关工委的工作融合起来。同级党组织的领导是关工委的最大优越性，其主任一般由在职党政领导兼任。通过地区关工委，就可以依托地方党组织和政府协调和凝聚区域内其他单位和部门，理顺相互之间在社区教育领域内的工作关系。在与地区关工委密切合作之下，教育系统关工委与区、街道政府和社区的联系也会得到强化，就可以通过区、街道政府和社区来整合驻区单位，形成更加广泛的联动关系。例如，北京市昌平区城北街道燕平路社区被确定为联系点之后，由区关工委组织区教育关工委、城北街道办事处和燕平路社区的相关领导召开联系点建设推进会；福建省福州市鼓楼区、云南省昆明市官渡区等地区，教育系统关工委和街道、社区密切配合，推动完善"学校—社区—家庭"三位一体的教育网络。在很多地区，教育系统关工委的某些成员同时也在地区关工委或社区关工委担任职务，更加便于把几方面的工作协调起来。如重庆市北碚区教育关工委的常务副主任，同时也担任重庆市教委关工委副主任、北碚区关工委副主任；江西省新余市关工委的一位副主任，同时也担任新余市教育局关工委和龙州社区关工委的顾问；重庆市万盛经开区则是直接将区关工委办公室设在教育局，将区教育局关工委的工作与区关工委的工作统筹起来开展。

2. 协调各类资源

"五老"在社区中开展青少年关爱教育工作，具备政治、经验、威望、时空和亲情五大方面的优势，但也存在三个短板：脱离现职、资源有限，身体、精力有限，新知识、新技术跟不上。教育系统关工委通过各种途径协调社区教育各相关方之间的关系，能够为社区教育工作的开展凝聚资源。面向青少年的社区教育工作，涉及的资源主要包括阵地、师资、经费、课程内容等。

（1）协调阵地和师资

当前主渠道社区教育蓬勃发展，开展相关活动的阵地资源丰富，有的利用原有社区居民活动场地，有的利用学校场地，有的综合运用辖区博物馆、图书馆等文化设施，也有的建立专门的社区教育"三级网络"（区/县社区教育学院或社区教育中心 + 街道/乡镇社区教育学校 + 居/村委会社区教育教学点）。经过有效协调，这些阵地都可以为教育系统关工委的社区教育活动服务。师资是教育系统的优势资源，无论是在职还是离退休教师，都能够通过教育系统关工委的推动，依靠教育系统党政主管部门的力量整合起来。通过教育行政部门或基层政府，还可以发动最广泛的力量，建设多元的师资队伍。浙江省绍兴市越城区就通过教体局的整合凝聚了五类社区教育教师队伍：以社教专干为主体的校外教育专职管理队伍，以高校教授为主体的校外教育指导员队伍，以学校教师为主体的校外教育联络员队伍，以"五老"为主体的校外教育兼职教师队伍，以及以在职人员、家长为主体的校外教育志愿者队伍。

教育系统与相关社区在场地和师资方面的交流增多，工作融合度提高，有利于推动社区教育发展。在内蒙古包头市青山区，区教育局下属的青少年发展中心和科技少年宫长期为当地社区教育提供师资力量，学校的场地经常提供给社区作为青少年培训和锻炼之用；都兰社区成为联系点之后，经区教育局关工委协调，全区的中小学生都可以到都兰社区活动，使用社区的资源。上海市杨浦区以三级网络建设为重点，充分利用社区教育的三级网络来开展关心下一代工作，在街道（镇）社区学校设立"一点学堂"进行亲子教育，将高校和科技园区的"五老"整合进师资队伍中。天津市教育系统开展"百名教师进社区"的工作，每个社区有一名教师担任社区未成年人辅导员，建立了"社区教师党支部"和"社区教师关工委"，依托驻社区的教师、"五老"志愿者开展青少年教育活动。此外，很多由教育系统关工委"五老"作为主要师资力量开展的青少年社区教育活动，是由社区提供场地。具体方式包括关工委在社区设立关爱教育阵地，开展常规性关爱教育活动，或者由"五老"讲师团提供课程"菜单"，社区根据自身需要预约"五老"去社区讲课。

（2）协调经费

目前全国很多地区没有设立社区教育专项经费，很多地区的教育系统关工委也没有专项经费。因此，教育系统关工委开展社区教育活动的相关经费总是需要多方筹措。协调好前述两类关系，有利于筹措社区教育经费。江西省新余市龙州社区联系点建设的过程中，社区自身努力争取街道办支持，再结合教育系统关工委"五老"向街道办、区委区政府和区教育局"敲敲边鼓"，争取到了一个200多平方米的场地，街道办下拨装修经费，设立了专门的社区教育服务中心，区财政局和区教育局也专门拨款支持社区开展活动。在江苏省镇江市润州区，市教育局、区关工委、区教育局联合筹措经费，采取以奖代补的办法解决学校与社区共建工作所需的部分经费。重庆市万盛经开区教育局关工委工作与区关工委工作统筹开展，其在社区开展青少年关爱教育的经费来源更加广泛。首先，区关工委工作经费中会拨出一部分开展社区青少年关爱教育；其次，依托区关工委的平台，联系了区委组织部、宣传部、司法局、科技局、民政局、文广新局等各部门对口支援特定社区的社区教育活动；此外，相关工作还得到街镇配套关心下一代工作经费、社会组织捐助等方面的经费支持。

（3）协调课程内容

发挥教育系统关工委的协调作用，能够综合利用最广泛的资源网络来开展社区教育工作，特别是以青少年为对象的社区教育工作。与地区关工委配合，可以依托地区关工委中相关的离退休干部来开展法制教育、环保教育、健康教育等。推动社区联合驻区单位，则可以开发更广泛的教学内容，比如福建省福州市军门社区整合了周边三坊七巷红色资源、名人故居、家风家训馆来进行青少年教育；贵州省贵阳市目前进行的茶文化、刺绣蜡染非遗文化相关的社区教育项目试点，未来也都可以把对象扩展到社区青少年。在社区教育课程建设相对完善的地区，很多主渠道设置的面向成年人和老年人的社区教育课程和教材已被引入中小学，比如上海市闵行区的颛桥剪纸、崇明区的环保教育等；杨浦区学习办和区教育局正联合各街镇关工委积极推进"社区教育进校园"工程，将优秀社区教育课程和非遗项目推送到中小学校。这些课程同样也可以用来开展社区的青少年教育。

（三）社区教育活动类型多样

社区是教育系统关工委发挥作用的广阔天地。当前，教育系统关工委开展的社区教育活动主要包括五大类型：第一类是青少年思想道德建设工作；第二类是发挥"五老"优势，以提升青少年科学文化素质、综合素养为目的的智育活动；第三类是家庭教育、家校合作的相关活动；第四类是对困难青少年的帮扶活动；第五类是健康、法制等方面的其他教育活动。

1. 以德育为核心，致力于立德树人

落实立德树人根本任务，最重要的是加强青少年思想道德建设。教育系统关工委开展社区青少年德育工作的方式是多种多样的，概括起来主要有三个层面：一是围绕"中华魂"和"新时代好少年"（原"五好小公民"）两项主题教育读书活动，在社区青少年中开展演讲、征文、朗诵等活动；二是发挥"五老"优势举办宣讲活动，进行中国特色社会主义、中国梦、党史国史、党情国情、国防和民族团结进步、优秀传统历史文化等方面的教育；三是利用区域内爱国主义教育资源教育、引导青少年。通过这些活动，可以引导青少年树立正确的世界观、人生观、价值观和历史观、民族观、国家观、文化观，继承和发扬光荣革命传统，养成高尚的思想品质和良好的道德情操，成为担当民族复兴大任的时代新人。

（1）主题教育读书活动进社区

关工委组织的全国性大型主题教育读书活动是加强青少年思想道德建设、培育和践行社会主义核心价值观的重要载体。其中的"中华魂"和"新时代好少年"两项，分别于1994年和1997年开始面向全国中小学生举办。长期以来，这两项读书活动主要依托学校体系开展。随着关工委开展社区教育工作的力度加大，有些地区的关工委逐渐将这些活动引入社区，与社区党建工作紧密结合。比如内蒙古呼伦贝尔市海拉尔区芳园社区多年来与海铁一中联合开展这两项读书活动；重庆市万盛经开区开展"新时代好少年"读书活动，是先在镇里面组织征文演讲比赛，然后再筛选优秀的选手推到区级，有些街镇还会邀请相关专家对区域内的青少年进行有针对性的辅导；湖南省湘潭市和平社区强化党建统领德育，开展"践行社会主义核心价值观，做新时代好少年"系列主题教育活动。

（2）发挥"五老"优势举办宣讲活动

"五老"是关工委开展工作的主体，也是教育系统关工委推动社区教育发展不可或缺的力量。教育系统关工委注重调动广大"五老"的积极性，充分发挥"五老"的优势，深入开展青少年思想道德建设工作。"五老"们通过各种青少年喜闻乐见的方式举办教育活动，将关心下一代工作与社区教育工作融合在一起。各地教育系统关工委与社区联合，结合寒暑假、传统节假日以及党和国家的重要纪念日等开展爱国主义教育和优秀传统文化教育。有的地区由关工委组织"五老"讲师提供课程，社区根据需要邀请"五老"进社区宣讲，比如北京市昌平区、浙江省绍兴市越城区、江西省新余市渝水区等；有的地区是区域内的"五老"人员在社区支持下自己组织平台，定期开展宣讲活动，比如辽宁省安怡社区的"青少年理论教育宣讲团""庭院讲坛"等；还有的地区是在教育系统关工委的指导下，由社区组织志愿者团队到学校宣讲，如海南省儋州市大同社区。

（3）活用区域内爱国主义教育资源

这里所说的爱国主义教育资源主要是指与党和国家的历史相关的物质的和非物质的资源。其中，物质资源包括各类名胜古迹、历史纪念地、名人纪念馆、博物馆、展览馆等，非物质资源则包括历史故事、影视歌曲、以老战士等为代表的历史亲历者等。各地教育系统关工委在开展社区教育工作时，非常重视对这些资源的运用。四川省成都市东一路社区在节假日和寒暑假期间，由"五老"带队，组织青少年学生开展红色征文、观影活动，邛崃长征纪念馆参观活动和红色故事宣讲活动；浙江省杭州市上城区教育局关工委在浙江省新四军历史研究会浙南分会宣讲团的支持和帮助下，坚持每周一次在少年军校开展教育活动，请新四军老战士们通过讲故事、开讲座、唱红歌等方式，讲述自己的亲身经历、战斗故事；内蒙古自治区呼伦贝尔市海拉尔区教育关工委注重运用反法西斯纪念园、雷锋广场等纪念场所，带领青少年学生缅怀先烈，激励他们昂扬斗志、奋发向前；江苏省镇江市润州区教育局关工委指导区域内6所学校与社区共建，融合区域特色的三原文化、平安文化、民族文化等教育青少年；福建省福州市军门社区活用三坊七巷、林则徐纪念馆等历史文化资源教育青少年传承优良家风；西藏自治区革吉县教育系统基层关工委在重大节日和纪念日广泛开展各种形式的主题教育活动，引导学生了解中华民族光辉灿烂的历史文化，努力实现中华民族伟大复兴的"中国梦"。

2. 开展智育活动，提升青少年素质

城市化进程引发了中国的家庭形态的变化。一方面，家庭结构小型化，只有父母和子女两代人的核心家庭占比越来越高。另一方面，在城市，双职工家庭多，而且职工上下班时间与中小学生上下学时间在很多地区是不同步的；在农村，留守儿童和"隔代家长"现象引发社会的关注和担忧。从教育培养孩子的角度来看，上述两方面的变化带来的首要问题就是，孩子的功课没有合适的人辅导。而且，随着素质教育的推进，很多学生（或家长）已不满足于学习学校课业，而是希望能学习更多元的知识，尤其希望提升科学技术、人文艺术等方面的素养。但是当前市场上兴趣特长培训费用偏高，一般家庭难以负担。

教育系统很多"五老"虽然已经离开原来的工作岗位，但依然心系青少年，愿意发挥余热参与青少年智育工作。北京、湖北的教育关工委都提及，有的老同志长期以来自己创造条件为青少年服务，利用自己家里的场所，自筹资金购买器材来辅导青少年，为解决社会问题、提升青少年综合素质发挥了重要作用。不过，个体的力量毕竟是有限的。近年来，很多地方的关工委发挥组织协调能力，依托社区资源、发挥"五老"优势，对接学生放学、放假时间，设立了以"四点钟学校""假日课堂"为代表的校外教育平台，凝聚各类资源开展对青少年的社区教育。在地区关工委与教育系统关工委的支持和协调下，"五老"人员、在职教师志愿者、大学生志愿者、社区工作人员等群体组成各种各样的团队，在这些平台中辅导青少年，很好地解决了家长的后顾之忧。随着平台建设的完善，很多地区探索出可持续发展的路径，并且发挥不同团队成员的优势特长，辅导内容既有课后作业，也有科技、书画等课外兴趣内容。

福州市军门社区于 2008 年开始设立"四点钟学校"，并以"教师进社区"为载体，保证每天都有 2 名教师和 1 名"五老"人员辅导学生，开展科普教育和寓教于乐的手工制作活动；另外，还发挥"五老"人员专业特长，举办象棋、书法、绘画、乒乓球等一系列比赛。邯郸市邯山区的"四点钟课堂"由渚河路小学退休校长牵头创办，放学的学生自愿选择学习、做作业，练习书法、绘画，了解法律法规，或开展"文明伴行动"助人为乐活动等。这个"四点钟课堂"一开始是由退休教育工作者辅导青少年，后来又有成批的利用课余时间进行社会实践的大学生志愿者参与进来。成都市金牛区关工委牵头成立"四点半乐园"工作领导小组，利用街道、社区自有场地或者辖区内学校、培训机构等资源，建立了不同模式的"四点半乐园"23 个，并建立教师志愿者和"五老"志愿者队伍 2 支，结合学生实际情况，开展以辅导学业、举办兴趣班、开展各类主题教育活动、参加社会实践等四种类型为主的课程。吉林省辽源市东丰县教育局关工委在东丰县西侧社区建立了"少儿温馨港湾"活动室，由社区工作人员每天定时接送社区内放学后无人看管的孩子，提供作业辅导、主题教育、科普知识教学、艺术特长培训等方面的志愿服务。江苏省海门市早在 1995 年就成立了第一个校外教育辅导站，到 2000 年，大多数地区创办了由"五老"义务上岗的校外教育基地，仅 2015 年度就有 5 万多位普教系统和 900 多位高教系统的老同志参与校外教育辅导站工作；江苏省内其他地区，如镇江市的校外辅导工作成绩也非常突出。重庆市万盛经开区几十个社区关爱教育平台凝聚了一批有爱心、有特长的"五老"人士，多年坚持为青少年提供课业辅导、书画培训、版画教学等课程。辽宁省抚顺市顺城区教育局关工委于 2015 年制订了"社区未成年人兴趣活动小组建设"实施方案细则，组织全区 6 个街道的社区教师根据自身特长确定兴趣小组建设和研究任务，成立了科技类（机器人、动漫设计与制作、科学实验等）、艺体特长类（音乐、美术、书法、棋牌、运动等）、操作类（茶艺、厨艺、陶艺等）、体验类（种植、养殖、环保体验等）等兴趣小组。

3. 推动社区家庭教育，强化协同育人工作

为配合主渠道全面推进素质教育，教育系统关工委历来重视家庭教育工作，将推动家庭教育工作视为构建"家庭—学校—社会/社区"三结合网络、全方位培育青少年的重要一环。国家教委关工委（今教育部关工委）自成立以来，就通过宣传、培训、指导等方式推进家庭教育工作，于1999 年设立教育部关工委家庭教育中心、2003 年创办中国家庭教育网，2009 年开始建立教育部关工委家长学校教育实验区，在实验区使用由教育部关工委家长学校教材资源研究开发中心组织编写、教育科学出版社出版的家长学校教材——《家庭教育》，并积极开展教育教学实验工作。在教育部关工委的重视下，教育系统各级关工委将家庭教育列入重要议事日程，积极推动家庭教育的实践探索与理论研究工作，取得了丰硕的成果。各地建立了大量家长学校，关工委"五老"积极参与家庭教育教材编写工作、宣传家庭教育理念。此外，按照中国关工委统一部署，教育系统关工委近年来充分发挥广大"五老"同志们的言传身教作用，开展"五老"弘扬好家风好家教活动。

2015 年 10 月印发的《教育部关于加强家庭教育工作的指导意见》（教基一〔2015〕10 号）指出，要加快形成家庭教育社会支持网络，构建家庭教育社区支持体系，将街道、社区（村）家庭教育指导服务纳入社区教育体系。可见，家庭教育与社区教育在某些方面是合而为一的。而且，在当前教育系统关工委工作中，家庭教育与社区教育的不少工作本来就是融合起来开展的。很多地区不仅依托学校体系办好各级家长学校，也成立社区家长学校，推进社区家庭教育工作。

立足实际、注重实效，各地教育系统关工委在推动社区的家庭教育工作中探索出许多有特色的做法。例如，浙江省杭州市上城区组织区域内的老校长、老教师与外来务工困难家庭子女结对帮扶，关工委老同志与家长们签订结对帮扶家庭教育指导协议，结对老师会和家长及时沟通他们帮助结对学生的过程中发现的问题，针对结对家长提出的个性化问题进行一对一指导或与家长和孩子一起探讨；福建省晋江市教育关工委于 2017 年举办"新时代家庭教育研讨会"、2018 年举办"弘扬新时代家风文化，做家风建设的实践者"主题征文活动，并将这两场活动的优秀文章汇编成册，作为家长学校教材；上海市杨浦区在全区 12 个街道（镇）搭建了学校、家庭、社区协作的新平台"一点学堂"，举办亲子教育活动，取得显著成效；内蒙古自治区包头市青山区建立了班级、年级、校级、社区级四级家长委员会，通过辖区家长走进学校、辖区家长走进课堂、辖区家长走进社区、学校教师走进辖区家庭四种方式形成家、校、社共育的良性循环；天津市教育系统关工委在社区兴办隔代家长教育学校，做到时间、地点、内容、学员、师资"五固定"，结合隔代老人教育孩子的需要编写教材、召开座谈会等；北京市昌平区教育系统关工委"五老"讲师团的老师们利用暑假到社区开设辅导讲座，内容包括针对社区居民"教育孩子成人、成才"的家庭教育指导和具有中国特色的"家风、家训"传承。广东省佛山市、内蒙古自治区包头市、河南省南阳市宛城区等地的教育关工委积极配合教育主管部门，在体制机制、师资队伍等方面下功夫，推动家长学校的规范化建设。

4. 开展关爱活动，温暖困境青少年

面向社区困难青少年开展关爱活动，是关工委社区教育的一个方面，教育系统关工委在其中也发挥了重要作用。社区范围内有很多针对家庭经济困难青少年进行的物质帮助，其中不乏教育系统关工委主导的，比如杨浦区设立的"夕阳情奖学金"、各地教育系统离退休老同志自发的捐助行为等。青少年心理疏导也是教育系统关工委在社区开展关爱活动的重要介入点，主要以留守儿童、外来务工人员子女等特殊家庭青少年为对象。早期，由"五老"群体直接开展青少年心理疏导是比较典型的做法，比如河北省邯郸市磁县教育局关工委开展的"爱心代理妈妈"志愿服务和重庆市万盛经开区"五老"直接面向辖区困难儿童开展"一对一"心理疏导等。随着大家对青少年心理疏导重要性和专业性认识的加深，越来越多的地区选择与心理专家、专业机构合作，比如贵州省贵阳市观山湖区世纪城社区依托贵阳市观山湖区未成年人心理健康指导中心，组建了一支由心理健康教育专家、社区志愿者、优秀家长代表和"五老"人士组成的学校家庭教师队伍；湖北省武汉市珞南街丽岛社区依靠"青苹果之家"的专家教育团队开展活动；湖南省湘潭市和平社区是由区教育局投资10万余元建立了社区未成年人心理健康咨询室；浙江省杭州市上城区由心理专家为青少年开设课程；四川省成都市金牛区荷花池街道东一路社区以项目的形式举办"儿童安全与心理健康体验课堂"；山东省滨州市彩虹湖社区由海燕社工承接青少年心理疏导服务；从2019年起，重庆市万盛经开区腰子口社区也联系了西南大学心理学专业的人员成立"开心姐姐"工作室，专为社区青少年进行心理健康辅导。

5. 举办其他教育活动，助力青少年成长

除了以上四类关爱教育活动，关工委还配合开展其他有助于青少年健康成长的工作。例如维护青少年合法权益、强化青少年身体素质的活动。福建、四川、湖北、甘肃、新疆等地教育关工委都曾在社区教育相关会议的交流材料中提及，当地教育系统关工委会联合相关领域工作人士或依托系统内部"五老"人员，通过开办讲座、播放宣传片等方式，在社区中面向青少年及其家长进行法律法规、卫生健康等方面的宣传，杭州市上城区的一位老校长还参与了青少年法律陪审团的工作。

三　社区教育工作成绩

20多年来，教育系统关工委发挥配合补充作用，在社区教育的实践探索和理论研究中都做了大量的工作，成绩斐然。实践成绩主要表现为工作方式的多样化、工作网络的完善和工作内容的创新，而理论成绩则包括现状问题的调研、经验方法的总结，同时也包括青少年德育等方面的理论思考。在社区教育工作中，教育系统关工委一直坚持理论与实践相互促进、协同发展的理念，形成了良性循环。

（一）实践探索

社区教育实践几乎伴随了教育系统关工委发展的整个过程。在探索教育系统关工委性质、方针、任务的过程中，在建立完善关工委工作网络和队伍的过程中，在推动构建家、校、社协同育人网络的过程中，教育系统关工委的社区教育工作也不断进步。如今，教育系统关工委社区教育工作方式多样，工作网络完善，工作内容不仅契合国家社会发展需要而且对青少年及其家长有极大吸引力。

1. 工作方式多样

教育系统关工委的工作定位是配合补充。要发挥好配合补充的作用，恰当的工作方式尤其重要，特别是在社区教育这个领域。这是因为，基层教育系统关工委更加习惯以学校为阵地开展青少年关爱教育工作，一开始对在社区开展青少年关爱教育工作的方式比较陌生。经过不断地探索和尝试，目前已在多方面取得良好的成效。

首先，在整个教育系统关工委内部，社区教育工作逻辑逐渐理顺，不仅有专门推动工作的机构和平台，而且有顺畅的沟通机制。自2002年设立教育部关工委社区教育中心以来，教育系统关工委有了推动社区教育工作的专门机构，通过组织培训、编写内刊、承办会议、运营网站、微信公众号和联系点工作交流群等方式，广泛团结了热心社区教育的各地关工委和教育系统的同志们。工作文件和社区教育年度会议成为教育系统关工委例行的工作方式。从2016年开始，教育部关工委每年年末都组织全国教育系统关工委的代表同志举办社区教育工作交流会议。自建立社区教育联系点以来，参与到社区教育工作交流会议中的各省教育系统关工委代表同志既有来自各省级教育关工委的，也有来自联系点社区及其对应的基层教育关工委的。教育部关工委的领导与来自全国不同省份的同志们相聚一堂、交流经验，有效推动工作向前发展。此外，区域内组织交流学习也成为常态化的工作举措，比如重庆市万盛经开区自2013年开始举办的季度镇街交流会就是一种典型做法。

其次，教育系统关工委采取多元化的方式与社区配合开展工作。社区关工委与教育系统关工委属于不同的系统，但是教育系统关工委的成员也是社区居民，而且，基层教育系统关工委和社区关工委，都接受地区关工委的指导。由此，教育系统关工委与社区就有了联系，也有了开展社区教育的途径。在近年来建设联系点的过程中，各地教育系统关工委通过多种方式加强社区教育工作。其一，当教育系统关工委的成员同时也是社区居民时，他们常常会被聘请为社区关工委顾问或成员，指导和参与所在社区的社区教育工作，例如江西省新余市龙州社区的关工委顾问就是区关工委成员之一；其二，各地教育系统关工委紧密联系地区关工委，通过地区关工委组织召开联席会议、链接资源，推进社区教育联系点建设。

最后，在社区开展青少年教育活动的过程中，各地关工委重视建立规范的工作流程与制度，推动社区教育的规范化。在不少地区，根据关工委的常规工作制度，社区教育方面的工作也形成了"年初计划、年内实施、年末总结交流"的工作流程。在很多联系点社区开展社区关爱教育活动的过程中，也逐步建立了规范的流程和制度，活动的立项、举办、总结、归档流程逐渐明确，人员职责、人员管理、物资和场地使用规范等细化的制度得以建立。

2. 工作网络完善

运行良好、配合得当、完善的工作网络，对于教育系统关工委在社区做好青少年关爱教育工作十分关键。这个工作网络既涵盖教育系统内部，也吸纳了更广泛的社会力量。首先，教育系统关工委自身拥有广泛的工作网络。教育部关工委与各级教育关工委和学校关工委保持指导关系，各级教育关工委和学校关工委之间密切配合、相互支持。教育部关工委一直关注社区、社会对青少年成长的影响，从成立之初就多方探索社区教育的开展方法。2012 年之后，教育系统关工委对社区教育工作的调研、推进的力度显著增强。社区教育联系点的设立，更是将省、市、县、区等多级教育关工委广泛联络起来，逐步编织起推进社区教育完善的内部网络。推进力度增强、网络编织得当，带来的典型效果之一就是，那些原来以"孤军奋战"的方式开展青少年社区教育的离退休老教师，逐渐得到了教育系统内部广泛力量的支持。例如，在湖北华中师范大学社区，退休教工陈惠民同志于 2000 年创办的"暑期文明学校"，原先是自筹经费、师资，2013 年后由社区主办，得到了学校大学生"博雅志愿服务队"的人力支持，师资、场地、经费也都更有保障。

在推进社区教育的过程中，教育系统关工委还与其他力量共同构成了覆盖面更加广泛的工作网络。通过强化与地区关工委、社区的联系，教育系统关工委与地区关工委的"五老"协同开展青少年关爱教育工作，各地

"五老"讲师团人才济济、各展所能；各地的社区将"共建、共享"作为工作开展的重要原则，形成了各种不同的凝聚资源和构建网络的方式，如世纪城社区"1＋2＋N"工作模式、龙州社区"三工"联动模式、东街社区"互融共享"工作方法等，凝聚了众多的社区关爱教育力量，其中都有教育系统关工委的"五老"的身影。

3. 工作内容创新

教育的根本任务是"立德树人"，教育系统关工委的社区教育工作以青少年德育为核心。"五老"同志们围绕德育主线，开展社会主义核心价值观，党史、国史等相关教育。为了激发青少年的兴趣、真正达到育人效果，他们在教育过程中不断创新方法，邀请历史亲历者为孩子们讲故事，活用爱国主义教育基地、军功章等具有历史意义的物质资源和红色电影、红色歌曲等优秀的非物质资源；将主题教育读书活动引入社区，通过读书、演讲、征文、朗诵等德育载体启迪青少年。同时，不少地区的教育系统关工委还结合"五老"特长、考虑社区需求，开展科学文化、艺术特长、家庭家风、文明素养、关爱帮扶等方面的教育活动，在其中融入"大德育"的观念，配合主渠道提升青少年综合素质。通过不断完善内容、规范形式，各地逐渐创造出许多具有强大吸引力和广泛影响力的青少年德育品牌项目，如以红色教育为主题的福州市水部街道建华社区"关工委红色大讲坛"，以区域历史教育为内容的上海市杨浦区"人文行走"项目，以书画教育为特色的重庆市万盛经开区"杜老师工作室"，等等。

（二）理论研究

在积极进行实践探索、不断提升实践成效的同时，教育系统关工委也重视理论方面的挖掘与积累，并充分发挥理论对实践的推动作用，形成"在实践的基础上进行理论深化、运用理论成果推动实践"的良性循环。多年来，教育部关工委和各地教育系统关工委围绕社区教育开展实地调研、专题讨论、理论研究等活动，形成了良好的理论研究传统。

1. 教育部关工委引领创新

教育部关工委是教育系统关工委的"领头羊"，居于整个教育系统关工委组织的指导地位，其工作风格和工作思路，在很大程度上影响着基层教育系统关工委的工作。教育部关工委从 1998 年起就开始关注社区教育理论与实践相结合的问题。社区教育中心成立之后,教育部关工委部署社区教育中心开展课题研究、内刊编辑等工作,极大地深化了社区教育理论研究工作。社区教育中心在前期参与多项社区教育相关的重要研究课题。并于 2012 年在北京、上海、重庆、四川等 9 个省份进行社区教育工作大调研,通过实地走访、座谈等方式了解全国教育系统关工委社区教育工作概况。这些工作为后期深化社区教育工作打下了理论基础。2019 年,教育部关工委再次将理论研究工作深化,部署社区教育中心启动全国教育系统关工委社区教育工作发展状况研究,总结教育系统关工委社区教育工作历程与工作方法,形成新的理论成果。

2. 基层加强调查研究

在教育部关工委的指导和影响下,各地教育系统关工委坚持深入基层社区、学校,针对实际问题进行调查总结,开展课题研究,及时把握青少年的思想脉搏和关工委工作的现实情况,所得成果作为领导决策和基层实践的参考,以调研成果推动实践深化。自 2014 年以来,湖北省武汉市教育局关工委深入基层社区和学校了解情况,先后到青山区、江夏区、黄陂区等区调研工作,及时掌握关工委工作动态,形成专题报告,发挥了参谋作用。2013 年,在"假日学校实验项目"成为全国社区教育特色实验项目课题之后,为增强青少年校外教育的工作实效,四川省成都市金牛区教育局关工委积极申报相关的科研课题,推动了"假日学校实验项目"的顺利实施。2016 年,江西省新余市教育局和新余市关工委开展中小学生社区教育情况调研,撰写的《江西省新余市中小学生社区教育状况及思考》调研报告,服务于之后开展的社区教育联系点建设工作。

3. 注重总结实践经验

理论来源于实践。各地教育系统关工委注重在实际工作中总结经验,有效推动实践的深化。一些地区系统总结当地开展时间长、影响广泛、社会反响好的品牌活动,突出地方特色,不断推广教育系统关工委社区教育工作的优秀经验,如吉林省的《关于打造品牌的探索和思考》,河北省的《关于我省"四点钟课堂"实践与发展的思考》等。福州市军门社区牢记习近平总书记"三个如何"的嘱托,探索符合新时代要求的社区治理模式、总结、提炼出军门社区"13335"工作法，囊括了社区治理、社区教育等各个方面的社区工作内容。2015 年，社区教育中心在教育部关工委的部署下开展了关于社区教育理论与实践研究的征文活动，得到全国各地教育系统关工委的积极支持，收到来自 23 个省份的 604 篇文章，择优汇编成《全国教育系统关工委社区教育理论与实践研究论文集》。这一论文集集中展示了 2015 年之前教育系统关工委在社区教育领域的探索与思考，对教育系统关工委社区教育工作的地位作用、工作思路、制度机制、方法路径等进行了多方探讨。从 2019 年开始，《社区教育》内刊每一期都邀请一个地方做系统性的经验组稿，每组大约 7 篇稿件，从多个侧面展示当地社区教育工作的经验。迄今为止，已有重庆市万盛经开区、江西省新余市、江苏省镇江市等几个地区的稿件相继刊出，后续还可期待更多地方的优秀经验总结。

4. 创新青少年德育工作思路

德育是关工委社区教育工作的重要内容，也是教育系统关工委理论研究的一个重要方面。教育部关工委先后申报立项全国教育科学规划国家一般课题"新时期中小学家庭教育立德树人的综合研究"、教育部重点课题"新时期家庭教育的特点、理念、方法研究"，为引导家长建立科学育儿观念、助力青少年健康成长和拓宽青少年德育内容、开拓社区作为新"阵地"、推动社区青少年教育工作开展提供了理论参考依据。在教育部关工委的指导下，教育部关工委理论研究中心开展"关工委对青少年进行社会主义核心价值体系教育工作研究"，推动各地教育系统关工委的青少年思想道德建设工作。各地教育系统关工委也长期积极开展青少年德育理论研究，产生了许多优秀成果。2013 年，福建省教育系统关工委的研究成果《当代关工委一项重大而紧迫的教育任务——加强青少年"中国梦"教育的几点思考》一文，根据顾秀莲主任指示、省委领导批示，制成多媒体课件，在全国培训和理论研讨班及福建全省中小学播放后，引发热烈反响，既丰富了"中国梦"的工作内容，也为福建省教育系统关工委开展社区青少年思想道德教育工作提供了优质素材。2015 年起，在教育系统关工委的指导下，贵州省贵阳市通过整合资源，初步构建了社区教育课程体系，并且正式出版了《阳明先生孝道思想与贵州孝行故事》《茶文化市民学习读本》等学习教材，丰富了当地开展青少年思想道德建设的资源。

（三）社区教育工作的意义

教育系统关工委社区教育工作产生了多方面的积极意义，主要可以从三个不同的层面来解读。

在微观的个体层面，教育系统关工委的社区教育工作，对于中小学生及其家长、"五老"志愿者都有重要意义。首先，参与其中的中小学生直接受益，多了一条提高综合素养的路径。教育系统的"五老"人员有教学热情，也有教学能力，在社区教育工作中，"五老"发挥自身特长开展"传承红色基因"相关的德育活动和辅导作业、培养孩子的兴趣爱好的智育活动，从思想道德和能力素养两个维度助力青少年的成长。其次，对于广大家长而言，"五老"人员积极参与中小学课后管理工作，弥合了家长下班和孩子放学的时间差，解决了家长辅导孩子的困难；相关的家庭教育活动，针对不同年龄段孩子和家长的需求，转变了不少家长和隔代家长的教育观念。对于"五老"志愿者而言，社区教育相关活动为他们提供了各种各样的"老有所为"的平台，丰富了他们的晚年生活，使他们获得了自豪感和幸福感。教育系统关工委很多成员都是一辈子奋斗在教育战线，有理想、有责任感的同志，后从事关心下一代工作让他们退休的生活再次充实起来；党和政府对关心下一代工作的关注，对优秀"五老"的大力表彰，青少年及其家长对相关活动的欢迎、对他们的尊敬，肯定了他们的工作价值，让他们感到幸福和满足。

在中观的区域层面上，社区教育直接面向居民，能够有效提升居民素质，营造良好社会氛围，提升社会治理水平。教育系统关工委社区教育工作的主体对象是青少年及其家长，通过面向这两个群体的工作带动区域整体的进步。教育系统关工委协调区域内的各类社会资源开展工作，逐步构建起家庭、学校、社会协同育人的网络。面向家长和隔代家长的家庭教育工作，以及通过青少年"小手拉大手"等活动，能够带动家长观念的进步，推动社区文明的发展。"五老"志愿者主动承担青少年的社区教育相关工作，发挥他们的特长，发扬志愿精神，带动区域内其他成员，可以分担社区工作人员的部分工作，壮大基层社区工作队伍，协助社区治理、促进社区和谐。重庆的经验表明，有的"五老"志愿者本身是社区工作的重点对象，他们积极参与相关活动，也让社区能随时关注到他们的动态、及时提供适当的支持。

从宏观的国家层面来看，社区教育是构建终身学习体系、建设学习型社会的重要环节，有助于创建文明城市。教育系统关工委开展社区教育工作，符合国家发展大局的要求。首先，有利于推进学习型社会建设工作。一方面，老同志通过社区关爱教育平台和家长学校等渠道，各展所能帮助青少年及其家长，促进他们不断学习、养成终身学习意识；另一方面，提供社区教育服务，也要求老同志不断学习、更新自身的知识储备。其次，在实践中，社区教育与社区建设工作密不可分，区域层面的社区治理工作有效改善，对于文明城市创建工作有非常积极的影响。各地教育系统关工委参与开展的社区教育，能够将社区建设和立德树人紧密结合起来。在江西省新余市、黑龙江省哈尔滨市等地，将环境卫生整治作为社区教育内容之一，开展环保教育；在江苏省镇江市，社区和学校联合，根据自身特色开展老少共建的教育活动；在云南省昆明市，以开建创建文明城市工作为契机，丰富家长学校的内容，同时面向青少年开展以社会主义核心价值体系为主要内容的教育活动；在陕西省西安市，将未成年人教育与社区志愿者活动有机结合起来，引导未成年人积极参加志愿服务。正如老同志们所言，社区是全国的窗口，是国家的细胞，在社区做好育人工作，有利于促进社区稳定和健康，最终达到社会和谐发展的目的。

第三章　社区教育工作经验

20多年来，教育系统关工委不断思考、不断探索、不断创新、不断总结，推动社区教育持续健康发展。在工作中，教育系统关工委将始终坚持以立德树人为根本任务，坚持理论与实践相结合的工作方法，将加强领导重视作为开展工作的关键，注重发挥"五老"优势。在教育部关工委的指导下，各级教育系统关工委针对社区教育的发展问题开展实地调查和理论研究，完善基层组织和机制建设，打造特色品牌，组织学习交流，联合各方力量共同推动社区教育发展。目前，教育系统关工委社区教育工作取得较大成效，各项工作扎实稳步推进。

一　坚持围绕中心，致力立德树人

围绕中心、服务大局是教育系统关工委工作能够取得成效的首要保障，立德树人、服务青少年成长成才，则是教育系统关工委一切工作的出发点和落脚点。党的十八大以来，中国特色社会主义进入新时代，教育系统关工委深入学习习近平新时代中国特色社会主义思想，提高政治站位，在大局下谋划，围绕"两个一百年"奋斗目标和实现中华民族伟大复兴"中国梦"展开工作布局。在社区教育领域，教育系统关工委始终坚持以立德树人为根本任务，围绕教育系统的中心工作，配合补充，协调各类资源，在社区中开展青少年关爱教育工作。无论是开展党史国史教育，家风家训、传统文化教育，爱国主义、精神文明教育，还是开设社区家长学校、举办家庭教育相关讲座，或者对青少年进行课程作业辅导、科学文化教育、艺术特长教育，都是教育系统关工委培养新时代中国特色社会主义事业合格建设者和可靠接班人的具体做法，都是为了落实立德树人根本任务。

二　强化组织领导，争取领导支持

强化组织领导是教育系统关工委开展具体工作的第一个步骤。教育系统关工委在同级教育行政部门和学校党组织的领导下开展工作，以现职党政领导为主导，提出工作任务。只有坚持和依靠党的领导，关工委工作才能融入大局。因此，教育系统关工委"五老"同志一直以来坚持积极主动向领导汇报工作，争取领导支持。从各地教育系统关工委的工作经验来看，领导越重视、支持的地区，相关工作开展得越好。在内蒙古自治区包头市青山区，由于市、区教育局领导都重视、支持，促使教育系统关工委在当地家长学校的建设过程中发挥了重要作用，取得了良好的成效，成为整个内蒙古地区教育系统关工委工作的一大亮点。2017年启动的教育部关工委社区教育联系点创建工作也说明了领导重视对教育系统关工委工作开展的重要意义。正是因为各联系点所在省、自治区和直辖市教育系统关工委高度重视社区教育联系点建设工作，根据地区实际研究制订社区教育联系点建设实施方案，把社区教育工作纳入年度工作计划、严抓工作落实，联系点建设工作才能在短期内取得巨大进展。在各级领导的重视下，江西省新余市龙州社区联系点的建设工作获得了强大的经费支持，硬件条件极大改善，专门建设了宽敞的"社区教育服务中心"。镇江市教育局关工委、上城区教育局关工委等都成立了专门负责社区教育的工作小组。领导重视到位，教育系统关工委社区教育的各项具体工作得以顺利开展。

三　加强自身建设，完善工作机制

只有加强教育系统关工委自身建设，才能为工作提供不竭的动力，保障关心下一代工作的持续性和有效性。长期以来，教育系统关工委都把自身建设作为工作重点之一。2009年教育部党组20号文件就提出，要"认

识加强教育系统关工委建设的重要性"，教育部关工委历年工作要点也以
"组织建设"为重要任务。在党组的重视下，到2016年，各级教育系统关
工委积极动员、组织"五老"，组成了一支超过190万人的"五老"志愿
者队伍。在开展社区教育工作的过程中，教育系统关工委不仅重视完善组
织结构、壮大"五老"队伍，还积极探索建立各项工作机制，包括但不限
于社区教育联系点的领导机制、保障机制、共建机制、"五老"志愿者的
激励机制、"五老"讲师的进入和退出机制等。当前，内蒙古自治区青山
区、北京市昌平区等地区都在积极探索优化"五老"团队人员结构的方式
方法。"五老"们还认识到，时代在发展变化，青少年成长的环境在变化，
青少年本身也处于不断成长变化当中，只有积极转变思想观念、坚持创新
工作方法，才能真正服务青少年成长成才。因此，他们特别重视改革创新
工作的方式方法。近年来，教育系统关工委积极结合微信、微视频等新媒
介，采取更加灵活多样、青少年喜闻乐见的形式开展社区教育工作。上海
市杨浦区结合"人文行走"、非遗传承等社区特色项目，创新了亲子教育
课程；浙江省绍兴市越城区教体局关工委通过举办"小发明""小实验"
等动手操作的活动，激发学生的科学精神；北京市昌平区教育系统关工委
与区精神文明办携手，通过微视频征集、巡回演讲等方式开展家风教育，
培育和践行社会主义核心价值观。

四 组织学习交流，推广先进经验

教育系统关工委在长期实践中发现，通过学习交流能够快速推广经
验，促进社区教育工作开展。很多地方的教育系统关工委长期习惯于对接
教育系统内部，不熟悉跨界开展社区教育工作的方式。通过交流学习先进
经验，能使他们少走弯路，快速推进工作。教育部关工委多次主导召开全
国教育系统关工委社区教育工作研讨会，几乎每次会议都要求各参会单位
提交工作经验交流材料，邀请拥有典型经验的地区代表发言，研究关工委
社区教育的可行经验，探讨推进社区教育工作的途径与方法。自2016年以
来，已经连续三年大力推动社区教育经验的交流学习。各地教育系统关工
委也注重组织地区性的经验交流、总结表彰会议，互相学习、共同推进工

作。天津市教育系统关工委每年召开社区教育现场推动会、经验交流会，利用关工委简报和通报，积极宣传推广"五老"在社区进行青少年教育的典型经验；辽宁省大连市甘井子区教育局关工委采取先试点、再总结推广试点经验的方式，由点到面、稳步推进社区教育工作；吉林省双辽市教育关工委和社区关工委每年召开一次工作会议或经验交流会；广西壮族自治区柳北区教育系统关工委通过在教育部关工委社区教育联系点威奇社区召开现场会的方式推进工作；云南省教育厅关工委也是通过抓典型、召开现场会交流学习的方式推进社区教育建设。各地教育系统关工委通过学习交流开拓社区教育工作者的视野，吸取先进的工作经验，根据实际情况推广典型工作方式，增强社区教育的实效性。

五　弘扬"五老"精神，发挥"五老"优势

"五老"同志在关心下一代工作中具有政治优势、经验优势、威望优势、时空优势和亲情优势。他们大多是所在社区的文艺骨干、思想道德教育宣讲员、志愿服务队队员等，能够在青少年成长成才路上发挥重要作用。他们是关工委工作的主体，是青少年关爱教育志愿者队伍的重要组成部分，也是教育系统关工委开展社区教育工作的基础性力量。教育系统关工委充分调动广大"五老"的积极性，组织"五老"宣讲团到社区进行宣讲，引导学生开展假期社区实践活动，与社区青少年结对子，关爱帮扶社区弱势青少年群体。"五老"同志们独特的优势和魅力，为社区教育工作涂上了丰富的色彩。重庆市万盛经开区关工委根据"五老"在书画等方面的特长打造社区特色关爱教育平台；北京市昌平区教育关工委"五老"讲师团提供"菜单式"课程，根据社区需要进行宣讲；海南省儋州市大同社区组织"五老"教师到学校开展红色教育；河南省郑州市康桥华城社区的"五老"同志自觉参与"文化兴家园"志愿服务，工作内容拓展到社区服务、社区教育的方方面面；湖南省湘潭市和平社区的"夕阳红五老"志愿服务队在社区中积极宣讲党史、辅导青少年；湖北省武汉市华中师范大学社区鼓励"五老"发挥余热，通过形式多样的主题教育活动助力青少年健康成长；西藏自治区革吉县教育系统关工委重视"五老"队伍建设和培训

工作，积极动员他们根据自身特长参加青少年关爱教育工作；青海省西宁市文亭巷社区则探索了一系列服务"五老"人员的措施，带动他们积极参与社区教育活动。"弘扬'五老'精神，发挥'五老'优势"，既是教育系统关工委以往工作的宝贵经验，也是其未来进一步深化社区教育工作的必由路径。

六　依托基层社区，做好阵地建设

阵地建设对于开展社区教育工作十分重要。教育系统关工委非常注重依托基层社区建立关爱教育工作平台。随着教育系统关工委开展社区教育的力度加大，关爱教育工作平台也建设得更加成熟。尤其是在我国中西部的大部分地区，主渠道的社区教育网络尚未健全，关工委参与建立的社区关爱教育平台就成为开展社区青少年教育的主要阵地。一般由社区提供场地，凝聚社区工作人员和包括"五老"在内的广大志愿者群体，根据地方特色开展教育服务活动。重庆市万盛经开区关工委就与街镇和社区关工委紧密合作，利用社区优势资源，在全区一半左右的社区都打造了有特色的社区关爱教育工作平台。其中，长期坚持并且成效突出的有新田社区的"傅婆婆暖心室"、新房社区的"爱心爷爷课堂"、八〇一社区的"杜老师工作室"等。类似的案例还有河南省郑州市康桥华城社区的"康桥学堂"，承载了所有跟社区教育、社区服务相关的"五老"活动；云南省昆明市黄家庄社区的"阳光驿站"，是关爱特殊家庭儿童成长的平台；吉林省辽源市西城社区的"少儿温馨港湾"活动室，陕西省西安市劳动一坊社区的未成年人"多彩课堂"，河北省邯郸市的"东吾吉村老干部活动之家"等，也都是非常典型的社区教育阵地。通过这些阵地，社区、"五老"、学生及其家长都被凝聚起来，使社区教育工作真正落到了实处。

七　彰显工作特色，打造工作品牌

活动推动、打造品牌是关工委社区教育工作的重要方法。基层工作千头万绪，社区教育涉及的工作内容非常广泛，而关工委的力量毕竟有限，很难面面俱到。因此，教育系统关工委非常重视彰显特色，围绕某方面的重点工作打造品牌，把相应的工作做深、做精，进而发挥广泛的影响力，以点带面地推动工作。"老校长下乡"就是近年来教育部关工委打造的典型工作品牌之一。经过长期的探索，各地教育系统关工委也结合本地实际创建出很多具有推广意义的关工委社区教育特色品牌。例如，广东佛山、内蒙古包头、浙江杭州等地教育系统关工委积极探索家长学校规范化的路径，将推广科学家庭教育方法作为当地主要的社区教育内容；江苏镇江、河北邯郸、浙江宁波、新疆生产建设兵团、广西桂林、贵州安顺、辽宁抚顺、陕西西安、四川成都、山西阳泉、云南安宁、山东滨州等地教育系统关工委紧紧依托社区资源，以"四点钟学校""四点半课堂"等为代表的青少年课后服务平台遍地开花；福建省教育系统关工委多年来利用爱心企业捐助的资金购书支持农村教育，形成了"送书读书用书"公益助学系列活动品牌。在这些品牌的辐射效应下，更多的地区争相效仿，形成了良好的工作局面。

八　善于借力借势，坚持协作共享

社区教育是一项系统性的教育事业。在开展社区教育工作过程中，教育系统关工委必须与广泛的社会力量进行合作，才能取得最佳成效。长期以来，各地教育系统关工委因地制宜，探索出了与专业社会组织合作、辖区单位协作等工作方式，不断完善协调机制，在教育资源、活动经费、师资队伍等方面形成了广泛的共建、共享、协作网络。江西省新余市教育局关工委积极配合龙州社区，统筹辖区内的教育资源，由关工、义工、社工组成"三工"队伍共同推进社区教育；位于湖北省武汉市的华中师范大学社区，学生志愿者与教育系统关工委的"五老"分工合作开展社区青少年教育服务活动；内蒙古自治区包头市青山区教育局关工委与专业的早教机构有效协作，在都兰社区开展幼儿早教和社区家庭教育活动；在福建省教育系统关工委的推动下，爱心企业明视眼镜公司在其鼓楼区旗舰店挂牌首个"关爱下一代"青少年课外阅读基地，助推社区教育工作；江苏省镇江市教育局关工委紧密联系金山街道，促成金山街道辖区内的崇实女中、穆源小学等 6 所中小学与杨家门社区、西津渡社区等 5 个社区结成对子，签订《学校和社区共建协议书》；四川省成都市金牛区汇泽路社区的"社区教育关工委班子"凝聚了心理咨询师、社工师、"五老"志愿者等多方力量。协作网络的建立，加强了教育系统关工委与社区、职能部门和社会组织的联系，建立起多方联动机制，丰富了教育系统关工委开展社区教育工作的资源条件。

九　开展调查研究，强化理论引领

教育系统关工委社区教育工作历程，是理论与实践相结合、理论引领实践的历程。持续不断的调查研究与理论创新，总结了教育系统关工委社区教育工作的丰富经验，为新时代推进社区教育新发展提供了有力的支撑。20 世纪 90 年代，教育部关工委就曾与中国关工委合作开展国内社区教育情况调研工作。进入 21 世纪，尤其在社区教育中心成立之后，教育系统关工委在社区教育方面开展理论研究和实地调研的力度更大，教育部关工委先后承担了多项社区教育方面的重要课题，不断深化理论方面的探索。在教育部关工委的支持和带动下，各地教育系统关工委也非常重视调查研究工作，根据调研结果改进社区教育实践，取得了良好效果，形成了良性循环。近年来，教育部关工委着力加强"点上指导"，围绕社区教育联系点建设工作，广泛开展专题调研，明确教育系统关工委社区教育工作的方向、目标和任务，逐渐完善了教育系统关工委社区教育工作的方式、方法。

十　重视宣传工作，扩大社会影响

舆论宣传一直是教育系统关工委的重点工作之一，能够从多个维度推动关心下一代工作的开展。第一，宣传工作可以提升关工委的影响力，引导全社会共同关注青少年成长成才问题；第二，宣传"五老"先进事迹，可以激发"五老"的工作热情，带动更多老同志学习先进典型、积极参与关心下一代事业；第三，广泛宣传地方优秀工作经验，可以为其他地区的工作提供参考，促进全国各地社区教育全面繁荣发展。教育部关工委大力建设"一网一微一刊"（教育部关工委网站、教育部关工委微信公众号和工作刊《心系下一代》）等宣传平台，并在教育部关工委官网开辟了社区教育专栏；对社区教育中心创办的内刊《社区教育》、微信公众号也高度重视，建立了包括"社区教育联系点工作交流群"在内的各类微信群加强工作交流；着力加强与中国关工委《中国火炬》杂志和微信平台，以及与新华网、人民网、光明网、中国教育电视台、中国教育报等主流媒体的联系，全方位、多角度、高频次地宣传教育系统关工委工作。各级教育系统关工委不仅重视及时报送消息、弘扬先进典型，还开始探索规范宣传工作制度，涌现了不少新的亮点。比如，北京教育系统关工委建立了规范的评选表彰和宣传推广制度；吉林在全省推广了创建"新时代传习所"的经验。通过这些宣传弘扬了"五老"精神，也展现出教育系统关工委工作的影响力和吸引力，使社会各界更加重视和支持教育系统关工委社区教育工作。靠典型宣传、用榜样说话、以品牌示范，是我们做好宣传工作，促进关工委社区教育工作发展的宝贵经验。

第四章　工作建议

在党和政府的指挥部署以及各相关部门的积极配合下，我国社区教育事业已取得较为瞩目的成效。尤其是 2000 年全国社区教育实验工作启动以后，全国上下对社区教育工作的重视程度越来越高，推进力度越来越大。教育系统关工委也在社区教育领域发挥了重要作用，为推动青少年社区教育工作发展、促进青少年健康成长成才、建设学习型社会做出了重要贡献。在肯定当前工作成效的同时，我们也应清醒地认识到，教育系统关工委社区教育工作还存在一些亟待突破的局限。这些局限的存在，与当前我国社会经济发展的不平衡、不充分的状况息息相关。

我国幅员辽阔，各个地区社会经济发展不平衡，这种"不平衡"造成的城乡和地区间的差异，也体现在社区教育领域。一方面，不同地区青少年的社区教育需求有差异；另一方面，"五老"队伍的地区分布有差异。国家全面推行素质教育，青少年仅仅学好学校安排的课程知识，还不能满足素质教育的要求。绝大部分青少年（包括他们的家长）也希望能学习课堂外的更多知识和技能。在我国东部地区、城市地区，教育资源丰富，经济条件优越，青少年在课外接受培训和辅导的机会非常多，而中西部地区、农村地区的很多青少年家庭经济能力不足，相关教育资源也比较匮乏。因此，在经济条件稍差的地方，青少年对于免费的课外科技文化、兴趣特长课程需求普遍大于经济条件好的地区。就"五老"资源而言，当然中西部地区也存在大量积极奉献的"五老"，但相对于东部沿海地区，中西部地区开展社区教育工作的"五老"同志数量总体较少，能提供满足青少年需求的社区教育服务的"五老"人才也非常匮乏。造成这种状况的原因主要有二：其一，不少老同志的参与意愿没有被调动起来，尚未参与青少年关爱教育工作；其二，很多高素质的老同志退休后移居到发达地区或者气候条件更好的地区，造成迁出地"五老"人才流失。

发展不平衡，也就意味着有的地方发展是不充分的。我国中西部地区经济发展相对滞后，给社区教育工作带来多方面的影响。首先，经济发展状况影响了中西部地区文化的发展。目前，这些地区的社会文化基础相对薄弱，开展社区教育工作可用的资源较为不足，社区教育服务内容略显单一。其次，由于经济发展尚不充分，这些区域的政府部门的工作重点在于发展经济，教育部门的工作重点在于学校教育，对社区教育的认识和推动尚有不足。有些地区是对社区教育工作的重视不足，而有些地区虽然重视这项工作，却尚未形成有效的工作方法。在这样的背景下，教育系统关工委在这些地区开展社区教育工作时得到的支持就非常有限，与相关部门间的协作不容易达成，经费方面获得的支持也很有限。

社区教育有利于提升国民整体的文明素养，促进文化、社会、经济发展，对于构建和谐社会有着重要意义。当前我国社会经济不平衡、不充分的发展现状，既给社区教育带来挑战，同时也为其带来进一步发展的机遇。尤其是对于经济发展尚不充分的地区而言，社区教育的全面推进，将带动当地文化、社会、经济全方位健康发展。各级党委和政府部门需充分认识到在新时代做好社区教育工作的重要性，进一步加强社区教育工作。在此，我们从教育系统关工委的角度，就社区教育工作的开展提出几点建议。

一　各级党委加强领导

中国特色社会主义最本质的特征是中国共产党领导。在党的十九大报告中，习近平把坚持党对一切工作的领导作为新时代坚持和发展中国特色社会主义基本方略的第一条，强调"党政军民学，东西南北中，党是领导一切的"。只有始终坚持党对一切工作的领导，才能在更高水平上实现全党思想上的统一、政治上的团结、行动上的一致，进一步提高党的创造力、凝聚力、战斗力。社区教育对于当前我国建设全民终身学习的学习型社会至关重要。目前，无论是主渠道的社区教育实验区、示范区建设，还是教育部关工委社区教育联系点建设，都离不开各级党组织的领导。《教育部等九部门关于进一步推进社区教育发展的意见》提出要在 2020 年初步形成社区教育治理体系，"基本形成具有中国特色的社区教育发展模式"。各级党委充分加强领导，上下一心、团结一致，是实现这一目标的有力保障。

二 相关部门落实责任

社区教育不仅是教育部门的责任，还需要多个部门密切配合、协调落实，这是在国家一开始推进社区教育实验工作时就已经明确的实施路径。教育部 2000 年印发的《关于在部分地区开展社区教育实验工作的通知》中指出，开展社区教育实验，要"在政府的统一领导下，加强对社区教育实验工作的统筹、协调、管理、指导工作"，"建立当地政府及各有关部门社区教育目标管理责任制"，并且定期向教育部职业教育与成人教育司汇报"实验工作规划部署、工作经验总结以及工作中遇到的情况和问题等"。2001 年教育部办公厅印发的《全国社区教育实验工作经验交流会议纪要》指出，我国着力探索完善的社区教育管理模式是"政府统筹领导，教育部门主管，有关部门配合，社会积极支持，社区自主活动，群众广泛参与"。经过多年实践，目前在社区教育实验区和示范区已基本形成"党委领导、政府统筹、教育部门主管、相关部门配合、社会积极支持、社区自主活动、市场有效介入、群众广泛参与的社区教育协同治理的体制和运行机制"。要进一步推动我国社区教育事业，各地党委政府要充分认识到社区教育的重要性，贯彻落实《教育部等九部门关于进一步推进社区教育发展的意见》，结合本地特征统筹工作，确定分管领导，系统部署、具体落实各部门的责任，真正做到责任明确、分工有序、考核得当，切实推进社区教育事业。

三 强化人力财力保障

发展社区教育事业，人员和经费保障乃是重中之重。就人员而言，目前社区教育专职人员队伍相对薄弱，多数地区以兼职人员为主。调研结果表明，社区教育相关的教师、研究者，大都是兼职身份。关工委"五老"以及各类志愿者，构成了当前社区教育的主体力量。全国社区教育专职人员比例最高的上海地区，社区学院的专职教师比例都不高。比如我们调研到的某街道社区学校，只有分管副校长一人是专职教师，而且每两三年就会轮岗到教育系统其他岗位上。因此，在社区教育工作者的聘用、培训、职称（职务）评聘等方面，各地政府应进一步加强制度建设，出台规范的社区教育工作者生涯方案，提高队伍的专业化和稳定性水平。在经费方面，当前财政立项的社区教育专项经费并不是每个地方都有，多数地区社区教育经费还比较短缺。《教育部等九部门关于进一步推进社区教育发展的意见》中提出的"拓宽经费投入渠道"的意见，在各地的社区教育实践中已经有所体现，但多数地区尚无稳定的社区教育经费来源。经费不足，能够获取的人力和物力资源就比较有限。因此有必要落实社区教育专项经费。

四　贯彻落实工作方针

回到教育系统关工委自身，"围绕中心、配合补充，因地制宜、量力而为，立足基层、注重实效"24字工作方针，是经过反复论证总结出来的工作方法，切合教育系统关工委的角色定位。教育系统关工委工作要取得成效，必须坚持贯彻落实这一方针。教育系统关工委应继续坚持围绕党政中心工作，发挥"五老"优势，配合补充主渠道，因地制宜地开展社区教育工作，为建立终身学习体系、建设学习型社会服务，为决胜全面建成小康社会贡献力量。

五　探索制定指导意见

教育系统关工委开展社区教育工作时间长、渠道广、方式多样，积累的经验也多。近年来，教育部关工委创造性地通过建设社区教育联系点的方式，加强与社区的联系，成效显著，很好地配合了主渠道的工作。为了深化联系点的典型引领意义，更加有效地发挥教育系统离退休老同志的优势、推动社区教育工作，有必要统筹全国各地的情况，制定教育部关工委社区教育联系点建设的指导意见。首先明确关工委的配合补充地位，明确各地存在的客观差异性，在此基础上考虑如何有效发挥教育系统关工委的协调、推动作用，有效发挥离退休老同志的优势特长，围绕社区教育联系点建设的核心和关键问题，如领导机制、联动机制、平台建设、工作路径、激励机制等，作出指导性的规定。

六　立足实际开展工作

教育系统关工委立足实际推进社区教育工作，需从两个方面来考虑。一方面，立足当地，根据"急教育所急，帮青少年所需，尽关工委所能"的职能定位开展工作，一是积极主动地了解区域内青少年发展的实际需求，在此基础上提供相应的服务，丰富社区教育的工作内容；二是结合地方实际，发掘地区特色，充分发挥"五老"的政治、经验、威望、时空和亲情优势，鼓励一批又一批老同志积极参与青少年社区教育工作，保证工作的延续性；三是积极开展培训，提高关工委成员对社区教育工作的认识，提升他们的工作能力。另一方面，站在全国的大局上，各地区应主动推广社区教育工作经验，密切区域间工作交流；社区教育开展程度不同的地区还可以考虑通过"结对"的形式深化合作，加强相互之间的学习，最终推动全国社区教育事业繁荣发展；对于中西部地区的"五老"，各级教育系统党政领导要加强激励，为他们参与社区教育提供更加有利的条件。

社区教育优秀案例汇编

社区教育是教育系统关工委发挥配合补充作用的重要领域，相对来说，也是大部分基层教育系统关工委还需着力加强的环节。交流和学习先进经验，能够帮助社区教育薄弱地区快速推进工作，少走弯路。在本书编写过程中，我们不仅参考了各地原来报送到教育部关工委社区教育中心的社区教育经验材料，而且专门面向所有的社区教育实践者和研究者征集优秀案例，直接编列到书中。为使所列的案例对实践具有更明确的指导意义，我们对案例的格式作出规定，要求包含案例概况、案例背景、实施过程、案例效果、经验借鉴五个部分。其中，"案例概况"简要概述案例所描述的事实；"案例背景"是对社区教育相关措施实施前当地面临的问题或者当时、当地社会背景的简介；"实施过程"详细说明当地采取了哪些具体措施推动社区教育工作；"案例效果"是对相关措施取得的成效的介绍；"经验借鉴"则是对取得相关成效的原因和可供其他地区借鉴的经验的总结概括。通过这些案例，我们试图为读者揭示基层工作者眼中的社区教育内容及其推进方式，推动关于社区教育工作内容、工作方法，以及教育系统关工委社区教育途径的思考。

本次案例征集获得全国绝大部分省、自治区和直辖市的鼎力支持，共收到来自全国27个省、自治区、直辖市以及新疆生产建设兵团的69个案例。在兼顾案例典型性和多样性的前提下，我们选择其中的29个编列在本书中，另外一些优秀案例则会陆续以其他方式发布出来。这29个案例主题丰富，从不同的侧面展示了社区教育的可行性和有效性。各案例的主题具有一定的交叉性，难以截然划分，但是为了方便大家交流讨论，我们根据案例所展示的社区教育活动是否主要面向青少年、案例中着重展示方法特色还是内容特色这两个标准，将这些案例分为三个大类，再在大类中细分。

第一类是面向全体居民的社区教育案例。教育系统关工委的工作对象主要是青少年，但社区教育本身是面向社区全体居民的教育。针对面向全民的社区教育资源、方法和平台展开广泛讨论，也有利于促进教育系统关工委的青少年社区教育工作。本次征集的多个案例涉及面向全民的社区教育，其中北京宣武红旗业余大学介绍了西城区开发整合区域内优质文化科技教育资源、建立覆盖全区的立体化市民终身学习基地网络的经验；河南省南阳市镇平县涅阳街道办事处社区教育学校介绍了近年来探索出的"选-备-联-讲-馈"社区教育培训流程模式；广西壮族自治区桂林市七星区东江街道五通社区和辽宁省大连市甘井子区兴华街道华国社区分别介绍了当地打造社区教育平台"五色讲堂"和"楼院学习点"的经验。

第二类是重点展示青少年社区教育方法特色的案例。根据不同的特色，又可分为五个小类别。（1）强调立足社区、共建共享的案例7个：湖北省武汉市华中师范大学社区综合利用高校教育资源成立博雅志愿服务队，协助开展社区教育活动；西藏自治区拉萨市城关区蔡公堂乡整合辖区资源进入学校开展社区教育活动；贵州省贵阳市观山湖区世纪城社区探索建立"1+2+N"的工作模式；江西省新余市渝水区仙来办龙州社区依托"三工"成立社区教育平台"幸福书屋"；山西省阳泉市平定县南关社区广泛联系驻地单位整合资源；四川省成都市金牛区沙河源街道汇泽路社区整合资源，构建"未成年人健康成长生活圈"；甘肃省定西市安定区永定路街道东街社区通过"互融共享"工作方法，组织关爱教育工作。（2）重点介绍社会组织作用的案例3个：浙江省杭州市上城区教育局关工委通过打包购买社会组织服务的方式开展"梦想加油站"项目，关爱困难学生；四川省成都市金牛区荷花池街道东一路社区引进6家社会组织为社区青少年提供服务项目；云南省临沧市耿马县的社会组织"耿马益家"通过建设平台、联络志愿者，介入暑期青少年关爱教育活动。（3）凸显"五老"育人优势的案例4个：福建省福州市鼓楼区水部街道建华社区关工委"红色大讲坛"以革命历史教育为主要内容，已连续十年举办活动；河北省邯郸市肥乡区"东吾吉村老干部活动之家"九年来坚持"立德树人"，紧抓德育工作；湖南省湘潭市雨湖区广场街道和平社区"夕阳红五老"志愿服务队和重庆市万盛经开区新田社区"傅婆婆暖心室"的"五老"成员各显所长，多种方式关爱、教育社区青少年。（4）依托地方特色文化开展教育的案例1个：广西壮族自治区南宁市邕宁区蒲庙镇红星社区挖掘当地特色文化，打造"桂风壮韵"社区教育品牌。(5) 系统介绍关工委社区教育联系点工作机制的案例1个：江苏省镇江市教育局关工委系统介绍教育关工委参与金山街道社区教育工作、建设教育部关工委社区教育联系点的经验。

第三类是突出社区教育工作某一方面内容特色的案例，分别是主要以家庭教育、课外教育和心理疏导为内容的案例。(1) 家庭教育案例4个：广东省佛山市顺德区均安镇致力于家长学校规范化建设，构建"1＋N"家庭教育体系；内蒙古自治区包头市青山区教育局与社区密切联系，通过"孩子玩吧"项目举办社区早教活动；上海市杨浦区依托街道（镇）社区学校挂牌成立家庭亲子教育服务平台"一点学堂"；浙江省宁波市奉化区借助关工委讲师团的力量，开展隔代家庭教育专题活动。(2) 课外教育案例4个：辽宁省沈阳市沈河区系统探索寒暑假社区学校建设与管理路径；福建省福州市鼓楼区东街街道军门社区创办公立小学生托管中心"阳光朵朵"；陕西省西安市莲湖区桃园路街道劳动一坊社区凝聚社会组织力量举办"未成年人多彩课堂"；新疆生产建设兵团第十三师柳树泉农场绿柳社区成立由志愿者提供服务的"五点半课堂"。(3) 心理疏导案例1个：吉林省四平市铁东区北市场街广兴茂社区设立心理咨询室，依靠专业心理咨询师和有经验的"五老"同志来开展青少年心理疏导工作。

以上分类中，每一个类别涵盖的案例多样性都很强，而且案例主体内容之间难免有交叉与重合。不过社区教育本身就是这样一项综合性的工作，几乎不存在截然独立于其他的社区教育类型。对方法、内容进行不断的梳理，站在不同角色上深入思考，将更加有助于教育系统关工委找准切入点和着力点，发挥好配合补充作用，进一步扩展社区教育工作的覆盖面、强化社区教育成效。附上按此分类顺序编排的案例，敬请读者阅读、探讨。

案例1　整合社会学习资源，建设市民终身学习服务基地

——西城区市民终身学习服务基地建设工作经验

北京宣武红旗业余大学

王　晋　李洪蕾

一　案例概况

市民终身学习服务基地是北京市西城区创建学习型城市工作示范区七大重点示范项目之一，于2009年开始启动。西城区通过搭建基地网络、加强制度建设、探索示范基地标准等一系列举措，开发、整合区域内各种优质文化、科技、教育资源，提倡鼓励相关单位面向社区、社会开放教育和学习资源，开展形式多样、内容丰富的学习和教育培训活动，构建了覆盖全区的立体化市民终身学习基地网络，为区域内市民提供了方便、快捷、务实的学习服务。

二　案例背景

在北京市产业结构调整和非首都功能疏解的背景下，为贯彻落实《国家中长期教育改革和发展规划纲要（2010—2020年）》和《北京市中长期教育改革和发展规划纲要（2010—2020年）》提出的"到2020年基本形成学习型社会，建成先进的学习型城市"要求，西城区以建设学习型社会、和谐社会为导向，以大力建设全国社区教育示范区、争创北京市建设学习型城市示范区为目的，致力于加强终身教育体系和终身学习服务体系建

设。目前，西城区市民终身学习服务基地已达 72 家。根据西城区"教育'十三五'规划"，到 2020 年西城区市民终身学习服务基地要达到 100 家。随着基地单位数量的逐步增加，基地服务市民终身学习作用的发挥与对基地单位的常态化管理已成为该项目持续推进、创新发展面临的重点问题。

三　实施过程

（一）搭建遍布全区的市民终身学习基地网络

市民终身学习服务基地建设项目是北京市西城区市民终身学习体系建设项目中的主体内容。根据京学习办《关于进一步推进学习型城区建设的意见》和《关于在全市建立"首都市民终身学习服务基地"的通知》等文件精神，西城区于 2009 年 5 月建立了首批 30 家"市民终身学习服务基地"，包括首都博物馆、梅兰芳大剧院等社会资源单位；2011 年底认定了第二批"市民终身学习服务基地"，包括老舍茶馆、宣南文化博物馆、空竹博物馆等 26 家社会资源单位。

两批共 56 家市民终身学习服务基地的建立，实现了西城区 15 个街道的全面覆盖。区域内的多元化教育资源得到了有效利用，市民的学习需求和文化需求得到满足，同时精神层次方面也得到了极大提升。

（二）加强制度建设促进内涵发展

2013 年 9 月，经西城区学习型城区建设领导小组办公室研究决定，成立西城区市民终身学习服务基地办公室，设于北京宣武红旗业余大学，旨在促进市民终身学习服务基地建设更加规范化、精细化，推动西城区学习型城区建设科学发展、内涵发展与可持续发展。

2014 年 6 月，为了更好地实现学习基地的规模化、内涵化，基地办公室经过广泛调研与实地考察，了解到学习基地管理与发展过程中存在的主要问题，以此为依据制定了《北京市西城区市民终身学习服务基地建设促进办法（试行）》，规范了西城区市民终身学习服务基地的申报、认定程序。

根据各学习基地服务市民终身学习的实际情况，为促进西城区市民终身学习服务基地特色课程和学习品牌建设，加强基地成员单位之间的交流，西城区市民终身学习服务基地办公室制定了《西城区市民终身学习服务基地"开放日"评审条件》，自 2015 年开始组织开展各基地申报和举办开放日活动。同时，倡导各学习基地面向广大市民和各基地成员单位集中展示本基地服务市民终身学习的特色项目，增进基地之间的互动与交流，引导更多市民走进基地体验学习。

2018 年 5 月，西城区学习型城区建设领导小组办公室对《北京市西城区市民终身学习服务基地建设促进办法（试行）》进行了修订，并以讨论稿的形式下发到全区相关单位。其中，第十六条规定，"学习基地办公室每年对学习基地进行综合评比表彰，在此基础上，要求各区推荐优秀学习基地参评市级'市民终身学习示范基地'"。此举正式将对基地单位的综合评比表彰与推荐参评市级示范基地相联系。

（三）探索示范基地标准化建设

2017 年，基地办公室在前期走访调研的基础上，邀请专家进行评审，评选出首都博物馆、北京天文馆等 10 家基地单位作为西城区首批市民终身学习示范基地，并从中推选出首都博物馆、北京天文馆、北京市外事学校、北京老舍茶馆有限公司、北京市西城区金融街少年宫暨金融街社区教育学校 5 家单位为北京市首批市民终身学习示范基地。为了让每年的学习基地综合评比表彰有据可依，规范各基地单位创建示范基地的做法，在全区起到示范引领作用，基地办公室结合西城区市民终身学习服务基地建设实际，于 2018 年 10 月制定了《西城区市民终身学习示范基地评估指标（讨论稿）》。截至 2018 年，西城区已有 8 家北京市民终身学习示范基地。

四　案例效果

为了搭建基地单位交流共进的平台，引导基地单位不断创新发展，西城区市民终身学习服务基地办公室组织开展了基地开放日活动。近两年来，共有北京通信电信博物馆、菜百公司、满堂香、三庆园等 21 家单位推出特色学习体验项目，中华家风馆、京彩瓷博物馆等多家单位举办了基地开放日活动。"西城区市民终身学习服务基地开放日"项目被评为西城区社区教育"十百千"工程优秀活动项目。

在市民终身学习服务基地不断发展壮大的过程中，学习基地办公室引导各成员单位重视市民终身学习服务基地品牌的建设，推动各成员单位结合区域优势，以市民的学习需求为导向，基于本土文化和特色整合课程资源，打造符合区域特点的特色学习活动，稳步推进"一地一特色"品牌建设。同时，注重特色的品牌性和辨识度的提升，使之成为市民心中的一种学习符号。学习基地办公室将各成员单位的特色项目和学习品牌编印成册，向市民发放，推广各单位特色项目与学习平台，满足市民多样化的学习需求。如首都博物馆的"读城"，北京市外事学校的"美好生活体验馆"，金融街社区教育学校的"金色驿站"等，已经成为市民耳熟能详的学习品牌。

五　经验借鉴

（一）注重学习交流

开放日活动是指基地单位在本单位开展的面向社会开放的交流展示活动，其目的是搭建西城区市民终身学习服务基地间沟通交流、资源共享的平台，提升市民终身学习的总体水平。全区 72 家市民终身学习服务基地广泛开展了"学习基地开放日活动"，各基地成员单位举办的开放日活动内容新颖、形式多样，贴近居民文化生活需要，产生了良好的社会效益。学习基地办公室注重为各成员单位搭建交流平台，以学习基地开放日、学习基地现场会、学习基地观摩交流、示范学习基地展示等形式，充分发挥示范学习基地的引领、辐射作用，促进学习基地各成员单位之间的学习交流，不断提升西城区市民终身学习服务基地的工作水平。

（二）注重品牌建设

品牌建设是指基地单位对所举办的具有良好社会效应的特色项目，进行的长期规划、设计、宣传、管理的行为和努力。推出的品牌要能凸显基地单位本身特色并与服务市民终身学习需求相契合，且持续服务市民学习两年以上。其项目内容体现出高质量、精品化特点，形式上注重互动性与可操作性，倡导体验式学习，引导基地单位由开展体验式活动向体验课程建设发展。项目实施过程注重科学性与规范化，群众满意度高，具有一定的社会影响力。

（三）注重规范运行

为推动学习基地各成员单位规范化建设，学习基地办公室结合西城区市民终身学习服务基地建设工作的实际，制定了《西城区市民终身学习示范基地评估指标（讨论稿）》。

《西城区市民终身学习示范基地评估指标（讨论稿）》以《北京市西城区市民终身学习服务基地建设促进办法（试行）》为依据，共分为4个一级指标，9个二级指标，31个三级指标。评估指标适应所有学习基地成员单位的规范性建设和特色发展的较高标准要求，其各项硬件量化指标均高于《北京市西城区市民终身学习服务基地建设促进办法（试行）》中对学习基地认定条件中的量化指标。指标设计旨在引导学习基地各成员单位管理规范化的同时，突出特色运行。

（四）注重服务发展

学习基地办公室突出服务功能，形成了学校领导主抓、部门专人负责的工作机制，同时狠抓各项工作的落实力度，确保各项工作有计划、有活动、有总结，促进市民终身学习服务基地建设工作常态化发展。通过开展培训，强化终身学习服务体系，强化以市民学习者为中心的工作意识，使学习基地各成员单位充分认识到开展市民终身学习服务基地建设的重要性，这样不仅极大地丰富了市民精神文化生活，更有利于营造安定团结、和谐向上的社会氛围，并增强各学习基地单位工作的使命感和荣誉感，使其积极承担起在区域内开展市民终身学习活动的责任。

案例2 构建"选－备－联－讲－馈"社区教育培训流程模式

河南省南阳市镇平县涅阳街道
办事处社区教育学校

薛 斐

一 案例概况

"选－备－联－讲－馈"是镇平县涅阳街道办事处社区教育学校近年来在培训中探索出的一条符合城区特点的社区教育培训流程模式。在办事处高度重视和支持下，涅阳街道办事处社区教育工作遵循"实用、实际、实效"原则，和各村、各社区居委会、辖区学校资源共享，始终坚持"一切为了居民，为了一切居民，为了居民一切"的理念，实践"选－备－联－讲－馈"社区教育培训流程模式，取得了良好的社区教育效果，促使辖区居民在提高致富能力的同时更新知识和观念，树立终身学习理念。

二 案例背景

镇平县涅阳街道办事处辖区面积12平方公里，下辖5个行政村、16个社区居委会、8所小学、4所初中，总人口9.8万人，是全县政治、经济、文化中心。辖区人口相对集中，居民基本没有农业用地，以务工经商和庭院经济为主，传统的社区培训对象以青壮年居民为主，培训内容主要是农村实用技术培训。近年来，我国社会经济发展形势对社区教育工作提出了新的要求，无论是形式上还是内容上都要做出积极的调整和改变，转变为面向全体社区居民，以促进人的全面发展为原则，满足和解决人们各种教育需求和社会问题，以提高辖区居民素质为最终目标。由于社区教育没有固定的教材和培训流程，怎样选材、怎样备课、怎样组织培训才能达到理想的效果，都没有现成的模式。涅阳街道办事处社区教育学校在县教体局和街道办事处的指导和支持下，积极开展社区教育培训活动，探索出了一条适合城区发展的培训流程模式，提高了培训质量，更好地服务社区经济和文化发展。

三 实施过程

（一）强化领导，组建队伍

为切实加强对社区教育工作的领导，保障社区教育工作顺利进行和活动的有效开展，2014 年 3 月，办事处成立了由党工委书记为组长、主抓教育的副主任为副组长的社区教育工作领导小组，负责社区教育的管理、组织和协调工作，有效统筹社区内各种教育资源，建立社区教育网络和工作流程，健全各项工作制度，并在人力、物力、财力等方面给予全方位支持。在办事处社区学校设有社区教育办公室，其中专职管理人员 1 名、兼职管理人员 1 名、专职教师 2 名、村级农师 8 名，同时，聘请办事处司法所调解员、妇联主任等多部门 24 名专业技术人员为学校兼职教师，组建由热心公益的心理咨询师以及擅长音乐、书法、摄影、棋艺等的 35 名特长人员构成的爱心志愿者队伍。通过街道社区教育中心组织实施，全面依托社区、学校等各类教育载体，广泛利用辖区内的各类有效教育资源，形成了纵向垂直、横向联系的较为紧密的社区教育网络，共同开创涅阳街道办事处社区教育工作的新局面。

（二）落实制度，注重培训

1. 社会文明教育培训

街道办事处各社区学校先后开展安全常识、调控情绪、说话艺术、环保、书法艺术等方面的主题教育活动，旨在提高居民思想素质和文明素养；注重向社区家长进行科学育儿和家庭教育的培训和辅导，促使家长掌握科学的育儿方法、树立正确的教育理念。同时，横向联合办事处、村委、文化站、体育中心等部门，以全民健身活动为依托，组织开展丰富的居民社区文化教育培训，引领居民参加太极拳、广场舞等全民健身活动。

2. 青少年校外教育培训

社区学校联合 5 个村、16 个居委会，以资源共享的方式，将图书馆、健身场地等场所作为青少年的校外教育基地，在节假日期间向青少年免费开放。在重阳节，举办献爱心教育活动，到敬老院为老人做好事、献节目；清明节到彭雪峰纪念馆进行"'缅怀先烈·继承遗志'清明祭英烈"活动；利用村社区学校进行"防地震、防火灾安全教育"、"学雷锋"教育活动；"六一"儿童节组织少儿书画展等活动，提高辖区青少年的整体素质，促进青少年健康成长。

3. 家庭教育培训

建立学校、社区和家庭教育的有效互动机制。通过家长会的形式，社区开展"打造书香世家""感恩教育""珍爱生命，预防溺水""重视孩子成长过程中的心理抚慰""家长的'说话之道'"等一系列学习活动，向社区家长进行科学育儿和家庭教育的培训与辅导，提升家长自身素养，关注孩子的健康成长，形成家庭、学校、社区合力育人的长效机制。

4. 老年教育培训

随着社会老龄化的日益加剧，关爱老年人成为提高人口素质、促进社会文明发展的需要。社区学校针对老年人群体开展了"关注、关爱老年人健康""共创和谐社会""提高防骗意识，防止上当受骗"等系列活动。在呼吁全社会关注、关爱老年人的物质生活和精神生活的同时，了解老年人的生理和心理特点，更多地指导老年人树立科学的生活理念，树立知老、服老、不畏老的积极心态，与时俱进、开心生活、奉献社会。

（三）注重反思，总结流程

社区学校在大量的培训实践过程中，不断总结经验，提炼出一套适合社区培训的流程模式："选－备－联－讲－馈"。

1. "选"：每次开班前，搜索、选择合适的培训材料，确定培训主题

（1）选材时，本着"实际、实用、实效"的原则，做到有针对性。比如针对社区建设的需要，开展居民思想教育系列培训，增强全民学习意识；宣传文明礼仪、休闲和环保与政策法制观念，增强居民健康生活理念；开展社会主义核心价值观教育，弘扬社会正能量，全面提高居民素质。

（2）选材时，善于捕捉新的宣传教育素材。及时捕捉当下新的教育资源信息是选好课的关键，能使培训达到最好效果。总之，在"选"的环节，我们以实用性为原则，"为了居民的需求"来选课。

2."备"：围绕主题目标广泛选择组织培训素材，精心设计教学过程每一环节

（1）备课题。课题是一节课的高度概括，起到提纲挈领的作用。培训课题需根据实际需求和目标严格选择和确定，体现培训的主题和目的。比如"学习文明礼仪，营造和谐社区"能让参培社区居民一目了然地知道此次培训的主要内容。

（2）备教学目标。明确的目标才能达到事半功倍的效果。培训需以目标为引领，让学员了解学习什么知识、掌握什么技能、生活中怎么运用、达到怎样的效果等。

（3）备教学重难点。教学重难点部分要详讲，只有把握了重难点，才能做到心中有数，轻松地驾驭课堂，让学员迅速抓住培训重点和掌握知识、技能。

（4）备教学过程。首先，引言的设计非常重要，关系到一节课的成败。它需要创设情境，激发学员的学习兴趣，将学员的注意力集中到培训主题上。其次，教学过程要做到重点突出、逻辑严密、过渡自然、环环紧扣，完成根据教学目标确定的教学内容。最后，总结语要高度概括本节课的主要内容，进一步提出希望和要求。通过本节课的学习，要让学员知道在培训后做到什么，达到怎样的培训效果，对本次培训起到画龙点睛的作用。

（5）备课件。课件的制作，体现的是作者的技术能力、对课的理解、对教材的剖析能力。教育培训运用课件，能使培训内容变得更加生动、直观、形象，也更符合青少年和成年人的特点。从内容上来说，要多运用可以说明问题的图片，可以节省板书时间；协助教师把握整堂课的流程，突破课堂重点，但不能用课件全面代替教师的讲解。课件为辅助，学员为主体,教师为主导。从形式上来说,课件不能过于花哨,需平实简单,交互不能太多和复杂,以免造成操作上的"手忙脚乱"。色彩搭配要协调,不能过于鲜艳,对比不要太大,充分体现教师的审美能力和美学修养。相关的动态效果,要用在实处,不能华而不实、喧宾夺主。从技术上来说,课件不是为了展示技术而做,技术上的能力可以在课件的点滴中体现,但不能为显示技术而忘却了课件的主要作用。

3. "联":与办事处、各村、居委会、辖区学校等联合组织学员,联合办班

社区学员有成人化和流动性强的特点,决定了学校在组织学员时的困难性,这就要求学校联合多方力量,提高学校办学效益。社区学校联动办事处和各村、居委会、辖区学校,积极沟通和协调,确立了合作双赢的办学定位,充分发挥各自优势,分工合作,资源共享。村、居委会利用熟悉居民信息的优势,协助做好入户走访和调研工作,提供学员各类信息和需求,配合社区学校组织学员;同时社区学校也利用自身的教育资源优势,服务办事处、村、居委会,做好居民的思想教育和致富能力教育等工作,提高辖区居民的综合素质,支持社区经济建设,满足社区精神文明建设的需要。

4. "讲":注重授课各个环节安排,提高课堂讲课效果

(1)课前准备

每次办班,培训教室的前面都要挂上培训主题横幅,如"涅阳街道办事处××村社区教育培训""全民终身学习 实现美好人生""终身学习 受益终身"等,让学员明白本次活动的主题,营造培训气氛。每次培训课开讲前,组织学员集中就坐,并通过分发科技小报或者利用多媒体屏幕,让学员快速进入学习的状态,为接下来的培训做好铺垫和准备。正式讲课前,领导还要重点对培训目的和主题进行介绍和讲解,充分调动学员的积极性,让学员了解培训的目的、意义和必要性,营造良好的培训氛围。

(2)课堂授课

教师授课时,声音要洪亮,吐字要清晰,语速要适中,用语要通俗;仪态要大方得体,亲切自然;教法要灵活,深入浅出,结合生活,时刻照顾学员的情绪反馈，及时调整讲课的进度；课堂中要讲究授课技巧，根据学员特点，做到结构完整、重点突出，衔接自然，一气呵成。

（3）点评教研

培训结束后，及时组织课堂点评，明确本场培训的成功经验和不足之处，发扬优点、摒弃不足，逐步提升培训质量和教师整体素质。

（4）课后活动

课后及时组织活动，针对不同类型的课堂，应选择不同的课后活动模式。活动模式通常有两种：一是课堂集中讲授和到基地、示范户家参观，实践与教学相结合；二是课堂集中讲授、宣传与咨询相结合。实用技术课多选择前者，思想教育课多选择后者。通过实地参观、实践，更直观地领悟课堂的技术理论，强化技术能力；通过小报、横幅等形式的宣传，进一步丰富、拓展课堂培训的内容，增强培训效果。

5. "馈"：注重反馈，做好跟踪调查，巩固培训效果

在课后活动结束之后，继续组织开展对培训学员的跟踪调查。通过一对一的交流，了解学员对本次培训内容的掌握和运用情况，以及对以后培训的意见和建议等，及时总结经验，完善培训课程，并做好记录和存档工作。

四　案例效果

三年来，办事处社区教育工作培训流程模式在实践中总结，在总结后实践。在反复的总结实践中，培训流程逐渐成熟与完善。运用这一培训流程，培训帮扶各类人员 151326 人次，促使辖区居民提高生活质量，更新知识和观念，树立终身学习理念；在提高致富能力的同时，共创和谐家园，促进当地经济和精神文明的共同发展。各部门形成合力，资源共享，社区志愿者越来越多，社区居民学习意识明显增强，讲文明、会生活，提高了居民生活质量和品位。在社区居民中，有 65 人次获得市县"百姓学习之星"称号，有 15 人次获得省市社区教育论文一、二等奖。社区居民撰写的《成人学校社区教育培训工作实践探索》在《河南教育》（职成教版）2016 年第一期发表。涅阳街道办事处社区教育工作成就突出，省、市、县各级组织机构曾多次派人来此观摩学习。

五　经验借鉴

(一) 领导重视是基本保障

社区教育工作仅仅依靠社区的力量和努力远远不够，必须得到政府的高度重视，有关部门共同努力，才能取得令人满意的效果。在社区学校的培训教育流程中，各个环节都离不开政府的重视和支持。"选""备"环节要求教师具备一定的搜集、编写乡土教材和计算机运用能力，这就要求配备一支素质较高的教师队伍，配备电脑、网络等基本的硬件设施，并能对他们进行培训。只有得到政府重视和相关制度保障，才能确保这些需求得以满足。"联""馈"环节需要政府协调办事处、村、社区居委会、学校等共同参与，齐心协力；"讲"的环节中，领导到场并组织讲话，可使培训增光添彩，增强影响力和效果。总之，只有政府足够重视，相关制度保障到位，才能形成自上而下的管理体制，促使社区内各类机构、团体单位的资源设施有效利用，调动社区人员参与积极性，使社区教育工作越来越完善。

(二) 联合办学才能资源共享

社区教育要政府牵头，联合办事处各职能部门、社区学校、村、居委会、中小学校、辖区内爱国主义教育基地等，各部门联合协作，才能资源共享，形成合力，使社区教育工作更好地开展。

(三) 关注每一位居民，关注居民的全部

尽量确保辖区的每一位居民都受到培训教育。对社区儿童开展各种校外活动，丰富社区内儿童的生活；加强对残疾人帮扶的宣传教育，让更多的人了解残疾人的生活，参与到对残疾人的帮扶中来，让全社会的人尊重残疾人、关爱残疾人、帮助残疾人，提升社会的文明程度。为了使居民接受更全面的教育，除了实用技术、就业技能、家庭教育外，需要加强居民社会文明、文化休闲等方面的学习培训。充分利用远程教育网络资源，社区内各单位的相关资源，如体育场所、图书馆、实验室等，做到有序向居民开放；创设宣传栏，营造社区教育活动氛围，丰富社区教育活动。

案例3 打造"五色讲堂",助推终身学习

广西壮族自治区桂林市七星区东江街道五通社区

周　玉　何慧敏　李旌旗

一　案例概况

"五色讲堂"是广西壮族自治区桂林市七星区东江街道五通社区于2017年1月根据社区实际、整合区域内各单位资源打造的社区教育平台,被中国成人教育协会评为2018年终身学习品牌项目。"五色讲堂"教育内容涵盖党员教育（红色）、道德文化教育（橙色）、法律宣传教育（金色）、早期关爱教育（粉色）和健康知识教育（绿色）,服务人群从幼儿至老年人。两年多来,共有2000余人次受教,为创建终身学习的学习型社会奠定了基础。

二　案例背景

五通社区是一个以老式居民区为主的混合型社区,位于漓江东岸,与风景秀美的伏波山隔江相望。社区面积约0.6平方公里,辖区包括桂林市东江小学、桂林市漓江军队离休退休干部休养所、桂林市展览馆和桂林市动物卫生监督所等10个单位。由于区域内各单位规模小且各具特色,五通社区整合各单位教育资源,通过互联互动、共建互补理念,打造"五色讲堂"教育品牌,树立终身教育思想,使居民群众学会学习,培养居民群众养成主动、不断探索、自我更新、学以致用、优化知识的良好习惯,为建成终身学习的学习型社会服务。

三 实施过程

（一）组建队伍

五通社区依托社区大党委实现社区与辖区单位联通，联合桂林市东江小学老师、桂林市漓江军队离休退休干部休养所老党员干部和社区志愿者组建了社区教育志愿队伍。志愿队伍根据志愿者自身资源和特长开展工作：有的负责青少年健康教育；有的负责党员党性修养提升；有的负责法律知识普及等。2017 年 1 月，五通社区社区教育工作领导小组成立，由社区党总支书记担任组长，社区居委会主任担任副组长，同时指派了一名年轻工作人员担任"专干"，负责搭建志愿者与居民群众之间的"桥梁"，解决"学什么""教什么"的难题。志愿者队伍与工作领导小组密切配合，共同推进社区教育工作。

（二）开展教育培训和教育宣传活动

按照社区教育工作安排，社区每年会举办各类教育培训和教育宣传活动。如在"三八"妇女节到来之际，开展关爱女性健康知识讲座；母亲节前后，邀请社区医院的医生举办"健康母亲·科学育儿·幸福家庭进社区"讲座；联合桂林市东江小学开展"孝亲敬老"进校园活动；组织桂林市东江小学举办诵读中华传统文化活动等。除了单一的授课培训，五通社区还组织广大居民群众走出课堂，走近大自然，到红色教育基地，到辖区单位桂林市展览馆参观学习等。形式各样的学习方式提高了居民的学习兴趣，提升了学习效果。

（三）针对不同人群制订计划

五通社区于每年年初制订教育计划，针对不同人群的实际需要选择不同的教学内容。计划以"必需、够用"为度，教学内容具有针对性、实践性和实用性。如在每年的寒暑假定期为社区青少年学生开展各项教育活动，在"七一"建党节组织党员学习党的十九大精神、习近平总书记系列重要讲话精神，在每年的 12 月 4 日开展全国法制宣传等活动，使居民群众有针对性地学习，树立终身学习的意识。

（四）根据教育内容打造"五色讲堂"

五通社区的社区教育工作涵盖五块内容，分别为党员教育、道德文化教育、法律宣传教育、早期关爱教育和健康知识教育。社区根据这五块教育内容，打造出红色教育为党员干部铸魂、橙色教育传播道德文化、金色教育开展法律宣传、粉色教育关爱下一代、绿色教育促进健康行为的"五色讲堂"教育品牌，受到居民群众的一致好评。

（五）拓宽师资渠道，扩大社区教育知名度

自创建以来，"五色讲堂"满足了辖区内各个年龄段不同人群的需求，甚至桂林市其他城区的居民也慕名前来学习。随着学员的不断增加，师资力量和教学内容逐渐紧张。五通社区采取整合辖区内单位资源的有效做法，将其他社区优秀人才、周边大专院校老师和市民中的能人、志愿者凝聚到一起，组成"五色大家庭"，为各类人群更新知识、提升素质助力。

（六）促进社区教育多元化发展

社区教育把建设和谐社会作为目标，把开发社区特色作为办学思想，在坚持特色社区教育的同时，强化实践教育课程，使社区教育走得更远，更具生命活力。一是树立"适合的就是最好的"课程理念。五通社区始终认为，社区教育的对象是社区人，"以人为本"是社区教育课程开发的基本原则，有什么人就开什么课，老百姓需要什么就开什么课。二是积极开展社区教育实践活动。人的认识是以实践为基础的，实践不仅是指向一定对象的活动，而且还让实践者在外部环境中获得真切感受和体验，完善自身人格并提升生命质量；同时，实践也是改造客观环境的一种基本方式。通过强化社区实践教育，摒弃重课堂轻户外、重知识轻能力、重理论轻实践的错误思想，促进社区教育多元化发展。

四 案例效果

（一）红色教育强党性

"红色讲堂"围绕增强党员教育培训针对性和有效性，从党员教育入手，在学党章、学政策、学讲话精神，观廉政教育片、观违纪案件警示

录，谈心得体会，悟党性修养上下真功夫，进一步推进了党的建设，增强了全体党员干部的党性，提升了党员干部的思想素质。

（二）橙色教育构和谐

道德文化建设是构建和谐社会这项宏伟的系统工程里一股根本、强大、不可替代的力量。两年来，"橙色讲堂"利用传统节假日、特殊节日举办孝亲敬老、中华五千年文化诵读、祭扫英雄烈士等一系列教育活动，在辖区内各个角落形成了生机盎然的文化氛围，提升了居民文化素质，促进了社会和谐。

（三）金色教育保平安

党的十九大报告指出：全面依法治国是中国特色社会主义的本质要求和重要保障。为贯彻党的十九大会议精神，五通社区利用"金色讲堂"开展法律知识宣传及培训活动，深入学习《宪法修正案》《反家庭暴力法》《食品安全法》等法律知识，成就了社区居民的平安幸福生活。近三年来，五通社区辖区内无一例刑事案件发生，处处呈现欣欣向荣、健康向上的景象。

（四）粉色教育助关爱

未成年人是祖国的未来、民族的希望，是社会主义建设的接班人，是21世纪振兴中华的主力军。他们的健康成长，直接关系着国家的前途和命运。怎样预防青少年犯罪，未成年人的合法权益有哪些，当合法权益受到侵害时该如何处理，如何加强未成年人的心理健康教育等疑问，在"粉色讲堂"里都一一找到了答案。"粉色讲堂"营造了社区各方关心、关爱未成年人身心健康的氛围，增强了孩子们自我保护意识，孩子们在讲堂里学会了博爱、理解和包容，逐渐成长为一个心理健康、具备人文精神、积极面对生活、勇于接受挑战的可用之才。

（五）绿色教育促健康

五通社区利用"绿色讲堂"组织开展健康知识培训，运用各种宣传方式开展健康教育宣传活动，使广大居民群众养成了良好的健康行为和卫生习惯。两年多来，社区针对老年人、妇女、青少年及外来人口等不同对象,分别邀请桂林市各级医院的专家及社区医院的医生举办健康知识讲座 12 次,参加人数 500 余人;播放健康录像 4 次,参加人数 120 余人,营造了"人人关心健康,人人促进健康"的良好氛围。

五　经验借鉴

(一)　发动群众是做好社区教育工作的基础

打造再好的讲堂,如果没有群众的参与,一切都是空谈。社区教育工作是以社区为单位,组建队伍、动员社区内的各种力量参与的教育工作,而社区内最大的力量来自群众。充分调动社区群众的主观能动性,激发他们主动学习、热爱学习的意识,让他们发自内心地参与进来,才能逐步构建终身学习的学习型社区。

(二)　党员干部带头学是做好社区教育工作的保证

学习型社区的构建离不开党建的引领作用。通过对党员干部进行专题辅导讲座,组织观看违纪案件警示录等形式,让党员先学起来;通过举办主题党日活动、七一庆祝活动等,让党员在实践中学习;通过党员"结对子"、党员与群众谈心等活动,让党员到群众中学习。这样,既让党员更接地气,也让居民学有榜样。党员干部带头学了,社区教育工作自然容易开展起来。

(三)　整合各种资源是做好社区教育工作的关键

社区教育的发展离不开社区内各类资源,尤其是各类教育资源的支持和帮助。社区要协调可利用的人力、物力等资源,促进居民学习。只有有效地整合社区内的各类资源,才能使社区教育有效运作,形成一种整体的"教育合力",为社区发展服务。

案例 4　建设"楼院学习点 +"，提升社区教育治理能力

辽宁省大连市甘井子区兴华街道华国社区
姜黎燕

一　案例概况

从 2016 年起，兴华街道华国社区遵循"让居民人人乐学、处处可学"的理念，下大气力实施"楼院学习点"建设，以"送学上门"的方式把社区教育"微课堂"开到居民家门口，有效提升了社区居民参与社区教育工作的积极性，受到居民认可与支持，促进了社区治理能力的提升。"楼院学习点"的运行完全采取居民自治方式，由楼院支部书记和文化志愿者负责管理，学习内容根据居民需求安排，以普及科学知识、弘扬社会主义核心价值观、培养爱党爱国大情怀为宗旨，着眼于活化社区教育模式，提升社区教育实效性。到目前为止，共设立片区"综合学习点"三个，打造了"菊英姐姐微课堂""空巢老人支持小组""微宣讲进家""楼院情景党课""学习 + 议事"等多个寓教于乐、形式灵活的"小微课堂"，内容从"楼院党课"到提升党性修养，从《弟子规》到"好家风""好院风"建设，从"科普学习"到提升生活品质，从法律咨询转变到知法用法，从弘扬志愿服务精神到楼院实现自治管理等，把社区大教育分解为接地气的"微课堂"，让"楼院学习点"变成提升社区教育和基层党建水平、推动"居民自治"和"社区治理"的强劲助力。

二 案例背景

兴华街道华国社区面积 0.08 平方公里，共 2006 户 4792 人，辖区居民呈现"流动人口多、空巢老人多、贫困群体多"的"三多"特点，属典型的老、旧、开放型小区。社区内没有文体活动室和文化广场，居民迫切需要可供学习和娱乐的"教育阵地"，以满足居民日益增长的对美好生活的需要。2016 年，华国社区在物业撤管楼院——水彩巷 29 号楼率先设立了"菊英姐姐微课堂"，通过崭新的社区教育模式，引领居民进行自我教育、自我管理、自我服务，社区教育的治理成效显著。2017 年至今，通过复制水彩巷 29 号楼模式，在社区的三大服务片区陆续设立了"千山"、"东红"及"彩菊"三个"综合学习点"；在辖区幼儿园、中医馆、眼科医院等设立多个专门的"科普学习点"，为空巢老人、育龄妇女及贫困居民提供文化科普服务；同时，通过多次"文化志愿者增能"培训，社区教师队伍不断扩大，能力素质得到提升。"楼院学习点"开设三年来，教育阵地、居民教师及学员队伍有了长足发展，在社区治理中起到了不可替代的作用。

三 实施过程

（一）夯实基础阶段（2016 年 1 月~2016 年 6 月）

1. 科学组织设置

一是成立"楼院学习点"组委会及"楼院教管会"。依托社区网格化管理体系，在三个大自治片区分别推选 3 名文化志愿者，成立三个"楼院学习点"教管委员会（其中 6 人为楼院支部书记），而这 9 名委员则组成了"楼院学习点"组委会。学习点的日常学习管理完全采取自治模式。二是制定管理制度。通过召开楼院议事会，由教管会牵头，制定了《"楼院学习点"自治管理制度》及《"楼院学习点"课程设置制度》等，让"楼院学习点"在管理上有据可依，有章可循。

2. 全面整合资源

一是调研居民需要的课程。通过入户走访、楼院议事会等形式，向居民广泛征求意见，按照各受教群体分别选择开设的课程。二是"学习点"地址的整合。依托辖区企业和现有资源，在三个片区分别设立固定的"楼院学习点",学习阵地有了保障。三是教师队伍的培养。将社区中愿意为居民服务的志愿者组织起来,通过系列"增能"培训,将他们逐渐转化成为社区教师。四是学员队伍的优化。"楼院学习点"学员群体主要包括空巢老人、青少年、志愿者等,他们有学习的热情和需求,能够欣然接受各项管理制度,容易出学习实效。五是同辖区企业建立"学习+服务"双赢合作模式。在为居民开展服务的过程中,讲解相关知识,将公益服务与社区教育结合起来。六是资源融合与借力。同社区党务、民政、妇联、城管、安全、文体及计生等各部门紧密结合,共同参与楼院课程输送,尤其是在"楼院学习点"讲解和办理低保、公租房、生育补贴等各项业务上,打通了服务居民的"最后一公里"。

(二)设点实验阶段(2016 年 7 月 ~2017 年 3 月)

1. 设立"菊英姐姐微课堂"

2016 年暑假,社区在物业撤管楼院水彩巷 29 号楼设立了第一个"楼院学习点"——"菊英姐姐微课堂"。由社区"五老"志愿者丁菊英担任主要教师并负责管理。这是一种形式灵活、短小精悍、寓教于乐的青少年楼院教育模式,课堂设在楼道和楼院,每次课程时间约为 20 分钟,主要以"楼道文化墙"和"楼院志愿服务小组"为阵地,为孩子们讲述红色革命及传统文化小故事,引导孩子们学习法制、安全知识,参加楼院志愿服务等,旨在向孩子们弘扬爱党、爱国、文明向善、守法自护和全面发展的理念,让孩子们在社区教育中受益,营造欢乐祥和的学习生活氛围。

2. "微宣讲"进家

华国社区高龄、患病老党员共有 39 人,占党员总数的 24%。因为身体原因,老党员们不能定期到社区参加组织活动。针对党员的学习教育,"楼院教管会"与老党员最多的"华众党支部"联合,采取"'楼院学习点'+楼院党支部"运作模式,在老党员家设立多个"党课宣讲微学习点",引领老党员与时俱进,不断提升这些老党员的"精气神",受到了老党员们的欢迎。

(三) 全面普及阶段 (2017 年 4 月 ~2018 年 8 月)

1. 设立三个"楼院综合学习点"

由"楼院学习点"组委会牵头,依托社区的三大自治服务片区,成立"教管会",分别设立了"千山""东红""彩菊"三个"综合学习点",课程设置及模式等日常管理完全由居民自治。

2. 设立具有自治特色的学习型项目

社区志愿者队伍承担着为老服务、环境整治、纠纷调解等工作,他们有增能的愿望。自 2016 年起,社区设立了"馨情空间爱相伴""益网情深"等具有社区特色的综合性学习项目,发挥社工及在职党员力量,为志愿者增能,效果显著。

表 4-1 "益网情深"项目志愿者培训明细

序号	内容	教师	参加人数
1	社会工作伦理	社工姜黎燕	45 人
2	食品安全知识	社工陈媛媛	43 人
3	家庭急救知识讲座	社工陈媛媛	43 人
4	手指操	社工苗蓓蓓	46 人
5	三步养生操	志愿者刘荣花	46 人
6	消防安全讲座	在职党员	37 人

3. 针对不同人群设置课程

一是针对空巢及高龄老人群体,开设"水电气安全检查""高血压日常检测""手指操""保健操"等课程;二是针对青少年群体主要讲述红色故事、学习传统文化、参加志愿服务等;三是针对流动人口主要设立育龄妇女保健及居住证办理等课程;四是在楼院开设"朗诵""声乐""太极拳""摄影""手机使用""百变丝巾系法"等多种课堂,提升居民生活品质。

(四) 品牌提升阶段 (2018 年 9 月至今)

1. 形成"楼院学习点"的特色和品牌

一是"千红"学习点的"馨情空间爱相伴"课程。千山路小区以高龄、无业老人为主要服务对象，日常在楼院中开设最多的是心理疏导、养生保健、食品及水电气安全等课程，打造了"馨情空间爱相伴"——无业老人心理健康课程。通过一对一陪伴、谈心、小组活动等多种形式，改善老人们心理状况，丰富他们的精神生活。二是"彩菊"学习点的"华彩家园自管"项目。水彩巷小区有六栋无物业管理楼院，共 206 户，是典型的老、旧、无人管楼院。通过"楼院党支部＋学习点"模式，协助成立了"华彩家园自管"项目，通过系列学习教育活动，居民从最初的消极漠视到目前的积极参与，共同建设宜居家园理念深入人心，居民自治成效显著，打造了社区教育惠民服务亮点。

2. 特色学习型综合项目打造成社区教育品牌

依托"楼院学习点"设立的"馨情空间爱相伴""益网情深"两个为老服务项目已经运行三年多。项目运行中各种学习活动多以娱代教，耐心引导无业老人们学会调适情绪和心理压力，并使老人们的亲属认识到精神健康的重要性、积极配合课程，使老人们心理状况得到极大转变，以更积极的态度回馈社会。志愿者经过培训后再为老人服务时，也感觉到能量满满。社会工作伦理的培训，让志愿者明白了什么能做、怎样去做、遇到伦理困境应该如何处理等；各项文化知识的培训，让志愿者上门授学时能够有的放矢，从而使志愿者的整体精神风貌得到升华，服务能力不断提升。

四　案例效果

（一）激发居民参与社区学习教育"新兴趣"

"楼院学习点"课程涉及居民生活的方方面面，包括照相、谈心、讲座、义诊、安全检查及手指操等，提升了居民参与"楼院学习点"的热情。有的老人没有上过学，志愿者教他们用手机照相，他们拿到照片爱不释手，非常有成就感；有的老人对家庭安全知识漠然，但通过学习提升了安全意识；有的老人通过"楼院学习点"实现了学习的愿望。在这里，每个学员都能找到自己喜爱的课程，充分感受到社区教育的温度和力度。

（二）形成社区教育参与社区治理"新模式"

依托"楼院学习点"，将社区教育与居民自治及社会治理结合起来，通过对特殊群体的教育及关爱，把社区教育服务"触角"延伸到每个家庭，畅通了社区顽疾的治理渠道，在家门口升级了居民幸福感。社区教育的服务功能有效转化成居民能够亲身感受到的服务成果，为社区教育引领居民自治、参与社会治理提供了可复制的模板。

（三）坚持特色文化建设开启服务"新引擎"

通过"楼院学习点"建设，打造"楼院情景党课""微宣讲进家"等载体，弘扬党建文化，提升党员党性修养；社区各部门遵循"办实事、见实效"原则，将新的政策和规定在"楼院学习点"中宣传讲解，将服务送到居民家门口；通过实施"馨情空间爱相伴"及"益网情深"项目，聚焦关爱特殊群体，提升了社区教育参与社区治理的实效性；同时，结合"邻里文化节""文明城创建""食品安全城市创建"等主题活动，志愿者在楼院中积极宣传，提升了居民文明意识，为创建学习型社区工作助力。通过"楼院学习点"引领，社区教育的文化服务功能不断升级。

五 经验借鉴

（一）"楼院学习点"是社区生活圈需要的教育模式

"楼院学习点"课程形式灵活，内容丰富多彩，打破了传统的"你教什么我学什么"的模式，给予居民极大自主权。楼院、居民家中开设的多种模式的"生活微课堂"，用人文和公益精神来丰富社区教育内涵，突出了社区教育贴近居民需求的生活性功能，是社区生活圈需要的更"接地气"的教育模式。

（二）"楼院学习点"是社区"学习共同体"培育发展的内生动力

通过"楼院学习点"建设，把社区内党员、志愿者、社团组织、辖区企业、共建单位等各群体整合到一起，遵循"依学治理"原则，让学习者和受教者都能够"身有所栖、心有所寄、力有所出、群有所依"，最终形成一个充满活力、富有奉献精神和实用价值的"学习共同体"，通过搭建不同的平台和载体，让这些"学习共同体"更好地发挥社区教育在提升文明素质、服务民生实事及创新社会治理等方面的重要作用，这也将是华国社区今后一段时期研究和发展的方向。

（三）居民自治、多元共治是"楼院学习点"发展壮大的有效路径

自 2016 年"楼院学习点"创建以来，通过成立"楼院教管会"、团结发动志愿者和居民、对特殊群体开展文化关爱活动、孵化培养自治文化社团、整合企业教育资源等一系列举措，打造特色属地文化，使居民的自治能力得到进一步提升。志愿者自己提想法、做策划、设课程、当教师、融资源、享成果，"文化自信"理念在此得到落实和发展。由此可见，居民自治到多元共治无疑是当前社区教育参与社区治理、提升社区治理能力最好的方法和途径，也是"楼院学习点"不断焕发生命力、进而发展壮大的最有效手段。

案例 5　充分利用高校教育资源，开展社区居民教育服务

——华中师范大学社区博雅志愿
服务队助力社区教育

湖北省武汉市华中师范大学社区

张　智　文洁琼

一　案例概况

华中师范大学社区"博雅志愿服务队"成立于 2012 年。该队以华中师范大学校训中的"博雅"二字命名，吸引了一大批弘扬文明新风、热心社会公益事业的大学生志愿者，截至目前累计达 425 人。博雅志愿服务队以创建"奉献、友爱、互助、进步"的志愿服务精神为目标，主要为社区提供敬老助残、扶贫济困、文明创建、文体服务、法制宣传、青少年服务、社区服务、环境保护等方面的志愿服务，特别是在关爱老年人、农民工子女、城区流动儿童、残疾青少年等方面，一直开展有针对性、持续性、实效性的志愿活动。多年来，博雅志愿服务队累计为社区提供服务3000 余人次。他们弘扬着青春正能量，为全社区文明创建贡献了青春力量。

二　案例背景

华中师范大学社区位于九省通衢的湖北省武汉市，占地面积约 1.2 平方公里。社区共有教职工宿舍 110 栋，居民人数约为 11296 人，其中 60 岁以上的老年人 2000 余人，青少年 1800 余人。依托浓厚的校园文化氛围，

华中师范大学社区具有教师多、教授多、居民文化素质高的特色，同时也形成了辖区居民"四多"特点：老年人多、高知群体多、双职工家庭多、大学生志愿者多。一方面，老人们对文化知识、养生健身、科普知识、居家养老的需求高，且空巢、独居老人养老服务工作越来越引起关注和重视；而且由于学校双职工家庭多，往往孩子放学、放假，家长还没下班，青少年的课后托管成了家长们面临的问题。另一方面，学校各院系有大量志愿者团队，志愿服务的资源非常丰富，但长期以来，多以外出参加志愿服务为主，社区缺乏一个让大学生志愿者们发挥青春正能量的平台。为了解决这些矛盾，2012 年下半年，在珞南街党工委的指导下，华中师范大学社区依托大学生志愿者组建成立了"华中师范大学社区博雅志愿服务队"，开展"百名大学生志愿者进社区"活动。

三 实施过程

（一）拟订方案

2012 年 11 月，华中师范大学社区根据《国务院关于加强和改进社区服务工作的意见》，充分发挥社区居委会在社区服务中的作用，积极支持和鼓励社区居委会组织开展社区志愿服务活动。立足以人为本、服务居民的理念，华中师范大学社区依托学校强大的人力和智力资源，不断提升服务和管理质量，树立品牌，打造具有社区特色的"四在社区"，拟订了大学生志愿者进社区工作方案，确定大学生进社区工作内容主要为搜集居民信息，开展需求调研，深入社区提供养老、慰老和心理咨询服务，在居委会的领导下做好社区安全保卫、计生、文化等宣传工作，协助居委会和栋长做好其他工作。

（二）实施阶段

第一阶段，加强沟通，赢得信赖。2012 年 12 月，社区居委会先期聘请若干名大学生志愿者在栋长空缺和老人居多的楼栋担任助理栋长，在社区居委会的指导下开展有针对性的年终慰问服务，加强联系与沟通，赢得居民信赖。

第二阶段，实现助理栋长全覆盖。2013 年 3 月，利用社区栋长、片长换届的机会，聘请 110 名大学生志愿者为助理栋长，在前期基础上实现社区助理栋长全覆盖。同时，居委会带领大学生志愿者深入社区居民家中，开展居民需求调查，为社区创新服务方式、拓展服务领域打下基础。

第三阶段，建章立制。为保持大学生志愿者工作队伍的稳定，使社区志愿者服务常态化、规范化，社区及时成立了华中师范大学志愿者服务队，并制定《华中师范大学社区志愿者服务管理办法》，确定了大学生志愿者为居民提供个性化服务的内容。

第四阶段，资源融合。为整合学校现有资源，使社区志愿为老服务活动品牌化、制度化、长效化，更好地为社区居民提供服务，2016 年 6 月 5 日，社区和华中师范大学校团委联合成立"互助先锋站"，提供老年人智能手机培训、义务理发、健康体检、废旧物品手工艺教学、书法国画体验教学、少数民族文化展示、法律咨询等多项服务。

（三）进一步规范完善制度机制

在志愿服务工作格局初步形成阶段，社区各项工作有序开展。随着社区的发展，博雅志愿服务队逐步完善了志愿者申请、招募、日常管理考勤、志愿服务考核等管理流程和相关制度，并且专门为志愿者制作有"博雅"标识的志愿文化马甲和帽子。根据 2014 年 9 月武汉市文明办制定的《武汉市社区志愿服务制度化建设考核细则》，博雅志愿服务队进一步完善了志愿者管理的 9 个项目，包括组织健全领导有力、采集需求设计项目、招募注册组建队伍、组织培训加强管理、开展活动提供服务、做好记录建立台账、激励嘉奖适度回馈、阵地健全机制完善、宣传深入氛围浓厚。通过一系列规范社区志愿服务站的管理办法，社区志愿服务日常活动朝着规范化、制度化的方向发展。

（四）创新志愿服务形式

在原有的志愿服务项目基础上，志愿队不断创新服务形式。一是根据节日特点开展服务，二是将志愿服务融入社区党建活动，三是将志愿服务融入社区多姿多彩的文体活动。经常开展的有元宵节看望社区老人，三八节慰问困难妇女，庆七一慰问困难党员，孤寡、空巢老人和困难群众结对帮扶服务，以及革命传统教育、爱国主义教育、红色家风教育等活动。在社区文化建设中，博雅志愿服务队先后配合社区举办了"丹桂艺术节"、"大手牵小手"薪火相传学雷锋、清明网上祭英烈、法律知识讲座、"5·12"防震减灾宣传、党员居民春游、"欢庆端午"、"和谐邻里共度中秋"、"庆国庆升国旗"、"腹有诗书气自华"读书月、"青春伴夕阳"等活动。这些活动极大地丰富了社区居民的文化生活，让居民时时都能感受向上向善的气息，也为社区青少年的成长提供了有力的环境支持。

（五）形成品牌特色

社区志愿服务品牌重点放在青少年和老年人两方面。一方面，社区坚持开办"四点半学校"、"暑期文明学校"、张威铭工作室，对农民工子女、城区流动儿童、困难家庭儿童提供了针对性和持续性的志愿帮扶活动；在授课人员方面，充分发挥"五老"作用，引领青少年精神文明建设。另一方面，考虑到本社区高知老人多的特点，社区联合学校外国语学院"晨光服务队"的大学生志愿者们为社区老年人开办免费英语课堂"暖阳课堂"。

1. "四点半学校"

自 2013 年起，为解决小学生四点放学、家长五点半下班，时间差内学生看管"真空期"的现实问题，社区适时开办了"四点半学校"。结合百名志愿者进社区服务活动，遴选了部分大学生志愿者到"四点半学校"担任老师，为小学生们进行学习辅导及生活引导。每周一至周四下午，社区干部带领两名大学生志愿者对小学生进行学业辅导。周五的艺术特长课包括美术、手工、体育、外语等趣味课程。相关工作得到了家长和孩子们普遍赞誉。

2. 社区暑期文明学校

社区青少年暑期文明学校是华中师范大学原教学仪器厂退休职工陈惠民同志于 2000 年 7 月创办的，2013 年后由华中师范大学社区主办，已坚持开办 19 年。社区暑期文明学校作为华中师范大学社区"四点半学校"的延伸，为提高未成年人综合素质、促进青少年全面发展提供舞台，不仅解决了教工、务工人员子弟暑期照护、学习辅导的难题，而且为大学生们提供了良好的社会实践平台，现已成为洪山区、珞南街一大亮点和特色品牌。

社区青少年暑期文明学校开设了思想道德、社会常识、生活技能、艺术入门、少儿外语等多个科目的教育和培训，而且不断提升课程内容质量，2017 年增设 3D 打印、植物识辨等多元化特色课程。为了培养孩子们的独立能力和主人翁意识，暑期文明学校还成立了"弯弯腰服务队""儿童故事会""文艺小分队""小记者宣传队"等多个兴趣小组。在授课人员方面，社区充分发挥"五老"作用，全国关心下一代先进工作者、"中国好人"、洪山区"五老"报告团团长毛兰成，透雕大师张威铭老先生和他的弟子民间艺术家孙秋萍老师等，都是文明学校的常驻讲师。

3. 张威铭工作室

张威铭老人被联合国教科文组织、中国民间艺术家协会授予"民间工艺美术家"称号，其人物透雕工艺被武汉市武昌区政府列入武昌区第一批非物质文化遗产名录。为了让透雕这项非物质文化遗产得以传承，华中师范大学社区和学校关工委的同志们在 2014 年 6 月特聘请张威铭大师开设了"透雕创作辅导班"，免费招收一批对此有兴趣的美术学院学生，安排透雕艺术课。在社区中开办的工作室成为学校正规教育的延伸和补充，也成为青少年素质教育的重要课堂。通过张威铭工作室系列活动，青少年在社区里得到更全面的发展。

4. 暖阳课堂

2017 年，为进一步丰富社区居民业余文化生活，使老年人老有所学、老有所乐，社区联合学校外国语学院"晨光服务队"的大学生志愿者们为社区老年人开办免费英语课堂"暖阳课堂"。每周五下午 3 点准时开课，通过外国语学院志愿者们的教授，老年居民现在已经能简单地与外国人交流。

四 案例效果

（一）借用大学优势，融合学校、社区志愿服务体系

高校社区可利用大学生志愿者丰富的优势，促进和融合社区志愿服务。通过志愿服务，大学生得以走出校园、了解社会、了解生活，不断增强大学生关心社会问题、关爱特殊群体的意识，增强大学生的社会责任感，在实践中不断增强服务社会的能力。同时，通过大学生志愿者人才资源优势，为社区的建设输送优秀力量。校社双方在"校社合作、共驻共

建"的平台下，达到"优势互补、资源共享、共同提高"的目标。博雅志愿服务队结合社区实际，开展多种志愿服务活动，自 2012 年底创办以来，共开展 2101 次志愿活动，其中结对帮扶困难家庭 4 家，定期上门为困难人群提供力所能及的帮助；"四点半学校"累积提供服务达 2880 小时；"暑期文明学校"累积提供服务达 720 小时；"暖阳课堂"累积提供服务达 240 小时；环保、文体等其他志愿服务累积提供服务达 500 小时。

（二）发挥志愿服务示范效应，推动社区志愿服务工作发展

自 2012 年底开展结对帮扶活动以来，博雅志愿服务队共帮扶了 4 个困难家庭。每周，志愿者们都坚持为他们提供力所能及的帮助。结对帮扶的组长李华松为盲人叔叔理发、骑车送患肾病的叔叔到医院做透析、为"四点半学校"学生辅导作业，将志愿服务作为一种信仰和习惯来践行，相关事迹被刊登到光明网上。在他的影响下，社区大学生志愿者深入践行社会主义核心价值观，升华关爱与奉献的人生境界，提升专业技能，培养爱岗精神，形成了影响深远的示范效应，促进了社会正能量的集聚，社区在志愿服务和青少年教育工作中先后获得"武汉市青少年教育工作先进集体""洪山区五好基层关工委""十佳志愿服务社区"等荣誉称号。

（三）激活"红色细胞"，充分发挥社区"五老"作用，丰富社区教育内容和形式

教仪厂退休的教职工陈惠民同志创办的"暑期文明学校"，通过社区博雅志愿服务队的接力，已接连培养学生 700 余名，其中三分之一系外来务工人员子女，还有少量外国儿童。其中很多学生现已考入大学，还有一些读到了硕士博士。全国关心下一代先进工作者毛兰成每年酷暑都坚持骑电动车来给博雅志愿服务队的志愿者和社区青少年宣讲。在他的影响下，大学生志愿者李华松获得了"武汉市最美志愿者""湖北崇义青年"等称号；华中师范大学附小的蔡文歆同学获得了 2017 年洪山区"文明小雅士"的称号。已 83 岁高龄的张威铭老师，通过"张威铭工作室"将他独树一帜的透雕技艺传承给华中师范大学美术学院的一群志愿者，最终使这项非物质文化遗产得以传承。民间艺术家孙秋萍同志是张威铭的得意门生，她的脸谱课在社区乃至武汉市各学校都已成为一门传统经典课程。

五　经验借鉴

（一）尊重不同主体的需求，不断创新志愿服务模式

高校社区居民的志愿服务需求往往更偏重精神需求。华中师范大学社区根据区域人口特点，强调将一老一小作为重点服务对象，根据不同年龄居民的特点，探索不同的志愿服务内容和形式，建立共建共治共享的美好社区。

（二）将志愿服务与学习紧密结合，增强大学生志愿者参与志愿服务的内驱力

华中师范大学博雅志愿服务队的成员均是接受高等教育的青年学生，是有较强烈的成长成才需求的群体。要提升或是激发青年学生参与志愿服务的内驱力，就要使参与志愿服务内化为青年学生实现成长成才目标的必然需求。青年学生通过多种途径，参加丰富多彩的志愿者服务活动，将自己所学知识运用于实践。通过服务与学习的紧密结合，志愿服务真正成为青年学生实现自我价值、获得精神满足的实践活动。

（三）社区志愿服务促进青少年文化传承

社区教育作为终身教育体系的重要组成部分，在传统文化的传承中担任着重要角色。通过社区志愿服务中的文化传承教育，不断实现教育形式与内涵、文化认同感的传承，更使社区青少年养成良好的习惯、深刻体会传承教育的现实意义。华中师范大学社区通过创建文化学习品牌、打造学习工作室等方式推动传统文化与社区教育的结合，增强传统文化的影响力和生命力，满足居民的精神文化需求，推动了社区教育的可持续发展。

（四）发挥"五老"优势作用，促进青少年的发展

高校社区的"五老"同志是一支独特的重要力量，他们往往以自身的革命经历和人生感悟现身说法，利用自身的知识、经验参与社区群众性、公益性工作，从而更好地丰富社区教育内容和形式。在开展志愿服务的过程中，社区致力于激发高校社区"五老"发挥余热，开设一系列主题教育讲座，通过形式多样、内容丰富的活动，引导社区青少年树立正确的人生观和价值观，既补充了志愿者队伍的力量、获得青少年及家长的赞许，又让"五老"人员觉得参与有意义，发挥了自身的专业能力和优势。

案例6 辖区资源进校园，学生、社区同发展

——拉萨市城关区蔡公堂乡社区教育试点工作

西藏自治区拉萨江苏实验中学德育处

郑小焱

一 案例概况

为深入学习党的十九大关于建设全民学习、终身学习的学习型社会的精神，贯彻落实上级组织有关社区教育的要求，西藏自治区拉萨市紧紧围绕学习型组织的创建工作，完善社区与学校共育理论体系，加强社区与学校的紧密联系，努力营造社区与学校共育氛围。自2018年以来，蔡公堂乡以辖区内的拉萨江苏实验中学为试点，协调辖区内各种资源进入校园，通过开展科普、普法讲座，举办"家长开放日"等多种活动，既丰富了校园文化生活，又加强了社区与学校的共建，推动了和谐社区建设。

二 案例背景

蔡公堂乡，又名蔡巴公堂乡，位于拉萨市东郊，是拉萨市城关区最大的一个农业乡，面积205.6平方公里，常住人口近4000户约9000人，流动人口4万多人，下辖白定村、蔡公堂村、恩惠苑社区等5个村委会；辖区学校16所、医院3所、文化站4个，驻区单位30多家。为推动教育事业集约化发展，提升全市教育层次，满足群众对优质教育资源的强烈需求，拉萨市委、市政府于2012年启动了位于拉萨市城关区蔡公堂乡的教育城项目建设。如今，蔡公堂乡学校密布，涵盖幼儿园、小学、初中、高中各个学龄段，俨然成为拉萨市的文化之城。拉萨江苏实验中学便是教育城

中的学校之一。学校于 2014 年建成，投资 2.63 亿，占地 207 亩，有学生近 2900 人，教师约 300 人，拥有西藏自治区最先进的硬件设施，被老百姓亲切地称为"家门口的内地西藏班"。自 2018 年以来，蔡公堂乡依托辖区丰富的社会资源，紧紧围绕学习型组织创建工作，以拉萨江苏实验中学为试点，加强社区与学校的紧密联系，开展形式多样的育人活动，努力营造全社会共育的氛围。

三　实施过程

（一）举办公益讲座

1. 气象科普讲座

为切实提高学生科学文化素养，发挥社会育人功能，在 2018 年 5 月"气象科技周"期间，蔡公堂乡联合自治区气象学会、自治区人工影响天气中心，在学校举办"科技强国气象万千"主题科普讲座，向学生们介绍了我国目前的气象工作、气象卫星以及气象灾害的相关知识，不仅让学生们了解到气象科学的知识，也激发了学生们对气象科学的求知欲与探索欲。自治区人工影响天气中心的德吉白玛老师还专门为同学们开展了以"人工影响天气探秘"为题的讲座，让学生们进一步感受气象科学的魅力。

2. 社区普法讲座

2019 年 3 月，为进一步弘扬法治精神，提高学生的法律意识，蔡公堂乡协调城关区公安局法制办，围绕法治和安全两个主题，面向全校开展了青少年法治讲座。法制办干警边仓、池博恒向师生们介绍了青少年学生遵纪守法、远离不良行为的一些基本方法和策略，教学生们在困难中自救的基本方法，让学生们学会如何进行自我保护。此次讲座具有很强的针对性和实用性，在增强同学们的法律素养的同时，为同学们指明了成为知法、懂法、守法的好学生的方向。

（二）普及健康知识

为进一步加强学校结核病疫情控制工作，提高在校师生结核病防治核心知识知晓率，切实维护广大师生身心健康，根据《学校结核病防控工作规范（2017 版）》文件要求及上级相关文件精神，2018 年 6 月，蔡公堂乡卫生院医护人员对学校初中年级部 13～14 周岁的 344 名学生进行了结核病筛查。筛查工作完成后，卫生院医生在学生中发放调查问卷，进行结核病防治知识的普及。同时，还发放了告家长书，带动家长对结核病可控、可防、可治的正确认识。

（三）联动整治卫生

2019 年 4 月 "爱国卫生月" 期间，由社区牵头，拉萨市江苏实验中学组织开展了以 "弘扬雷锋精神、争当有德之人" 为主题的志愿服务活动。在学校团委的组织与社区的配合下，学生们走上街头，积极参加 "爱我蔡公堂、美化新拉萨" 街头卫生大扫除义务劳动。通过此次活动，既调动了学生们热爱家乡、建设家乡的热情，又培养了学生们尊重劳动、热爱劳动的意识。

（四）推进家校共育

为深入贯彻落实 "四讲四爱" 精神，将 "四讲四爱" 宣传工作推进家长群体，营造家校共育的良好氛围，同时向社会展现校园风貌、展示师生风采，营造和谐育人氛围，提升学校的社会影响力，2019 年 4 月，在蔡公堂乡的大力支持下，拉萨市江苏实验中学组织举办了 "家长开放日" 活动。本次活动共邀请了初、高中各年级共 60 名学生的家长代表参加。在参观食堂、宿舍等区域的过程中，有关工作人员仔细讲解了国家和政府对西藏地区的各种优惠政策，并让家长进一步了解学校生活安排，提高了广大家长对学校的认可度。

四 案例效果

蔡公堂乡以单个学校为试点，探索社区教育与学校教育、家庭教育的融合。在拉萨江苏实验中学试点社区教育以来，系列活动既丰富充实了学生的学校生活，又让学生在实践中与社会零距离接触，不仅让学生得到了锻炼、增长了见识、养成良好的生活习惯，也让更多的家长树立了正确的教育理念，让学生在和谐的生活环境中健康成长。每次活动从宣传发动、组织实施，到总结表彰，始终得到拉萨市城关区政府、区教育局和拉萨江苏实验中学相关领导的重视和支持，始终在平等、互动、轻松、和谐的气氛下进行，始终以促进学生全面发展为目标，学生参与率达到 98%，取得了良好的社会效应。

经过一系列实践，蔡公堂乡初步探索出协调辖区资源、组织驻区单位与学校共同育人的基本途径、方法和策略，为努力构建适应蔡公堂乡经济社会发展的现代教育体系，推动整个城关区社区教育的发展打下基础。此举促进了学校与社区在教育领域的有机结合，形成了有社区特色的学校文化活动，使学生们在学习中接触到更为广阔的社会环境，促进学校和社区的共同发展，也为构建和谐社区、建设学习型社会做出了积极贡献，有利于维护社会稳定。

下一步，我们将在现有活动的基础上，每年打造一到两个精品活动，在辖区内各学校加以推广；把服务学校、建设学校放在党政重教的高度，总结摸索社区教育工作经验，不断拓展社区教育发展途径，提高相关人员的工作热情和组织管理能力；建立健全学校评价、家庭评价、社区评价相结合的多维评价体系，结合学生在校内、家庭、社区的表现进行综合评定，体现全面育人的思想。

五　经验借鉴

(一) 三位一体，形成共育

社区教育是学校教育的延伸和拓展，其宗旨是贯彻全民教育和终身教育。在拉萨江苏实验中学试点的系列活动，从宣传发动、组织实施，到总结表彰，始终得到城关区政府、区教育局和拉萨江苏实验中学相关领导的重视和支持。乡政府、学校、家庭都重视社区的教育资源，以学校教育为基础、社区教育为依托、家庭教育为突破，成功构建了"三位一体"的教育体系，达到了教育社会化和社会教育化的统一，为他们营造了一个良好的成长环境，对学生的成长起到了很好的帮助作用。

(二) 关爱学生，注重发展

自蔡公堂乡开始探索社区教育工作与学校教育、家庭教育融合的实践以来，一直秉持着让学生获得全面发展的目标，不断拓展社区教育发展途径，致力于将学生培养为全面发展的新时代建设者和接班人。通过积极组织校外活动，乡政府为培养学生健康的兴趣爱好搭建了平台。通过开展各种主题活动，让学生的思想品德和意志品质在现实生活中得到培养和锻炼。一系列的校外活动，实现了大手小手互动，使社会成为促进学生健康成长的一所更大的学校。

（三）多方联动，资源共享

蔡公堂乡联合自治区气象学会、自治区人工影响天气中心、城关区公安法制办、蔡公堂乡卫生院等多个单位，以拉萨江苏实验中学为实施对象，开展科普讲座、疾病防治等活动，培养了学生的科学素养，促进了他们的身心健康。以社区为链接，密切学校与其他单位的联系，在资源方面互通有无，不仅使学校的可持续发展得到保证，也推动了社区教育与学校教育的进一步融合。

（四）多元教育，促进成长

走出去、请进来，开门办教育，密切与社区的联系，形成教育的合力，保证对学生教育的全方位全天候"在场"，才能办出最令人满意的教育。通过双向互动，在学校体育节、艺术节开幕式上，可以看到出席观礼的社区代表；初三学生誓师大会和毕业典礼，可以听到社区领导的深情寄语；学校常规检查和食堂工作检查评价，有社区领导的深度参与；社区的重大活动也少不了邀请学校代表参加，而且在假期，学生"向社区报到"……通过这些方式，真正做到了让校园没有围墙，让教育没有假期，让关爱没有真空，促进了学生健康成长。

案例7 以"1+2+N"模式，打造青少年教育工作新格局

贵州省贵阳市观山湖区世纪城社区服务中心
何　静

一　案例概况

世纪城社区坚持"1+2+N"工作模式，即社区党委主导，依托新时代文明实践所、新时代市民大讲堂两个平台，发挥社会组织协同作用，共同推动社区教育建设和服务更新，打造共建、共治、共享的社区关心下一代工作格局。社区以关爱青少年成长为出发点，以文化活动室和文化广场为阵地，借助"520心理健康管理志愿服务队""惠众公益律师团""友邻之家"等社会组织的专业优势，开展了心理健康教育、青少年性教育、普法宣传、科普小课堂、国学等课程，丰富辖区青少年的文化生活，助力他们健康成长。同时，在新时代文明实践所、新时代市民大讲堂两大平台支持下，依托"明珠助老社""绿丝带·爱心银行"等社会组织，结合社区实际和开展工作的需要，分别组织了由"五老"代表组建的关爱团、讲师团、网吧义务监督员、爱心志愿服务队等多支队伍，发扬"五老"精神，用高尚的人格教育引导青少年。

二　案例背景

世纪城社区管辖面积5.38平方公里，辖区总建筑面积6平方公里，包括世纪城、国电金海域、恒大中央广场3个楼盘，现已交房5.2万套，目前实有总人口17万人，辖17个居委会、划分为152个网格，建有46个基

层党组织，管理流动人口 26538 人，常住人口 122669 人，中小学在校学生约 11000 人，呈现人员流动性大、青少年群体占比高的特征。作为观山湖区人口密度最高的新型城市移民型社区，更好地关爱青少年群体，将社区教育由上而下纵深式推进，成为世纪城社区不断探索的方向。

三 实施过程

（一）工作启动阶段

1. 摸清底数，夯实基础

2016 年 7 月，社区联合贵阳市护理职业技术学院，对世纪城社区居民需求情况展开专项入户问卷调查，运用科研方式，对辖区内各个年龄段居民的生活习惯、身体状况、服务需求等情况进行调研，切实掌握了辖区居民的生活状况和社区服务重点。

2. 强化领导，规范制度

在社会组织建设上，社区注重做到"三个坚持"。一是坚持紧紧围绕文明和谐发展的工作目标，把社会组织活动融入社区建设和发展的大局之中，制订《社区教育五年发展规划》，为其提供强大的精神动力和知识动力，服务和谐发展的大局。二是坚持深入居民生活的原则。坚持从群众中来、到群众中去的工作方法，宣传发动群众，引导社区居民主动参与社会组织建设。由 17 个居委会收集居民的意见和诉求，每月固定一天召集议事会成员代表、居委会负责人、物业负责人、社区工作人员在社区召开居民议事会，针对居民提出的问题，做好答疑解惑，共商社会组织改革和发展。三是坚持"整体合力，广泛参与"的工作举措。坚持社区党委、中心统筹领导，社区党组织、社会各界力量和社区居民广泛参与，发挥社区文化、社区教育网络的优势，形成了强大的工作合力。社区党委、中心把培育社会组织列入社区教育重要议事日程。在社区、居委会分别成立党建带动社会组织的工作领导小组，由各级党组织"一把手"担任主任，社区党委统一领导，各级工作小组发动社会组织开展各项活动。

（二）规范完善阶段

1. 组建队伍，形成合力

2016 年 7 月，社区党委通过"五社联动"机制（以民生问题为导向，以社区为平台，以培育社会组织为载体，以社区爱心企业、志愿者为骨干力量、专业社工为支撑，以社区自治组织为保障），从中挑选出四家服务社区青少年教育的社会组织，分别是"明珠助老社""友邻之家""凤翾筑梦书屋""绿丝带·爱心银行"。

成立之初，社区党委召集以上四家社会组织负责人召开联席会，以资源共享、形成合力、相互促进为中心目标，进行了有效的沟通交流。通过资源相互交换和衔接，提高工作效率，节省人力、财力、物力；各社会组织与社区党委保持良好的沟通习惯，及时汇报活动计划和活动内容。社区党委认真听取社会组织的汇报，明确每月固定时间召开一次联席会，会上各家社会组织要汇报工作思路、与政府部门对接遇到的问题和难题。社区党委竭尽全力完善向社会组织购买服务合同，给予社会组织足够的政府扶持，保证其正常活动的开展。

2. 以人为本，营造氛围

规范社会组织过程中，社区遵循"三大原则"。一是以人为本原则。社区根据不同人群的不同需求，以提高居民的综合素质和生活质量为目标，充分遵循人的发展规律，寓快乐学习于一体。例如，利用"凤翾筑梦书屋"的 AR、VR、3D 打印等新科技，在全民科普周开展科普活动，丰富社区居民科学知识。二是按需服务原则。社区成员可根据自己的服务愿景和需求，选择服务内容和服务方式，如辖区行动不便的老人需要家政服务，可以通过电话联系所在苑区的"友邻之家"服务点，由专业社工亲自上门服务。三是整合资源原则。社区利用"绿丝带·爱心银行"的力量，整合辖区学校、社会资源，借助爱心企业、社会组织的力量，做到共建共育、共创共享。同时，利用现有资源，挖掘更多社会资源，推动学习型社区的建设。

（三）品牌提升阶段

1. 传承红色基因，打造红色文化精神高地

"明珠助老社"成员平均年龄 65 岁以上，有中共党员 200 余人，惠及辖区 3900 余名老人，团队里空巢老人、独居老人、残疾老人、特困老人、身患重大疾病的老人比例很高，成员之间互帮互助、热心公益事业。根据老同志的特点、专长，结合社区实际和开展工作的需要，"明珠助老社"分别组织了关爱团、讲师团、网吧义务监督员、爱心志愿服务队等多支队伍，以世纪城明珠广场为弘扬红色精神的文化阵地，充分发挥"明珠助老社"队伍优势，将"十分钟党课""'两学一做'见行动""中国梦""爱国歌曲大家唱""传承红色基因，争做时代新人"等党性教育、红色文化带进学校、社区、企业和农村。2018年，"明珠助老社"参加省、市、区、社区等各种大小型演出200余次，开展红色文化宣传50余次，进一步激发了广大青少年爱党、爱国、爱社会主义的热情。

2. 传播"孝文化"，深化青少年思想道德教育

为统筹青少年素质教育和市民教育，丰富社区教育的内涵和层次。2017年，社区联合凤翙正道文化发展有限公司引进了公益文化项目"凤翙筑梦书屋"，作为社区青少年儿童素质教育、市民教育活动阵地，在孝敬实践活动中，以"孝文化"为切入点，开展了"缅怀革命先烈，弘扬民族精神"诗歌朗诵会、"亲子齐动手，快乐迎'五一'主题烘焙"、"载歌载舞展自我，童心童乐庆'六一'"、"水果DIY，感恩您的爱"及"爸爸，我想对您说"等活动50余次，参与青少年1000余人。

3. 创建"志愿服务积分"模式，推动青少年志愿服务实践

为了调动辖区志愿者积极性，社区建立"激励回馈法"，成立"爱心银行"，青少年可通过注册成为志愿者。根据志愿者服务时长（一小时起计算）在"银行"中"存入"积分，当达到一定分值便可"取出"积分，在"爱心超市"换取商品或服务。平台会记录每一位青少年志愿者参加志愿活动的时长，累积志愿服务时长可兑换积分，积分可兑换奖品或服务，以此进一步激励青少年参与志愿服务的积极性、主动性和创造性，引导青少年树立志愿服务精神。创文活动期间，居委会通过宣传并结合"爱心银行"的集中招募，辖区居民、复退军人、在校大学生积极响应、主动报名，在辖区60余个重要路段和公交车站进行文明引导，参与志愿者达37600余人次。

4. 购买社会服务，加强青少年宣传教育

因建成时间短、社区楼院集中、居委会用房面积有限，各院区一直缺乏居民活动场所。为更好地服务辖区居民，在上级部门的支持和帮助下，

2017 年，社区向好家社区建设中心购买"友邻之家"服务，共建设"友邻之家"服务点 17 个，每个点都配备了专业的社工，在宣传、学习党的十九大精神，提供儿童性教育，提高辖区居民心理健康素质等方面发挥了积极的作用。

四 案例效果

（一）构建和谐社区，增强居民归属感

通过"1+2+N"的模式，世纪城社区在社区管理和服务、社区教育工作中取得了明显成效，丰富了居民的精神生活，提高了居民对社区的认同感和归属感。同时，志愿服务积分等制度推动了社会公益事业发展，促进了社区自治和基层民主建设，有效维护了社区稳定和谐。

（二）融入社区治理，共享资源共建机制

为打通社区发展治理中的信息通道、理念通道和资源通道，31 家社会组织组建小微组织联合会，参与基层治理、群团服务，并依托社会组织和社区志愿服务专员，组织培训专业社工。在社区开展社区教育服务，统筹校外教育和社区教育的有效融合，让社区有人做事，社会组织有平台干事，社工有事干，将社区、社会组织和社工有效联动起来。同时，通过共建区域化党建工作机制、群团工作服务机制、社会服务工作机制，社会组织已成为社区两委的有力助手。

（三）搭建活动平台，创建社区品牌

居民有需求，社会组织有意向，社区充分利用好资源，牵线搭桥发挥其潜在动能。社区积极搭建平台，提供各类活动室、会议室等场所，以运用社区自身教育资源为助力，以社区青少年的健康成长为目的，依托贵阳市"520 心理健康中心""友邻之家""袁老师工作站"等社会组织，提供青少年心理健康教育、青少年性教育、插花、国学、科普等课程。在爱心义工的协助下，在社区活动室或室外活动区开展各具特色的活动，促进了特色品牌建设。老年书画协会的成员、传承传统手工艺的纸艺达人、热衷摄影的发烧友、辖区学校的教师等各展所长，带青少年领略文化之韵、艺

术之美。同时，社区利用节假日开展丰富多彩的特色培训活动，为包括外来人员子女和贫困助学儿童在内的社区青少年搭建学习成长、明德修身的驿站。其中，世纪城经典诵读公益班作为长期发展项目，为困难家庭的学生提供了培养兴趣、掌握技艺的机会，也使传统文化得以传承。

五　经验借鉴

（一）统筹兼顾，资源共享

社区不断完善协调机制，满足青少年健康成长的多层次、多方面需求。社区党委为给居民提供完善的学习平台，利用贵阳市文化资源共享工程配备了音响、电子琴、投影仪等设施，设立第三居委会为文化资源共享工程示范点，面向青少年全天免费开放；世纪城社区"筑梦书屋"向居民提供看书、借书场所，每月举办读书活动，提高居民的读书兴趣；明珠广场改造的"温馨家园"项目，为辖区青少年提供更好的活动场所；世纪城篮球协会投入资金对世纪城锦绣公园进行篮球场改造，面向青少年全天免费开放。在社区搭建"道德讲堂"平台，积极组织开展学习活动 30 余次。2016 年 12 月 23 日正式挂牌成立"新市民教育特色基地"，还将现有的远程教育室的功能拓展为贵阳市市民社区教育学习体验中心，贵阳市社区教育指导服务中心向社区提供了价值 6 万余元的电脑、投影仪等电子设备，以满足社区青少年学习的基本需求；整合各类学习资源，开发建设满足青少年学习、生活、工作需要的特色培训项目。

（二）以人为本，关爱先行

社区把学校、家庭紧密结合起来，家庭是孩子接受教育的第一课堂，学校是第二课堂，社区则是终生学习必不可少的平台，家庭、学校和社区教育相结合，才能让我们的青少年更加健康、快乐地成长。依托贵阳市未成年人心理健康指导中心，积极倡导心理健康教育专家、社区志愿者、优秀家长代表、"五老"人士组建学校家庭教师队伍。每年依托贵阳市未成年人心理健康指导中心开展相关培训工作。在这支队伍中，鼓励学校教师积极参加"家庭教育指导师""心理健康辅导员"等资格考试。同时，利用学校这块主阵地，积极发挥学校的带动和示范辐射作用，联合家庭、社

区开展好学生 "5＋2" 工作（即学生 5 天在学校，2 天在家庭或社区），让学校、家庭、社区做到无缝对接，打破 "5＋2 等于 0" 的格局，做到学校、家庭、社区三位一体，共同关爱青少年健康成长。

（三）多方联动，夯实合作

为补充 "五老" 工作队伍，世纪城社区借助 "存储爱心、支取帮助" 志愿服务平台——"绿丝带·爱心银行"，通过以帮助换服务的模式，营造 "人人自愿，伸出援手" 的互助友爱精神，开展志愿服务千余次。社区 "五老" 队伍与专业志愿者团队合作，每月在人流量较多的广场至少开展一次义诊活动，宣传医疗常识和卫生知识，参与义诊的医生、护士等志愿者累计达千余人次，受益群众万余人，同时，组织金阳医院健康知识进社区公益讲座。社区联合观山湖区 "520 心理健康中心"，成立 "520 心理健康管理志愿服务队"，针对青少年心理健康进行疏导。"社会组织＋'五老'" 合作机制加强了服务的针对性，提高了服务的质量和水平。

（四）重视宣传，营造氛围

社区关工委利用智慧社区、社区微信、社区远程教育平台，结合自身发布信息快、知识储量大、受众覆盖面广的特点，为辖区青少年征集教学内容，发布培训活动的时间和对象，承担社区信息面广、知识容量大的培训活动，对先后举办的青少年心理健康教育专题讲座和社区 "五老" 队伍培训活动等进行了大力宣传。社区在丰富各领域各层次的学习需求的同时，也让全社会都了解和参与关心下一代工作，关心教育好自己的孩子，助力青少年的全面发展。2018 年 4 月 9 日，教育部关工委社区教育联系点暨贵阳市社区教育联系点会议在世纪城社区召开，会上肯定了世纪城社区作为示范点创建单位，通过线上与线下融合，搭建 "有线电视＋居委会服务点＋移动互联网" 三位一体的智慧社区服务平台开展社区教育工作的做法。世纪城社区关工委关心下一代工作影响力逐步扩大，全社会理解、支持、参与关心下一代工作的氛围越来越浓。

（五）弘扬先进，以点带面

通过努力，世纪城社区的关工委工作从起步到深入推进，形成了一定的特色，也涌现了一批学习典型，社区多位居民荣获"百姓学习之星"称号，世纪城明珠歌舞团（明珠老年学校）、"友邻之家"等单位成为终身学习品牌项目。通过这些学习典型，以点带面，引领世纪城社区的社区教育工作更加接地气、有实效。

案例 8　探索社区教育联盟，打造"幸福书屋"

简小红

一　案例概况

2018 年 1 月，新余市渝水区仙来办龙州社区成立了社区教育新平台——"幸福书屋"，主要利用以社区退休老教师、辖区单位老干部为骨干的志愿者队伍，结合社区专业社工，为社区内中小学生提供课余和假期教育服务。"幸福书屋"重在普及科学知识、激发兴趣爱好、陶冶情操，主要进行课业辅导、绘画、书法、手工制作、体育运动等教育服务，丰富少年儿童的课余生活，拓宽视野、发掘潜能，推动未成年人社区教育多元化发展。

二　案例背景

当前汹涌而持续的经济发展浪潮正越来越影响新余市这个新兴工业城市的城乡与社区发展，社区家庭结构发生重大变化——留守儿童、流动儿童、"新"困境儿童群体越来越庞大，而给其带来的影响也愈加明显。社会竞争压力的加大和未成年人精神文化需求的增长，使得父母难有足够的时间和精力照料和满足未成年人的各方面需要，未成年人无法从家庭得到足够的情感支持与心理安慰，亲子之间的关系也开始呈现多样化，导致其生活与学习日益陷入困境，身心受到不良影响。近年来城乡儿童发生意外现象日益增多，因此未成年人的健康幸福成长亟待外界力量的干预，使其重回正常的生活与学习轨道。

传统家庭教育功能的逐渐弱化，使人们对社区教育服务功能的强化和服务形式的多样化提出了新的要求。但目前社区教育服务供给不足、比重偏低、质量不高，已远远无法满足未成年人日益增长的服务需求。为全面推进社区教育服务工作，提高未成年人生活学习质量，构建未成年人健康幸福的成长环境，新余市渝水区仙来办龙州社区高度重视未成年人社区教育工作，打造"幸福书屋"等社区教育服务平台，不断满足社区未成年人的学习、精神、文化、心理等需求，促进和谐社区发展，充分发挥政府、社会力量在社区教育服务中的作用，形成"政府扶持、社区主导、'五老'参与、多方联动"的社区教育服务网络，构建未成年人社区教育服务平台，资源整合平台，关工、社工、义工培养成长平台，努力实现"需有所应、困有所助、难有所帮"的服务新局面。

三 实施过程

（一）工作启动阶段

1. 组建队伍

社区关工委通过社区老教师的带动和社区单位老干部的参与以及专业社工的服务，组建了"关工＋社工＋义工"为主，"教育专家＋律师＋心理咨询师"为辅的队伍，形成了"学校＋社区＋幸福书屋"三位一体的育人合力网络。在此基础上，区政府积极发挥主导作用，广泛动员社会力量，社区关工委充分利用社区单位资源为辖区内未成年人提供以思想道德教育、科学文化教育、身心健康教育为主要内容的专业化服务，弥补未成年人教育的缺失，营造未成年人健康成长环境。目前，龙州社区"三工"队伍已经发展到160多人，这些特色化、专业型、公益性、正能量的服务人员，将关爱未成年人健康成长工作融入日常生活，利用自身的特长、优势，运用专业化服务方法，为未成年人健康快乐成长保驾护航。

2. 开展活动

龙州社区关工委利用"幸福书屋"平台，有针对性地组织"五老"开展青少年社区教育服务工作。"幸福书屋"成了社区孩子们学习、阅读、DIY的成长乐园。2018年7月，社区关工委组织开展了"游乐天地"文娱服务活动，重点选择符合孩子发展的活动内容，从孩子关心的事、喜欢的事入手设计活动项目。例如，开展"两代人书法绘画比赛""DIY 手工作品展""家庭美食小制作""读一本好书"等活动；再如，开展"父出真爱·翼起成长""感恩携手·与爱同行"等亲子融合系列活动，使社区青少年在暑期中不仅增长了见识，提高了科学文化素养，还丰富了课余生活，获得了更多成长的快乐。

（二）规范完善阶段

1. 建立组织机构

社区关工委建立了以"三工"为基本成员的社区教育组织机构。龙州社区在党委政府的指导下，健全了"幸福书屋"的组织网络，加强了"幸福书屋"的引导，整合了"幸福书屋"的资源。由市、区关工委副主任为"幸福书屋"顾问，社区党委副书记为"幸福书屋"工作组组长，辖区学校校长为"幸福书屋"工作组副组长，辖区内各单位关工委主任为成员，社区社会组织专业社工和义工为力量。

2. 健全工作机制

社区逐步健全了"三工联动"的"幸福书屋"工作机制，由社区关工委的老教师、老专家等组成的教育志愿者队伍为骨干力量，开展思想道德、科学文化、身心健康和职业技能等方面的教育服务活动。如在"幸福书屋"，社区发挥关工委"五老"志愿者队伍的教育优势，为社区青少年提供课业辅导，社工为社区的妇女儿童及家庭开设小组活动，义工志愿者开展衍纸画手工制作等志愿服务活动，打造出本地教育特色和教育成果。

（三）品牌提升阶段

1. 拓展服务内容

"幸福书屋"已成为孩子们学习生活的乐园。为进一步加强未成年人思想品德培养，社区以"幸福书屋"为服务平台，以讲座、授课和互动形式重点抓好三大教育。一是坚持开展弘扬和培育民族精神和爱国主义精神的教育。利用重要节假日以及未成年人入学、入队、入团等有特殊意义的日子，集中开展教育活动。例如，组建社区退休志愿者"关心下一代德育讲师团"，开展"传承红色基因，争做时代新人"系列宣讲、征文比赛，开展"大手握小手""红旗飘飘，引我成长"等系列教育活动。二是开展未成年人科学文化教育。利用"幸福书屋"这个平台，组织社区未成年人开展"读一本好书、看一部好影片、写一篇好读后感、参加一次有意义的社会活动、参观一个爱国基地"的"五个一"主题活动；采取学生喜闻乐见的形式，通过观看法制教育片、法制知识竞赛等开展未成年人法制教育活动；加强对学生的安全教育等，提高学生对生命的认识和自我保护意识；开展珍爱生命、健康成长系列教育活动，丰富社区青少年的生活，让他们更懂得生命的可贵。三是开展未成年人身心健康教育。社区选择未成年人感兴趣的活动内容，开展了"两代人书法绘画比赛""家庭美食小制作"等文娱服务活动；通过组织放学后无人辅导和照顾的未成年人，集中参加社区课业辅导，开展"益友学堂"乐学服务等活动。

2. 创新服务模式

社区在"幸福书屋"平台的基础上，创新服务模式，探索"政府负责、社会协同、公众参与"的运行机制，秉承"共享、共融、共济"理念，以搭建青少年社区教育平台为起点，整合社会资源，培养"关工、社工、义工"为核心的社区教育服务群体，探索社会组织参与社区教育工作发展路径，打造"亲青汇""花语窗""爱心坊"等服务品牌。开展了"青少年儿童服务""妇女家庭服务""边缘特殊人群服务""社区公益服务""社区文化服务"等服务。建设了"爱国主义教育""党史、国史、家史教育""传统文化教育""青少年法制教育""未成年人思想道德教育""青少年心理健康教育"等6个主题的长达200多米的青少年社区教育文化宣传长廊。

四 案例效果

活动是社区教育的活力与生机所在，创新是深入持续开展社区教育的关键。"幸福书屋"建成以来，开展了10余场青少年儿童的社区教育活动，服务青少年儿童达600余人次，全方位实现了活动育人新格局。

（一）丰富多彩的活动，充实了青少年的课余生活

近年来，社区围绕着"传承红色基因，争做时代新人"这个主题，开

展了红色教育、法制安全教育、诗歌诵读、艺术兴趣、社会实践等活动，充分引导和教育青少年铭记红色历史、牢记时代使命，做热爱祖国、向上向善、遵纪守法、自律克己、文明健康、热心公益、孝亲敬老的新时代好少年。丰富多彩的活动，让社区教育工作充满了生命力、扩大了影响力，呈现蓬勃向上的大好局面；让青少年受到思想教育、文化熏陶和艺术感染，开阔了视野、陶冶了情操，并逐步将"幸福书屋"建成为一个青少年社区教育服务的综合平台。

（二）"三工"组织的建立，凸显了教育特色

龙州社区积极总结以往社区教育服务经验与有益做法，创造性地引入"三工"队伍服务社区教育，建立了以"三工"为基本成员的社区教育组织机构。在党委政府的指导下，健全了组织网络，加强了教育工作的领导，整合了教育工作的资源；做到关工指导规划、社工统筹执行、义工协助具体实施；开展了"社区亲子户外寻宝活动"等亲子类社区活动，"终极挑战，抗逆力小组"等青少年成长类活动、"衍纸小组"等创意类社区小组活动以及"课业辅导""阅读小组""书法小组"等社区兴趣类教育小组活动。社区关工委的老教师、老党员为社区学生提供作业辅导和书法、安全等教育服务，社会组织的专业社工通过小组活动为学生提供成长性、支持性的专业服务活动，社区义工志愿者为学生的学习生活提供志愿服务活动。同时，我们利用暑假夏令营这个平台，组织未成年人开展了"五个一"主题教育活动。

（三）创新的工作模式，增强了教育活力

在工作模式上，社区依托"幸福书屋""道德讲堂""文明实践站"等资源，着力打造了"两基地、三平台"，即"青少年社区矫正服务基地""青少年社区家庭综合服务基地""青少年成长服务平台""妇女儿童服务平台""'五老'社会责任服务平台"。

自2017年以来，龙州社区"幸福书屋"坚持"立足社区，面向未成年人服务"的理念，开展各种青少年教育、拓展、互动、帮扶服务40余场，精准帮扶青少年9人，直接受教育3000余人次，不仅促进了青少年学生健康快乐成长，而且提高了全社区居民关爱、帮助青少年成才的意识，

呈现了社区服务人员、社区志愿者、社区社会组织成员和青少年共同学习、共同提高、共同进步的生动活泼局面。

五 经验借鉴

（一）领导重视，高位推动是关键

区委改革办将龙州社区教育联系点工作纳入渝水区 2018 年全面深化改革项目，协调全区相关资源给予支持与协助，推进社区教育工作。党政领导 6 次研究、参与社区教育联系点工作，社区党委书记亲自布置社区教育工作任务，提出要求，研究制定社区教育实施方案，并由社区党委副书记具体协调社区、学校等单位，形成齐抓共管的局面。一是召开全区社区教育工作专题会议，听取社区教育工作汇报，部署了 8 个责任单位对联系点在人、财、物方面给予大力支持，全面推动社区教育的开展；二是投入专项资金，配备了新的电脑、投影仪、音响、话筒等相关硬件设备，保障日常工作的进行。

（二）发挥"三工"作用，模式创新是保证

社区通过上门动员"五老"、邀请专业教师、发动机关干部、吸纳本地大学生志愿者、对接高校大学生志愿者等方式，组建了一支精干、专业、乐于奉献的"三工"社区教育志愿者队伍。创造性引入"三工"队伍服务社区教育，实施关工指导规划、社工统筹执行、义工协助服务的工作模式，建立了以"三工"为基本成员的教育队伍，健全了"三工联动"的教育工作机制。通过探索服务模式与机制，汇聚公益资源，开展教育服务，凝聚社会志愿力量，让社区教育深入人心。

案例9　共享共建，促进社区教育发展

山西省阳泉市平定县教科局

张华宾　周海芳

一　案例概况

社区教育的主要目的在于培养全体成员的社区意识、协作精神，提高社区全体成员的整体素质和生活质量，推动区域经济建设和社会发展。山西省阳泉市平定县南关社区充分利用社区教育优势，由社区提供场地，社区骨干、志愿者老师提供教学，社区统一管理，为辖区内适龄学生、居民提供作业辅导、图书阅读、绘画书法、音乐舞蹈、手工剪纸、应急安全培训等服务。近年来，南关社区教育组织不断健全，设施设备逐步完善，教育活动内容也越来越丰富，提供针对社区全体居民的应急救援、防火、防汛、防震减灾等安全教育、主题日教育及传统节日教育；为适龄儿童、少年设置了经典诵读、音乐舞蹈、书法剪纸、国学讲堂、手语、奥数、手工制作、体育游戏、心理辅导等十余门课程。近年来，社区教育活动共计服务社区8000余人次，以点带面、以小见大，以孩子为圆心，带动家庭，扩散到整个社区，推动了和谐文明社区的建设。

二　案例背景

南关社区辖区面积约1.36平方公里，住宅小区14个，平房片区10个，共划有12个网格，现有住户3693户，11364人。驻地单位包括阳泉师专、平定职高等4所学校和其他8家单位。虽然社区组织结构完整，实行了网格化管理，效率很高，但由于南关社区地处城乡接合部，是平定县廉租房、公租房、棚户区改造所在地，社区面积不大，但中老年群体多，外出务工人员多，妇女、留守儿童较多，人员结构复杂，所以开展社区教育工作势在必行。

三　实施过程

（一）加强宣传，凝聚力量

南关社区本着建设全方位服务型社区的理念，结合"两学一做"主题实践，利用"在职党员进社区"这一有利平台，联合阳泉师专和平定职高在职党员教师，由社区提供场地，社区党员骨干、居民骨干、退休老师及阳泉师专、平定职高在职党员及志愿者提供宣传教育教学，由社区进行统一管理。经过多渠道的志愿者招募宣传，社区教育凝聚了40多名党员、居民及志愿者（其中以阳泉师专附小和平定职高的教师为主），由社区主任担任负责人，大家齐心协力，共同推动南关社区教育工作。

（二）整合社区资源

通过整合社区内各类教育资源，开展各类与社区居民生活密切相关的教育培训，切实加强社区教育建设。整合社区教育功能，提高社区教育质量，充分发挥社区教育培训与再培训功能，围绕和谐社区建设，大力开展形式不一的教育培训，如"四点半课堂"、"安全用电用气知识讲座"、技能科技、普法教育、健康教育、文明礼仪、家庭教育等贴近群众实际生活的内容，使学员易学易懂，提高他们的学习兴趣。同时，组织群众开展健身活动，进行法制宣传教育，大力普及科学、文明知识，在社区教育的开展中形成互帮互助、相互学习的工作氛围。

（三）建立相关制度

制度建设对于社区教育活动的规范、持续、长效不可或缺。南关社区教育在活动过程中形成了会议制度、值班制度、图书借阅制度等工作制度，同时，形成了较为规范和完善的工作流程——每年年初拟订社区教育年度计划、明确工作任务，年终召开总结会。此外，还确立了签到、反馈、报道的机制——每次活动都会准备签到表（一个学生/居民签到表、一个志愿者签到表），每次活动之后，社区通讯员队伍都会整理相关信息做成简报进行宣传报道，形成了常态化的报道宣传制度。

（四）规范社区课程

国学讲堂和手语课成为每周六常设课程，每年暑假设置"四点半课堂"，在重大节假日等时间节点定期为社区青少年学生、居民开展各项教育活动，并根据时间节点规范全年的教育活动。社区根据自身特点定期进行传统节日主题教育，应急救援、防火、防汛、防震减灾的宣传教育，宪法、法律宣传教育，国家安全教育、技能教育等系列教育培训活动。

四　案例效果

（一）开展主题教育活动，解决了社区现实问题

2015 年至今，南关社区教育开展的各类活动累计服务 8000 余人次，提升了社区青少年和居民的综合素质。同时，一系列丰富多彩的主题教育活动，既加强了青少年及社区居民的思想道德教育、拓展了兴趣特长、提升了素质素养，又切实地解决了辖区居民的孩子看护、就业技能需求、安全防范、应急救护等实际问题，让辖区居民感受到社会大家庭的温暖。

（二）广泛宣传，居民参与意识增强

社区结合各种节日、纪念日在社区内进行了社会公德、家庭美德、科普文化、民主法治、民族团结、环境保护、计划生育、文明行为等多项教育活动的教育宣传，提高了社区居民参与社区活动的意识。以青少年、妇女、老年人为主的社区居民对社区教育系列活动热情较高，经常主动参与户外活动，积极带动社区其他居民一同参与全民健身活动，共同为社区营造了一个健康向上的文化氛围。

（三）丰富多彩的教育培训活动，提升了居民整体素养

社区制订的全社区培训工作、学习型社区创建计划，充分体现了社区"情系民心、心怀社区、求真务实"的工作理念。社区通过召开专题会的形式，组织开展了基层党员培训活动，在充分利用教育阵地的基础上，开展了以社会公德、职业道德、家庭美德为内容的公民道德教育，通过社区

真实案例展示，对社区居民的行为习惯、道德素养等方面进行了相关培训和引导，提升人民群众的文化品位，满足了个性化需要。

（四）丰富老年生活，促进社区和谐

社区教育小组有效整合了县级各机关、学校、社区、消防支队等各方的资源和优势，合力推动社区关爱教育工作的顺利开展。社区教育小组凝聚了社区当中一批愿奉献、有能力的党员骨干、居民骨干、退休老师及阳泉师专和平定职高的在职党员及志愿者，为他们提供了展示、奉献、挥洒激情的平台。同时，丰富多彩的教育活动也为他们的生活增添了趣味。他们的奉献精神和工作能力得到各级领导和社区居民的高度认同，为维护社区的稳定打下了坚实基础，为和谐社区的建设增砖添瓦，深化了社区教育内涵，强化了社区教育活动的实效性，使社区教育工作再上新台阶。

五 经验借鉴

（一）加强领导，建立健全组织机构

社区领导高度重视社区教育建设，把社区教育建设摆在重要位置。南关社区组建了社区教育领导小组，由社区书记担任组长、社区主任担任副组长兼负责人，以社区党员骨干、居民骨干、退休老师及阳泉师专和平定职高的在职党员为主要成员。同时聘请专兼职教师及社会志愿者定期来社区为学生、居民上课，保证社区教育的师资力量充分发挥作用，从而使社区教育工作有章可循、教学有据可依，为社区教育的正常开展打下了扎实的组织基础。

（二）加强宣传，充分调动居民参与积极性

社区教育领导小组积极发动广大居民主动参与，取得了显著成效。社区教育领导小组充分利用了社区宣传栏、横幅等阵地大力宣传思想政治、道德文明、科学文化、民主法治、生态环境、创业技能等知识，宣传学习的重要性和必要性。同时，组织开展形式多样、寓教于乐的活动，充分调动居民的参与意识和积极性，利用辖区内各单位的优势资源举办了各类知识讲座，提高社区居民和青少年的社会知识。利用图书馆、社区活动中心

等开展教育活动，把社区教育活动作为培养青少年健康成长的基地，把社区培训作为居民素质教育的第二课堂。

（三）全面教育，切实提高居民素质

1. 开展思想政治教育

重点开展中国特色社会主义共同理想、党的路线方针政策、时代精神、社区政策等教育，使广大居民践行社会主义核心价值观。

2. 开展道德文明教育

重点开展社会主义核心价值观、公民基本道德规范、文明礼仪等教育，大力倡导社会公德、职业道德和家庭美德，在全社区形成知荣辱、明道德、讲礼仪、重诚信的良好风尚。例如，在今年创建和谐社区的热潮中，我们特别开展"和谐家庭""和谐邻里"评创活动，制订评比标准，充分调动居民参与积极性，动员居民投身和谐社区创建，逐步提升社区全体居民的文明素养。

3. 开展民主法治教育

开展相关法律法规的教育，努力使社区居民学会正确地行使民主权利，形成守法、有序、安定、和谐的局面，让居民及时掌握新的法律条例，能够正确使用法律武器维护自身合法权益。

4. 开展科学文化教育

积极开展科学思想教育和科普知识、医疗保健知识、安全知识、健康知识等教育，在社区形成讲科学、求创新、求进步的氛围。通过科学文化教育，进一步提高居民的科学文化素养。

案例 10　拓思路，聚资源，构建青少年健康成长环境

——汇泽路社区未成年人健康成长生活圈建设经验

四川省成都市金牛区沙河源街道汇泽路

社区教育关工委

吴晓玲　陈秋华

一　案例概况

由于社会环境变化，未成年人在学习和生活中遇到诸多不适应，针对这一情况，沙河源街道汇泽路社区建设了未成年人健康成长生活圈。主要以"一核（党建）引领、两心（党群服务中心、便民生活服务中心）同筑、三元（自治组织、议事组织、社会组织）共治"为抓手，着力"小小议事员""环保·家园""邻聚汇"等主题活动，推动志愿服务，让青少年融入社区，增强社会适应能力，感受社会友善，进一步提升社区服务和社会治理水平，扎实推进高品质、和谐宜居的社区建设。

二　案例背景

沙河源街道汇泽路社区面积 0.64 平方公里，现有人口 20360 人，其中常住人口 18095 人，户籍人口 549 人，流动人口 2265 人，青少年 1000 余人。社区为纯拆迁安置的新型社区，社区治理呈现城市人口与涉农人口共处、本地居民与流动人口共融的特点。辖区内有 3 个物业公司、1 所小学、2 所幼儿园，紧邻凤凰河二沟污水处理厂。社区依托各类示范点位创建活

动，针对社区基础设施条件、居民结构组成、文化交融需求等特点，坚持"党建引领、共建共治、服务先行"，提出了"合者一家、筑善汇泽"的社区发展治理思路。

三 实施过程

（一）加强组织管理，发挥社区教育关工委作用

建立社区教育与社区关工委联动机制，组成社区教育关工委班子。汇泽路社区教育关工委班子中，现有国家级心理咨询师1人，社工师2人，助理社工师3人，社工员1人，"五老"志愿者124人，专业"五老"队伍4支；社区教育专兼职人员6人，社区教育志愿者25人，教育系统离退休人员2名。通过优化组织结构，加强领导和组织，最大化地发挥社区教育关工委的作用。

（二）整合资源，搭建社区青少年教育发展平台

1. 整合教育资源

在充分使用社区现有的教育系统资源的同时，还依托社区关工委，整合社区内其他资源，如公共体育娱乐设施、图书、电脑等，统一管理，统一调配，共同使用。

2. 整合社区师资资源

在用好专职教师资源的同时，广泛发动社区内的"五老"人员担任社区青少年教育的教师和志愿者，对辖区内儿童及家长提供家庭教育指导、结对帮扶、心理抚慰、安全防范、法律咨询、学习辅导、兴趣培养一体化服务。

3. 整合各方资金

建立以社区发展治理保障资金为主，相关部门分担、社会捐助、社区自筹、个人出资相结合的多元经费投入机制，保证社区青少年教育活动的顺利开展。

（三）因地制宜，开展多种形式的青少年教育活动

针对社区青少年的成长特点，汇泽路社区有组织、有计划地开展了一

系列有一定影响、行之有效的教育活动，努力为青少年多做好事、办实事、解难事。

1. 开展有利于青少年健康成长的课程培训和活动

自2017年11月以来，社区在节假日开展了多种多样的兴趣培训班：少年乒乓球（2个班）、民族舞（2个班）、声乐（1个班）、少儿书法（2个班）、少年拉丁舞（2个班）、少儿中国舞（1个班）、少儿美术等课程，参与的青少年达到3000余人次。

同时，结合国内外大事件和重要节日、纪念日，开展节庆文化及各类教育活动，加强青少年社会主义核心价值观教育，积极组织辖区青少年参加演讲比赛，书画、图片展览，引导青少年学生关爱青少年中的弱势群体，促进青少年互帮互助，加快青少年们融入社区的步伐。

2. 开展"四点半乐园"活动

在区关工委和区社区教育学院的带动下，自2017年11月以来，汇泽路社区有效组织社会教育资源，引入社会青少年培训组织，开办社区"四点半乐园"，满足社区青少年儿童的教育需求，创新各类主题教育活动的实施方法，强化校社共建，彰显特色魅力，着力助推校外辅导站创新发展。

3. 开展"假日学校"活动

为了给假日期间无暇照料孩子的部分双职工家庭提供解决困难的平台，减少假日期间青少年安全隐患，汇泽路社区关工委组织社区教育人员、志愿者，积极开办假日学校，给部分青少年在节假日提供了一个安全的学习生活环境。自2017年11月汇泽路社区假日学校建立以来，已有300余人参与。

4. 开办家长学校

家庭教育是大教育的重要组成部分，与学校教育、社会教育具有同等重要的作用，家庭作为孩子的第一课堂，父母作为孩子的第一任老师，父母的言行举止大大地影响着孩子的健康成长和发展。汇泽路社区通过整合社区工作人员、"五老"志愿者、社区律师等人力资源，开展各种家庭教育培训、讲座、亲子活动，让家长们在学习活动中懂得用科学的方法去培养孩子良好的生活习惯和学习习惯；懂得如何尊重孩子、陪伴孩子，和孩子一同学习，共同成长；加强学校与社区相互联动，实现了校内校外教育管理的无缝对接，提升校外教育辅导站水平和质量。

5. 开展"社区雏鹰"活动

为丰富青少年暑期生活，自 2017 年 11 月以来，在成都市教育局的号召下，汇泽路社区结合自身特点，根据社区实际，积极开展"社区雏鹰"活动。汇泽路社区充分发挥社区教育关工委的作用，整合社区工作人员、"五老"志愿者、社区志愿者等人力资源，开展了烹饪体验、红歌大家唱、"书香汇泽"征文比赛等活动，定期在社区开展活动，有时也走进学校，活动参与人数达到 580 人次。

四 案例效果

（一）立足区情，积极开展社区营造活动

1. 打造社区体育文化节，建设社区体育文化活动名片

社区通过开展传统的街头街坊之间的游戏，着力文化传承，促进社区青少年融合，实现辖区资源共享、社区单位共建，进行社区事务宣传，提高居民参与社区建设的意识，营造良好和谐的社区氛围。

2. 突出抓好少年儿童校外思想道德实践体验教育

社区以"好家风·新相邻"为主题，把"立家训、传家风"作为在青少年中培育和践行社会主义核心价值观的重要途径，调动家长的积极性，培养青少年公共意识、责任意识、参与意识，促进青少年之间的交流，提升社区青少年的参与感、归属感。同时，通过活动的开展，将青少年参与社区活动由原来的简单"参加"转变为自愿"参与"。

（二）分享传递睦友邻，建设和谐"汇家园"

通过社区微基金使用，开展"精准帮扶""社区小营造""社区小建设""院落小活动"等小而精的活动。通过系列活动，提高社区青少年环保意识，传递节约与分享的传统美德，建立环保共享书屋。形成青少年微基金宣传队伍，实现微基金的可持续发展。

（三）区域共建树规则，培养时代小公民

2017 年至今，社区联合辖区内小学、幼儿园、凤凰二沟污水处理厂开

展"小小议事员""环保·家园"等系列社区品牌活动 10 余次，参与人数 1 万余人。通过规则意识的不断培养，建立起社区家庭参与社会治理的绿色通道，进一步提升社区服务和社会治理水平，扎实推进高品质和谐宜居生活的社区建设。

五 经验借鉴

(一) 社区组建各类活动团体，充实联系点建设力量

经过多年努力，汇泽路社区在青少年教育工作上取得了一定成效，社区组建各类活动团体，为关工委工作开展充实力量，实现关工委、学校、家长三力合一，显示三位一体的教育生命力。一是青少年职业体验。在设定的情景中提升实践能力，让孩子们在活动中陶冶情操、树立志向、追梦圆梦，树立正确的人生观、价值观、世界观；二是利用团队游戏的方式，开展"邻义工"活动，吸引更多辖区内未成年人参与社区活动，在活动中体验、感悟，深化道德境界，促进人际关系和谐；三是组建"汇未来"青少年未来规划营，激发孩子的内驱动力，完善家庭教育，让孩子在正确的成长方向上做正确的事。

(二) 建立楼栋长制度，切实做好青少年帮扶工作

为进一步做好社区青少年教育和关爱工作，汇泽路社区建立了楼栋长制度，形成了以楼栋长为主体的"五老"关爱工作体系。社区的各楼栋长、政策宣讲员、信息报送员认真履行工作职责，将国家、省市、区县等有益于青少年健康成长和发展的信息传递到社区居民当中，同时也将社区居民和青少年的各类需求反馈到社区中，为切实做好社区教育和青少年活动提供有力的借鉴和支撑作用。

(三) 整合资源，社区教育服务常态化开展

1. 培树品牌，共育"家"文化

汇泽路社区教育关工委依托妇女儿童之家已有的"蒲公英家园"、"蓉姐对你说"维权工作站等开展常态化、针对性服务。结合社区实际，创新实施"小小议事员""环保·家园""邻聚汇"系列活动，寓教于乐，用

文化构筑起社区居民的心灵家园。组建青少年说唱志愿队，以快板、说唱、蜀音蜀韵的形式，宣传党的政策、社区治理成就、好人好事，传承文化、引导舆论，弘扬"家"文化之"正能量"。

2. 积极作为，聚合"家"能量

立足群众所需，发扬社区教育关工委所能，倡导社会组织帮扶、群众自发参与，提升"家"能量。社区在摸清居民需求的基础上，积极引导女性和儿童组建兴趣小组，自主开展小组活动。现已成立兴趣小组 10 支，形成天天有培训、月月有活动的常态化工作机制。同时，社区也积极吸纳社会组织开展卫生保健、心理行为指导、特需儿童保护、应急避灾、安全常识、自我保护、危机求助等专业化服务和小组孵化工作，收到了良好效果。

案例 11　互融共享，凝聚关爱合力

——东街社区"艺友民乐团"
党支部工作经验

甘肃省定西市安定区永定路
街道东街社区
张　慧

一　案例概况

近年来，永定路街道东街社区"艺友民乐团"党支部不忘初心、牢记使命，心系辖区青少年成长，紧紧围绕"急党政所急，想青少年所需，尽关工委所能"的工作方针，充分发挥"五老"余热，在社区党组织的领导下，以"八进网格"为抓手，调研辖区内青少年的发展现状，积极开展各类关爱活动，助力青少年健康成长，构建"共建、共治、共享"的社会关爱格局。

二　案例背景

永定路街道东街社区地处安定区老城区，辖区面积 0.8 平方公里，有常住人口 2874 户 6995 人，驻地单位 23 个，未成年人 581 名，留守儿童 2 名，"五老"志愿者 55 名。辖区有 1 所高中、1 所小学和 3 所幼儿园，陪读的外来人口多，流动性大；此外，辖区退休老干部、老党员、老教师也多，人口结构复杂，加上文化层次差异、生活习惯不同，邻里矛盾相对比较多，社区教育需求强烈。

三 实施过程

为解决上述问题、促进社区和谐，社区两委充分发挥"五老"优势，支持"艺友民乐团"党支部的"五老"们深入学校、小区楼院，走访居民群众，深入了解青少年需求，认真思考研究家庭教育与社区教育的契合点和切入点；同时，借助辖区图书馆、文化馆、美术馆、博物馆"四馆"的文化优势与学校、金融、医疗等行业领域的共建优势，整合辖区内各类党建资源，推行"互融共享"的党建模式，打破了以往各领域"各自为政""条块分割"的壁垒，把辖区单位党组织聚集起来、党员及"五老"志愿者作用发挥出来，有效地应对了社区教育中存在的经济力量薄弱、专业队伍不足的难题，促进各领域在社区教育工作中组织、思想、队伍、治理、服务、活动相互融合，形成齐抓共管社区教育的良好局面。具体做法有以下几个方面。

一是组织互融。社区在涵盖教育、金融、医疗、文化等行业领域的23个行政、企事业单位中成立了"东街社区共驻共建工作委员会"，聘请5名辖区单位党组织负责人为社区党支部兼职委员，推选东方红中学、区文化馆等11个单位党组织负责人为常委，落实常委月轮值制度；年初召开联席会议，共同研究关心下一代工作，制定工作方案，列出"支部结对共建"计划。每月由轮值常委按照既定方案、活动内容有计划、有组织地开展关爱青少年教育帮扶活动，通过"支部结对共建"，青少年感受到党的关爱和社会的温暖。区图书馆在"4·23世界读书日"举办全民阅读活动，为辖区青少年办理了借书证，吸引他们走进图书馆，感受书香，丰富知识和文化生活；区博物馆组织青少年参观展览，让青少年了解安定的历史，弘扬安定精神；区文化馆走进东方红中学开展"书画进校园"活动，培养青少年对传统文化的浓厚兴趣。

二是思想互融。社区党组织强化思想引领，引导各领域党组织打破行政隶属壁垒，依托"三会一课"、"主题党日"、道德讲堂等形式，深入开展党的十九大精神、习近平新时代中国特色社会主义思想等的学习宣传和交流研讨，进一步统一思想，凝聚关心关爱青少年成长共识。以培育和践行社会主义核心价值观为主旋律，通过"小小道德讲堂"，"五老"志愿者们为幼儿园小朋友讲道德小故事，把道德文明的种子播撒在孩子们的心田；举办"传家训·扬家风"诵读比赛，使"重视家训、立好家规、扶正家风"的观念深入人心，让向德向善的力量在青少年中凝聚，让真、善、美的风尚在家庭中传扬；开展移风易俗宣传活动，引导广大未成年人在潜移默化中自觉践行社会主义核心价值观，做移风易俗的推动者。

三是队伍互融。社区"艺友民乐团"党支部吸纳了辖区老党员、老教师、老干部、老模范、老军人等"五老"人员，根据他们的职业特点和生活经历，由老教师担任青少年心理咨询辅导员、老军人担任革命传统宣讲员、老干部担任思想政治指导员、老模范担任道德讲师，他们积极加入社区关心下一代工作的队伍中来，尽情发挥自身"余热"。"五老"同志鼓励未成年人"在校当好学生、在家当好孩子、在社会当好公民"，开展了以"奉献服务、德善社区"为主题的道德讲堂；老模范、老军人、老教师讲述了他们多年来帮助困难家庭、残疾儿童的事迹，言传身教地引导青少年向身边好人学习，培养他们乐于助人的良好品质。

四是治理互融。"艺友民乐团"党支部充分发挥统筹协调功能，组织动员辖区青少年参与社区治理，开展"美化河道——我们在行动"、"全域无垃圾"专项治理、"学雷锋，树新风"、"我是小小楼栋长"等活动，鼓励青少年当好城市小卫士，积极加入社区小小志愿者队伍。活动中，小小志愿者们不怕脏不怕累，有的拾捡绿化带里的垃圾，有的用小铲子清除乱贴的小广告，有的劝说叔叔阿姨不要在楼道里乱堆杂物。通过参加社区治理，提高了青少年人际沟通和解决实际问题的能力，促进他们自身成长，推动社区关爱工作的开展，形成充满正能量的社会风气。

五是服务互融。以"八进"网格工作机制为抓手，"五老"们深入网格摸排辖区留守儿童、孤儿、贫困残疾儿童数量，"艺友民乐团"党支部与辖区单位党组织精准对接，以"点亮微心愿"为载体，在春节、端午节、"六一"等节日节点，由各单位根据"五老"们提供的帮扶对象名单，为孩子们送去生活慰问品和学习用品，从情感上加以关爱。同时，依托社区爱心超市，在每学期开学前，"艺友民乐团"党支部定期对贫困青少年家庭开展"爱心捐赠"活动，邀请需要救助帮扶的未成年人到爱心超市挑选他们需要的学习用品和生活用品，帮助他们解决学习和生活上的困难。

六是活动互融。按照"一月一主题、一周一活动"要求，"艺友民乐团"党支部与辖区单位党组织常态化开展各类关爱活动。5月，与东关小学联办"体育艺术节"文艺汇演，使同学们展现自我、养成坚持体育锻炼的良好习惯；"6·26国际禁毒日"在东方红中学举行法律知识进校园活动，警官们用鲜活的案例教导青少年远离毒品、珍爱生命；定期在辖区幼儿园开展"安全知识小讲座"，用儿歌或一个小动画使孩子们随时将安全牢记；开展"小手拉大手、文明伴我行"专项行动，教育广大学生不随地吐痰、不乱丢垃圾、不损坏公物、不乱穿马路，通过广大少年儿童的"小手"牵动家长乃至社会各界的"大手"，把文明行为和文明习惯带入家庭、深入社会，实现"教育一个学生、带动一个家庭、影响一个社区、文明整个社会"的目标。同时，在辖区广场举办"文化共享、文明共创、和谐共建"文化演出活动，让青少年积极参与到文明城市创建中来，丰富他们的社会生活。

四 案例效果

（一）联动辖区单位，营造关爱氛围

社区党组织充分发挥领导核心作用，联动辖区23家单位及社会力量，形成合力，共同推动关心下一代工作。每月的共办"科目"，既丰富了共驻共建内容，也强化了党支部的引领作用，真正实现了"思想教育联做、社区教育联办、文化活动联谊"的社区教育活动新模式。

（二）搭建关爱平台，实现精准对接

以"八进"网格工作为抓手，摸清辖区留守儿童、贫困青少年、残障儿童、问题青少年等数量。通过结对帮扶，为单位和党员提供精准帮扶平台，让真正需要帮扶的家庭和青少年感受到党、政府和社会的关爱与帮助，让关心下一代工作落实、落细、落小，进一步促进社会和谐稳定。

（三）完善阵地建设，发挥"五老"优势

为了给社区教育创造有利条件，社区专门设立了休闲娱乐室、电子图

书阅览室、健身活动室、百姓舞台等文化娱乐场地，配备音响设备 1 组、电子钢琴 1 架、电脑及桌椅 7 副、图书 3000 余册。文化活动场所的建立，为居民和青少年提供了良好的学习活动环境。"五老"志愿者们利用自己的文艺特长和兴趣爱好自编自排节目，并定期在"百姓舞台"为辖区居民群众演出，真正实现"百姓舞台百姓演，百姓舞台百姓看"，丰富辖区居民文化生活的同时，圆了退休党员的舞台梦、艺术梦。

（四）加强宣传引领，广泛开展活动

充分发挥互联网传播优势，依托微信、微博等媒体平台，形成聚焦和联动，弘扬正能量，让美德新风广为传扬。广泛开展丰富多彩的主题文化活动，举办"小小道德讲堂""小手拉大手、文明伴我行""文化共享·文明共创·和谐共建""安全知识小讲座""学雷锋、树新风""我是小小楼栋长""奉献服务、德善社区"等各类活动 30 余场次。通过喜闻乐见、通俗易懂的方式把核心价值观融入下一代青少年的学习生活中，强化下一代践行社会主义核心价值观的行动自觉。

五　经验借鉴

（一）突出组织引领，辖区单位聚起来

充分发挥党组织在关爱下一代工作中的领导核心作用，通过党建带关建，凝聚辖区单位、社会力量，达成共识，使之凝聚成一股合力，推动社区关心下一代工作齐抓共管良好局面的形成。

（二）突出文化引领，文明新风活起来

"艺友民乐团"党支部突出思想引领，侧重文化宣传。通过"翰墨飘香倡文明，移风易俗扬美德""书画进社区""贯彻十九大精神，迎新春送春联进万家"以及非遗文化"皮影戏进小区"等特色文化活动，弘扬中华民族优秀传统文化，促进文明新风创建。

（三）突出经济助力，教育活动办起来

整合各类社会资源，引领带动辖区各单位、企业、社会组织和爱心人士，充分发挥人才、资金、服务、治理等方面优势，使社区关工委各类教育活动、扶贫帮困工作长效化开展。

（四）突出全民参与，和谐社区建起来

通过整合辖区共驻共建单位资源，带动社会民间艺术团体和辖区文艺爱好者积极参与社区教育，促进"人文型""美丽型""和谐型"社区的建设。

案例 12　培育社会组织，关爱困难学生

——上城区"梦想加油站"项目介绍

浙江省杭州市上城区赠人玫瑰学生成长关爱中心

詹　萍

一　案例概况

杭州市上城区教育局关工委积极推动社会管理模式创新，将部分关工委工作通过打包购买的方式，培育了上城区赠人玫瑰学生成长关爱中心这一社会组织来开展关心下一代工作。在不同形式的关爱工作中积累了一定的经验后，于 2018 年初开始创建关工委"梦想加油站"品牌项目。"梦想加油站"项目旨在关爱困难家庭子女，采用自愿的形式，组织区域内有经验、有精力、有激情、愿奉献的老校长、老教师与这些孩子结对。通过丰富多彩的活动及一对一、一对二的帮扶帮教，每年帮助孩子实现一个"小小梦想"。通过逐年的积累，以小见大，让"梦想加油站"为孩子的快乐健康成长助力。

二　案例背景

杭州市上城区赠人玫瑰学生成长关爱中心成立于 2014 年 3 月，是上城区教育发展基金会旗下的民非组织，由区教育局主管。其性质是关心青少年健康成长的群众性工作机构，宗旨是配合教育部门全面推进素质教育，促进学校教育、家庭教育、社会教育紧密结合，利用非国有资产，自愿举办、从事非营利性社会服务活动。同年，上城区教育局关工委将部分关心下一代工作以打包购买服务的方式，委托赠人玫瑰学生成长关爱中心实施开展，关爱困难学生就是项目之一。此后，赠人玫瑰学生成长关爱中心便

开始集聚区域内资源，组织老校长、老教师与困难家庭子女结对帮扶，通过个别谈心、家访校访、辅导学业等方式，给予青少年关心和关爱。在不断总结、反思、修正的基础上，形成了一定的模式，并将这一活动确立为"梦想加油站"项目。

三　实施过程

（一）开展困难学生调查，筛选"梦想加油站"项目人选

每年年初，根据上级关工委要求，赠人玫瑰学生成长关爱中心开展区域内中小学困难家庭学生调查，并按照"梦想加油站"项目人选的要求，设计修改困难学生调查表，发放到学校、社区。在学校和社区摸底、调查、推荐的基础上，筛选出符合"梦想加油站"条件的困难家庭学生，并借助市、区关工委"奋飞奖"表彰资助平台，扩大选择范围，确定初步名单。同时，走访学校、社区，选择出真正有需求、有梦想、希望得到帮扶的孩子，成为"梦想加油站"帮扶对象，每期 10～20 人。

（二）动员区域内老教师，组建"梦想加油站"师资队伍

根据"梦想加油站"学生的年龄，以教育局关工委"五老"队伍为基础，在全区范围内招募老校长、老教师。根据学生的需求，动员有精力、有经验、有爱心、乐奉献、与孩子所上学段匹配，并且和孩子住在同一社区或离孩子学校近的老校长、老教师参加"梦想加油站"项目，组建起一支由 10～20 人组成的"梦想加油站"师资队伍。完成招募后，开设沙龙对老同志们进行相关培训，学习修改"梦想加油站"项目方案，明确"五个一"系列活动，即读一本自己喜欢的好书、进行一次家访与校访、举办一次家长沙龙、开展一次亲子活动、举办一次梦想展示活动。通过阅读及写读后感与结对老师交流，组织结对老师家访和校访，再一起参加家长沙龙和亲子活动，帮助孩子实现一个"小小梦想"。最后，鼓励孩子们展示梦想。老同志们根据自身优势与资源确定帮扶对象，采用一对一或一对二结对的方式，了解帮扶学生的基本情况与需求，落实每月联系帮扶 1～2 次的要求。赠人玫瑰学生成长关爱中心与结对老师协商制订《2018 年"梦想加油站"帮扶结对协议》，让"五老"们更明确了自己的职责与义务，也

让帮扶活动有规可依。

（三）启动老少结对帮扶，开展"梦想加油站"系列活动

"梦想加油站"项目于 2018 年 5 月举行签约结对仪式。在结对仪式上，老同志们向结对学生送书，鼓励他们奋发向上；指导孩子们仔细阅读《2018 年"梦想加油站"帮扶结对协议》，了解老同志们的义务和结对学生义务，自愿签订协议；同时，老同志们与结对学生沟通交流、互换联系方式，了解学生的家庭情况和需求，制订个性化的帮扶计划，有的还与家长直接对话沟通、指导家庭教育。结对仪式后，结对学生有困惑可直接找老同志们，老同志们也会联系结对学生尽力帮助他们解决困难，这种双向交流让结对双方有了归属感，个性化帮扶让关工委工作落到实处。暑期，老同志们与孩子们经常联系，指导学业，关爱成长。9 月，老同志们又分别走进家庭与学校，了解孩子的家庭状况，与班主任、任课老师形成合力，让帮扶工作更加有效。11 月，根据家长的需求，举行了"亲子沟通与学业辅导"家长沙龙，家长和老同志及个别学生一起参加，本着共性问题大家谈、个性问题结对谈的原则，让家长们畅所欲言，老教师们精准点拨，启发引导。从此，一对一的家庭教育指导步入正轨。2019 年 3 月举办的亲子活动让家长与孩子在比赛活动中沟通交流、互帮互助，各显优势，家长们的经验优势让孩子们仰慕，而孩子们接受新事物的能力也让家长们望尘莫及，亲子活动改变了平时一面倒的沟通模式，让家长从另一个侧面看到了孩子的优势与成长，也让孩子学会利用家长的优势。这种新型平等的沟通模式改善了亲子关系，营造了和谐的家庭氛围。最后，根据计划，孩子们各自展示了丰富多彩的梦想，有完全实现的，也有部分实现的，老少共同回顾实现梦想之路，总结得失、反思过程，为下一年的梦想实现做好准备。

（四）发放记载册及建群，强化"梦想加油站"过程管理

为了让"梦想加油站"项目可持续发展，建章立制必不可少。有"梦想加油站"项目方案的顶层设计，有《2018 年"梦想加油站"帮扶结对协议》的权利与义务，还编印了《"梦想加油站"结对帮扶记录》手册，记录每月的帮扶情况，既方便老同志查看前期帮扶的内容，也加强了过程

管理。同时，建立"梦想加油站"老同志微信群，利于沟通交流、安排部署。一是及时发放开展团队活动的通知和要求等信息；二是在老同志碰到问题时便于相互交流，协同处理；三是在期初期末、考试前后，鼓励、提醒孩子们的金点子可在微信群交流借鉴；四是开展帮扶活动的照片、短信微信截图、孩子们的感想等资料能及时收集，快速便捷，强化过程管理。

四 案例效果

（一）精准地关爱了困难学生

"梦想加油站"项目的开展具有规定的程序：一是到学校、社区调查，走访了解困难学生的需求，确定帮扶人选；二是根据需帮扶的学生招募"五老"成员，组建帮扶师资，开展相关培训；三是组织开展"五个一"系列活动，并围绕活动内容和孩子们的梦想实施个性化帮扶；四是梦想展示、总结反思，为下一期做好铺垫。整个流程一环紧扣一环，做到老少结对真正匹配，帮扶关爱精准到位。

（二）指导家庭教育从爱开始

"梦想加油站"家长沙龙，共话亲子沟通与学业辅导。这一主题是征求结对学生家长意见后产生的，家长们参与欲望强烈。在沙龙漫谈中，家长们各抒己见，争论不已；老教师则用科学的理念，给出家庭教育的真谛：家庭教育首先要围绕"爱"，也只有"爱"才能营造和谐的家庭教育氛围，才能建立良好的亲子关系，才能沟通交流顺畅，才能让孩子有效地学习成长；其次要关注孩子的身体健康，身体是成长成才的根本，没有好的身体一切免谈；再次要明确学习成绩好只是成才的一种方式，要善于发现孩子的特长和兴趣，因势利导，助力孩子成才，让孩子学会自食其力；最后要多鼓励，一定要看到孩子的长处，只有看到闪光点才能把握教育的契机，让孩子充满自信，接下去就是对孩子提出恰如其分的要求，孩子通过努力达到要求后，再鼓励、提要求，不断鼓励、不断提要求，周而复始，让孩子健康成长。"从爱开始"的指导建议与对策让家长们受益颇丰，纷纷表示大开眼界，这些建议有理念、又具体、可操作，能提高家庭教育的实效性。

(三) 亲子活动助力改善关系

困难家庭中的父母一般都忙于生计，或起早贪黑，或加班加点，陪伴孩子的时间不多，与孩子的沟通习惯于居高临下，教育痕迹颇浓。"梦想加油站"以家庭为单位开展亲子活动，让家长和孩子为了一个共同的目标各司其职、各显神通，让父母看到孩子的天赋与实力，也让孩子感受到父母的能力与关爱，彼此之间的沟通不再是居高临下的指责，孩子对父母的建议接受度大大增加，沟通得以顺畅，在欢笑声中，亲子关系得到了改善。在后续反馈中，父母普遍反映孩子变得听话了，孩子也说父母不再唠叨训斥了。

(四) 搭建起老教师关爱平台

退休不久的老校长、老教师，正需要一个从工作状态到休息状态的过渡。有的还有着满腔的教育热情，有的还不适应一下子多出来的空闲时间，适度的帮扶活动既发挥了他们的优势，又不占据太多的时间，让他们老有所为，不忘初心、继续前行。因此，"梦想加油站"关爱平台的搭建，吸引了不少理想信念坚定、教育功底深厚、身体素质良好、有爱心、愿奉献的老教师前来加盟，教育局关工委的"五老"队伍也不断壮大起来。

(五) 创新了社会管理的模式

社会管理模式的创新从管理走向治理，一是适应社会发展变化状况，顺应社会发展趋势；二是合乎人民群众的需求；三是发挥多方面的积极性；四是提高科学化社会管理水平。杭州市上城区教育局关工委在现有社会管理条件下，运用现有的资源和经验，依据社会自身运行规律乃至社会管理的相关理念和规范，研究并运用新的社会管理理念、方法机制等，对传统管理模式及相应的管理方式进行改革，解决了关工委工作容易与德育工作、团队工作融为一体，难以凸显主题的问题，建构起新的社会管理机制和制度，以成功的实践案例创新了社会管理模式。

五 经验借鉴

(一) 三位一体，培育关爱

新时代的关心下一代工作是按照全国教育大会的要求，助力培养担当中华民族复兴大任的时代新人。杭州市上城区教育局关工委依托"党建带关建"，集优势、融资源、搭平台、创品牌，以立德树人为宗旨，构建起教育局、学校、社会组织三位一体的关心下一代网络，各司其职、相互配合，精准高效地开展关心下一代工作，"梦想加油站"便是其中项目之一。该项目得到了上城区关工委的大力支持，获得了区关心下一代工作基金资助，在教育局关工委的指导支持下，在学校关工委的通力合作下，由赠人玫瑰学生成长关爱中心实施开展，三位一体，精准关爱。

（二）协议责任，科学管理

"梦想加油站"是老少结对、关爱帮扶的项目，采用了协议制的方式，既规范了项目实施内容，又明确了各自的权利与义务。签订协议后，双方在结对期间有了书面承诺，有据可寻，使结对双方都能规范承诺和履行帮扶的过程，从而使结果更加完美，同时也是对孩子们进行法治教育的具体示例。有了协议，帮扶工作更加有章可循，双方有了责任与义务，能对项目进行科学管理，既解决了帮扶过程中的不可控性，又培养了孩子们的责任意识和法治观念。

（三）借势借力，配合补充

"梦想加油站"项目的实施，得到了区域内各方面的支持。首先是教育局关工委大力推进"党建带关建"，指导各校离退休党支部、退管会招募"梦想加油站"项目所需的师资；其次是区关工委大力扶持，将"梦想加油站"纳入其工作内容，并给予一定的经济资助；最后是相关学校关工委、社区关工委鼎力协助，配合做好困难家庭的调查和学生意愿的调查。项目的开展发挥了区域内老校长、老教师的优势，遵循了"拾遗补缺、配合补充、因地制宜、量力而为"的工作方针，帮助困难家庭子女实现小小的梦想，深受家长和学生的欢迎。

（四）社会管理，彰显特色

社会管理创新既是活动，也是活动的过程，强化了社会公共事务的管理，使社会能够形成更为良好的秩序，产生更为理想的政治、经济和社会效益。杭州市上城区教育局关工委将部分关心下一代工作以打包购买服务的方式，委托赠人玫瑰学生成长关爱中心负责实施，这是社会管理模式创新的一种尝试。"梦想加油站"项目在赠人玫瑰学生成长关爱中心的主持下开展，本着"到位不越位，帮忙不添乱"的工作原则，自主设计活动方案、自动开展项目调查、自发招聘结对师资，多方寻求助力，积极主动作为，切实完成项目，彰显服务特色。这一模式的成功创新可借鉴、可复制、可推广。

案例 13　依托"五老"，整合资源，健全
社区青少年教育机制

四川省成都市金牛区荷花池街道东一路

社区教育联系点

何　祺　叶李萍

一　案例概况

四川省成都市金牛区东一路社区教育联系点从社区融入、学习成长、儿童保护三个维度，亲子教育、社会体验、志愿服务、通识教育、兴趣培养、学业支持及儿童保护氛围营造（家长委员会、保护委员会）等九个方面，依托社区"五老"志愿者，引进 6 家社会组织为社区青少年提供贴近需求的服务项目。典型的青少年服务项目包括"共享阅读圈""阳光儿童家园""儿童安全与心理健康体验课堂""不插电乐园""守护天使伴你成长""社区有我"等。

二　案例背景

东一路社区位于成都市金牛区荷花池市场商业圈，紧邻成都市火车北站，占地面积 0.8 平方公里。社区中有专业市场 17 个，商家店铺 2 万余家，驻区单位 15 家，居民院落 37 个。社区总人口 2 万余人，常住人口 0.6 万人，外来务工人员居多。院落内住改商、住改仓房等居多，环境嘈杂，对青少年生活和学习影响极大。为有效解决这一问题，东一路社区立足区域实际，将青少年健康成长摆在工作首位，依托社区教育大平台，广泛开展青少年校外帮扶救助、教育等服务。

三 实施过程

（一）梳理问题

东一路社区针对自身地处成都荷花池商圈、外来务工子女日益增多的特点，根据社会工作理论，由社区教育工作者梳理出外来务工子女易出现的 5 个问题。

1. 城乡差异大，外来务工人员的小孩容易产生自卑心理；

2. 外来务工人员小孩居住环境差，住房拥挤，没有安静的学习环境，导致学习成绩差；

3. 外来务工人员小孩与城市小孩格格不入，人际关系差；

4. 缺乏自信心与进取心，认为自己不如城市小孩；

5. 地处荷花池商圈，人员结构复杂，存在安全隐患。

（二）解决问题

如果能有良好的学习环境，将有助于少年儿童学业的进步，为他们将来职业生涯发展奠定良好基础，有利于未来的个人发展与家庭生活。社区教育联系点以问题为导向，兼顾个体与群体的发展，引进社会组织、招募"五老"志愿者，针对普遍存在的问题和需求，按照年龄阶段有针对性地设计活动形式、活动主题和活动内容。通过活动发现孩子的优点、特长，对孩子某方面的潜能进行挖掘，增强外来务工人员小孩自信心和城市环境适应能力，提高学习效果，促进其学业进步。主要的做法有以下几个方面。

一是依托社区"五老"志愿者。通过入户走访、电话访问等形式对本辖区青少年需求进行调查，了解他们的问题和需求，成立"青少年家长学校""假日学校"，开办假期托管班，由 30 余位"五老"志愿者担任班主任和老师，代管、代培青少年儿童 800 余人次，开展家庭教育讲座、家庭交流会 10 场，为 50 余名青少年及家长提供咨询服务。

二是利用节假日和寒暑假。在假期，由"五老"志愿者带队，联系点组织青少年学生开展了红色征文、红色观影、参观邛崃长征纪念馆、红色故事宣讲等活动，让下一代了解国史、党史、军史，不忘初心，童心向党。

三是开展形式多样的实践活动。为提高社区青少年动手能力、提高生活技能、增强生活常识，联系点开展了"儿童跳蚤市场""茶文化培训班"等实践性活动，帮助青少年树立正确的金钱观，培养青少年财商理念，同时引导青少年了解中国茶文化，自觉承担传承中华民族优秀传统文化的重任。

四是成立家长委员会和未成年人保护委员会。针对外来务工人员居多、院落内"住改商、住改仓"的现象突出、人员复杂、隐患颇多的现状，社区成立了家长委员会及未成年人保护委员会，广泛开展"儿童安全与心理健康体验课堂"、"不插电乐园"、未成年人法律知识宣讲、安全防范知识讲座等活动，在全辖区营造保护未成年人的氛围，助力青少年健康成长。

五是树立"五老"典型。活动中，社区发现和培养了一大批"五老"典型。"五老"志愿者队伍具有榜样引领作用，依靠他们的模范作用带动关爱工作的推进。长期关注帮扶失爱、失学儿童的杨阿姨，捐助 5000 余元，为流动非婚生儿童徐某做亲子鉴定，解决了徐某上户的问题。在学校没有得到落实前，主动为孩子辅导文化课程，抚慰心灵。2017 年在社区、街道、区关工委、区教育局的关心下，徐某的入学问题得到了解决（就读才艺学校）。长期帮扶失管少年的严书记，三年如一日地关心着失管少年。还有常年为孩子们讲故事的曾阿姨，常年为"五老"志愿者义务提供健康咨询的五冶医院等，都是社区"五老"志愿者和关心下一代单位中的模范，他们的事迹感染、影响着辖区的居民，传递着善良和友爱。

六是建立"六联"工作机制。关心下一代的工作是事关千秋万代、千家万户的工程，需要各方的共同努力。因此，东一路社区与辖区内大单位联系，签订"共驻共建协议"，建立了"六联"工作机制，即思想联通、公益联办、环境联建、文体联谊、活动联抓、工作联动机制，联动单位提供人力、财力等为关工委工作服务。比如派出所为青少年讲解安全防范常识，司法所为青少年讲解"未成年人保护法"等法律知识，五冶医院为"五老"志愿者提供健康讲座、为青少年提供心理咨询等，商家、商户等与困难儿童结成帮扶对子，社区还联系相关单位对优秀的"五老"志愿者进行走访慰问，让"五老"志愿者在关爱他人的同时也感受到社会的温暖。

四　案例效果

东一路社区把联系点的工作融入社区的日常工作中，收到了良好的效果。各类主题活动让青少年在接受社区服务的同时也能参与到社区治理中来。社区组织儿童及家长开展爱心义集为社区基金募集善款；鼓励"儿童之家"大龄儿童充当志愿者服务低龄儿童；成立文明养犬劝导队，制作宣传单，深入院落宣传；成立红领巾志愿队，在中秋、重阳等节日陪伴社区高龄、独居、空巢老人共度佳节。通过这些工作，取得了多方面的成效。

一是营造了良好的社区氛围，培育了一批具有威望的社区领袖，提升了居民素质。通过社区领袖能力的培养，营造共同学习、积极向上的良好社区氛围，为社区工作的顺利开展打下了良好的基础。

二是充分调动了社区服务的人力资源。青少年作为社区居民的组成部分，也是社区治理、社区志愿服务不可或缺的力量，青少年能力的培养和提升，为社区服务培养了生力军和预备队。

三是提升了社区服务的公信力。社区内多数的青少年都和自己的家人生活在一起，青少年在社区内接受社区教育的相关服务后，孩子的家人会感受到他们的变化，进一步了解社区治理工作的相关内容，增强对社区服务的信任感和归属感。

五　经验借鉴

（一）根据社区特点，统筹年度工作

"上头千条线，下面一根针"，社区的工作多、杂、细，为使联系点的工作落地，各项工作需要统筹完成。比如在制订年度工作计划时，就把联系点的工作一并纳入计划；在区域党建活动中，社区把结对帮扶困难儿童作为项目，由区域党组织或党员来认领；在走访入户时，社区成员的入户调查表上要求填写每户少年儿童的情况，是否有困难、有什么困难、有什么诉求等；还要发现并动员人才，为壮大"五老"志愿者队伍打基础；在节日纪念、庆祝活动时，一并安排有关工委工作的内容；互动环节安排有

关工委基础知识的有奖问答。在表演的节目安排上，也有"五老"志愿者、青少年的节目；在老年人协会集中活动时，适时开展"五老"志愿者培训；把联系点的工作与日常工作相结合，使联系点的工作与其他工作相互促进、相得益彰。

（二）创新工作方式

以社区的主要问题为导向，创新工作形式，提升服务青少年校外教育的能力和水平。联系点以社区为平台、以社会组织为载体、以社工专业人才为支撑，逐步探索出服务青少年校外教育的"三社联动"服务模式。通过购买社会服务、以场地换资源等方式，引进 6 家社会组织为社区青少年提供贴近需求的服务项目，通过"社区＋社会组织＋社工＋'五老'志愿者"的服务模式，为辖区青少年提供更优质、更高效的服务。

案例14 爱心助成长，留守不孤单

——"耿马益家"留守儿童
暑期关爱活动介绍

云南省临沧市耿马县益家青少年事务
社会工作服务中心
朱爱萍　达建国　李成智

一　案例概况

耿马傣族佤族自治县益家青少年事务社会工作服务中心（以下简称"耿马益家"），是耿马县民政局正式批准注册成立的社会工作服务机构。在社会工作价值观和服务理念的指导下，"耿马益家"以专业化的工作方法为青少年提供服务。自2016年起，在当地政府和社区的支持下，"耿马益家"在四排山乡芒翁村芒伞自然村设立了社会工作站——"青少年之家"，并开展了"献爱心·共成长·关爱留守儿童"暑期活动。2016年暑期的活动分四期举办，从多方面与青少年互动，取得了良好效果。

二　案例背景

随着改革开放的深入，经济条件的改善成为大部分人奋斗的驱动力，许多农村人放弃了泥巴裹裤腿、面朝黄土背朝天的传统劳作，成为打工一族。年轻夫妻外出打工，孩子留在家乡由老人照料，逐渐形成了隔代教育的模式。这种教育模式存在诸多弊端，孩子们的身心健康遭受了一定程度的损害。2014年，社会爱心人士朱爱萍发起成立"耿马益家"，团队成员包括国家公务员、企事业单位人员、个体户及私营企业主、下岗人员及社会爱心人士等。经耿马团县委孵化培育，于 2015 年 10 月正式注册为"耿马傣族佤族自治县益家青少年事务社会工作服务中心"。机构成员共 7 人，其中，专职社工 5 人、持证社工 1 人、财务 1 人，其下属有一个志愿者团队，长期稳定的志愿者 300 余人。自成立以来，"耿马益家"始终坚持以弘扬"奉献、友爱、互助、进步"的精神为指导，遵守国家法律法规及政府政策相关规定，倡导社会道德风尚，以"传递爱心、服务社会"作为行动指南，工作范围包括青少年服务、儿童服务、"一对一"爱心助学、大病医疗救助、关爱留守儿童、关爱空巢老人等。面对农村留守儿童的困境，"耿马益家"欲通过"七彩假期"活动，教育引导留守儿童自尊、自立、自强、富有爱心；让父母常年不在家的孩子树立信心，在黑暗的日子里不再害怕、孤单的岁月里不再流泪，把对父母的思念化作学习的动力，不断向上、勤奋进取，正视自己拥有的幸福生活。

三　实施过程

（一）建立社会工作站——"青少年之家"

2016 年 4 月，"耿马益家"与四排山乡政府和村委会干部对接选点建立工作站，在四排山乡芒翁村政法专职副书记的带领下，深入芒翁村与村干部和村民代表探讨当地村民的发展问题和存在的其他问题，商讨建立"青少年之家"社会工作站。5 月，"耿马益家"社工入驻村庄，走访调研留守儿童、老人、妇女 15 人；为招募在地社工人员，走访当地社工培养对象 5 人，最终确定将村里的两个返乡大、中专生作为当地社工培养对象；选定芒翁村委会芒伞自然村为点，由芒伞村提供活动室一间，挂牌建立了"青少年之家"。

（二）分期开展暑期活动

为切实做好芒伞村留守儿童的关爱工作，搭建有效服务平台，促进他们"勤奋学习、快乐成长、全面发展"，"耿马益家"于 2016 年 7 月暑假在"青少年之家"组织开展了"献爱心·共成长·关爱留守儿童"暑期活动。共有 38 名爱心志愿者（社会爱心志愿者 20 名、在校大学生志愿者 18 名）参与本次活动，先后服务留守儿童 300 余人次，分四期完成。

第一期活动于 2016 年 7 月 20 日启动，"耿马益家"社工和志愿者来到

"青少年之家"，耐心地辅导孩子们的功课，给孩子们讲故事，一起唱儿歌、猜谜语、玩脑筋急转弯，并用心地跟他们交流，了解他们的学习生活情况，尽最大的能力帮助他们。

第二期活动上，社工和志愿者给孩子们准备了手工制作活动。志愿者带领和指导孩子们利用废纸盒、废纸杯等废旧用品开展了手工制作。在志愿者的指导下，孩子们做出了各种精美的小动物、小花、图案等。在手工制作的过程中，孩子们学到了废物利用、环境保护、节约资源等知识。这不仅启发孩子们发挥想象力、创造力，而且剪纸、画画、拼接培养了孩子们的动手、动脑及观察能力，激发了孩子们自己动手创造的兴趣，难得安静的孩子也能静静地坐着认真创作。

第三期活动于 7 月 24 日中午开展，社工和志愿者准备了丰富多彩的互动体验教材，为孩子们带去安全自护体验课。课程内容包括交通安全、急救呼救（游泳）、自然灾害（火灾）、消防安全、女童男童防性侵等不同学习板块。通过开展安全常识动画片、安全游戏、场景模拟、真实案例等活泼有趣的教学活动，让孩子们主动参与安全知识课程。安全自护知识小课堂帮助孩子们学习安全自护知识，让孩子们在轻松愉悦的氛围中学会多种实用安全技能，学会在假期中保护自己。通过生动、有吸引力的动画宣传片让孩子们具体了解不同的危险行为以及身边的潜在危险。"耿马益家"社工和志愿者还为芒翁村"青少年之家"建立了信息栏，宣传禁毒防艾知识、预防食用菌中毒常识、暑期安全防护、青少年饮食常识等。

第四期的主题是"团圆"，社工和志愿者们给孩子们准备了绘画、做月饼的材料，现场制作了一个大蛋糕。在此之前，社工给孩子们讲了关于中秋的由来以及相关故事。来自设计专业的志愿者充分发挥自己的特长，为孩子们耐心地讲解了绘画的基础知识。为培养孩子们对美术的兴趣，志愿者和孩子们一起画了许多关于中秋节的图画，一幅幅画淋漓尽致地表现了孩子们中秋节的期望——和爸爸妈妈等家人一起吃团圆饭，晚上坐在院子里赏月亮、吃月饼。社工和志愿者带着孩子们一起制作了豆沙小月饼，并让孩子们带回家和家人一起分享。孩子们切实地感受到做月饼的乐趣，加深了对中秋节这个传统节日的认识。

为了让参加活动的孩子们记住自己所学的知识，明白自己的目标，更健康自信地成长，工作人员通过"心愿墙"的方式让他们表达自己的愿望，并将自己的所学与愿望标注在上面，希望活动结束后他们还能记得自己曾经的愿望，努力去实现它。

四　案例效果

通过此次"献爱心·共成长·关爱留守儿童"暑期活动，"耿马益家"社工和志愿者深入了解了留守儿童的学习和生活情况，与他们进行了多方面的深入互动，让他们在活动中慢慢学会理解和沟通，养成积极健康的思维习惯和乐观的生活态度，快乐成长。分期组织的活动循序渐进、主题明确，不仅让孩子们感受到被关爱的温暖，也让他们在陪伴中感受到了快乐。

自 2016 年成立"青少年之家"以来，我们对帮扶点进行了长期的跟进以及服务，先后在芒伞村开展了多种形式的活动：2017 年开展乡村运动会、妇女传统手工纺织培训；定期邀请社会其他行业的志愿者到"青少年之家"开展各类教育及心理帮扶关爱等服务；大学生志愿者每到假期就到"青少年之家"和孩子们一起做活动；2018 年，"耿马益家"通过努力，对接了芒伞村养鸡合作社的项目，通过网络众筹的方式解决了村民的资金问题，使部分外出务工的人员得以留在家里发展养殖业，拥有更多的时间陪伴孩子，推动留守儿童的心理关爱服务更进一步。

五　经验借鉴

（一）协调社会力量，共同关注留守儿童

为了让留守儿童安心学习、健康成长，"耿马益家"采取了一系列措施，与相关部门密切配合，并得到社区的大力支持，探索和尝试针对留守儿童的教育模式，创办了"青少年之家"，并以"青少年之家"为平台，整合社会资源，凝聚留守儿童社区关爱教育的合力。

（二）拓宽思路，活动育人，用心开展丰富多彩的活动

开展活动需符合现阶段青少年的成长特点，能适应他们的发展需求，让他们在活动中获得丰富的知识和能力，领悟和体验生活，养成积极的学习态度，践行社会主义核心价值观。

案例 15 社区红色讲坛，红色教育斑斓

——建华社区关工委红色大讲坛
工作经验介绍

福建省福州市鼓楼区水部街道建华社区

林培顺

一 案例概况

2009 年 6 月，福建省福州市鼓楼区水部街道建华社区关工委创办了福州市第一个以革命历史教育为主旨的社区讲坛——"红色大讲坛"，组织辖区 15 名"五老"担任义务宣讲员。近十年来，"红色大讲坛"坚持突出教育、注重实践、体现关爱、展现亮点的工作思路，以弘扬红色文化、传承红色精神为导向，结合爱国主义和革命传统教育，深入开展社区青少年喜闻乐见的"红色教育"活动。创办至今，"红色大讲坛"共举办 69 场主题教育活动。

二 案例背景

建华社区辖区面积为 0.2736 平方公里，现有居民 2615 户，常住人口 5281 人。辖区居民以老年人居多，青少年的课外教育问题突出。长期以来，社区缺乏一个关爱青少年健康成长的平台。而建华社区内的龙华干休所居住着一些省、市级老干部，他们大多接受过战火硝烟的革命洗礼，见证了新中国成立、福州解放以及改革开放 40 多年的辉煌历程。老干部在长期革命、建设、改革实践中积累了丰富经验，具有卓越的思想政治优势，但社区缺乏一个让老干部发挥作用的平台。为此，在开展社区文化建设过

程中，建华社区关工委把发挥老干部的红色文化资源优势摆在突出的位置，于 2009 年创设了社区"红色大讲坛"。

三　实施过程

（一）"五老"献余热，义务宣讲员

建华社区关工委发掘"红色资源"，尽力用好、用足"红色财富"，积极搭建老有所为、发挥余热的平台，热情邀请老干部参与社区文明建设。社区关工委"红色大讲坛"配备较强师资力量，以 10 名离休老干部、4 名民俗专家与知名学者和林则徐第五代孙女林子东老人为代表的社区"五老"为骨干，组建起义务宣讲员队伍，利用节假日和寒暑假，对孩子们进行爱国主义教育。通过开展富有思想性、知识性、趣味性的活动，"红色大讲坛"成为丰富青少年课余生活、传承"红色精神"、对接学校内外德育活动的平台。

（二）关心下一代，老少乐相融

纪念虎门销烟 170 周年之际，林子东夫妇在"红色大讲坛"上为青少年讲述林则徐虎门销烟的禁毒故事以及抵抗外侵、保家卫国的爱国故事。"红军故事会"上，老红军俞依正爷爷讲述其参加抗日战争、解放福州的战斗故事。"我与爷爷比童年"座谈会邀请原市级老领导、老红军宁家魁爷爷讲童年、忆往事、谈心情，在青少年中开展"端正价值观、树立好志向"等主题活动。利用"红色大讲坛"，建华社区关工委把福州动人心魄的城市发展故事传播到社区青少年心中。

（三）宣传新政策，思想引方向

"红色大讲坛"坚持把爱国主义教育摆在首要位置，让和平年代成长的孩子更多地了解过去，珍惜今天的幸福生活。同时，让家长一起参与、一起讨论、一起解答，让爱国主义教育深入家庭。"红色大讲坛"把学习、宣传《始终与人民心相印共甘苦》《以更大的政治勇气和智慧深化改革，朝着十八大指引的改革开放方向前进》《习近平同志在福州工作期间倡导践行"马上就办"纪实》等一系列重要文章，以及学习贯彻习近平总书记来闽考察系列重要讲话精神作为重要内容，把中央的新政方针、好消息、

好声音传递给广大青少年和他们的家长。

（四）传承文明史，情趣更丰富

"红色大讲坛"还将德育工作融入青少年喜闻乐见的文化教育活动中。通过举办读书日、书画展、健身运动会、纳凉晚会、闽剧表演进社区等群众性家庭文化、邻里文化、小街巷文化、小公园文化特色活动，引导社区文化繁荣发展，不断提高社区居民和青少年的文化生活水平。在丰富讲坛内容的同时，还掀起了"知我福州"活动，对青少年进行福州话讲学，体味亲切无比的乡音；穿插福州人文、历史故事，陶冶爱家乡的情怀；还组织开展以"拗九习俗传孝心、核心价值勤践行"和"包爱心粽、送爱心粽、过亲情节"以及清明节"缅怀革命先烈英魂、弘扬中华民族精神"为主题的民俗文化活动，对青少年起到了很好的宣传教育作用。

四 案例效果

"红色大讲坛"不仅是理论进社区的重要载体，而且是传承红色精神的文化阵地。社区关工委通过开展理论宣讲活动，大力宣传党的十八大、十九大精神和习近平总书记的系列讲话精神，把党的各项方针政策向基层进行解读，让青少年时时刻刻了解最新动态，激发他们积极关注国家建设的热情；同时，通过"传承红色基因"、革命故事宣讲等一系列活动，引导青少年了解党史国史，培养他们爱国爱家的情感。"红色大讲堂"不仅是青少年的学习园地、党员们的党课课堂、社区居民们的科普课堂，更是社区百姓文化的大舞台，切实让社区青少年感受"红在社区"的魅力。2015 年 5 月，社区关工委应邀派代表赴北京参加中国思想政治工作研究会、中央宣传部思想政治工作研究所举办的"全国基层思想政治工作创新典型经验交流研修班"，作题为《红色讲坛 红色教育——福建省福州市鼓楼区建华社区开展"红色教育"活动》的发言，成为福建省应邀参加经验交流的三个代表单位之一。

五 经验借鉴

（一）宣讲工作要具有前瞻性

新形势下的青少年教育工作要具有前瞻性，超前预测以应对青少年的思想变化。随着我国改革的深化、利益调整的加剧、各种观念的冲突、多类思潮的影响，社会出现了一些新的矛盾，对我国社会和谐稳定产生了强烈的冲击。究其原因，既有观念落后而不理解、不适应改革政策，又有价值标准混乱而导致道德失衡；既有利益调整受益不同而相互攀比形成心理失衡，又有历史遗留问题及新旧政策不衔接而形成的不公平。这些纷繁复杂的矛盾和问题，如果不能及时解疑释惑，那么必然影响青少年的情绪。

（二）宣讲工作要体现导向性

新形势下的青少年教育工作要体现导向性，正确指导和引领青年的思想意识。宣讲工作必须旗帜鲜明，坚持正确的舆论导向。以实事求是和习近平新时代中国特色社会主义思想为指导，围绕改革攻坚过程中人们思想深处的困惑，讲清、讲明一些基本理论和实际问题，促进形成改革共识，清除观念障碍。特别是通过党员与群众的现身说法，用朴素的语言、朴实的道理和身边的例子，增强教育工作的可亲性、可信度，达到凝聚人心、维护深化改革和科学发展的目标。

（三）宣讲工作要抓住针对性

新形势下的青少年教育工作要具有针对性，做好排忧解难、解决实际问题的宣传教育工作。市场经济的利益多元化，引发的思想矛盾多样化，并且呈现分散化、差异化、个性化的倾向。教育工作的大动作、大局面、大氛围，虽然有助于解决一些共性的问题，但是却往往遗漏个别的思想问题，疏忽个体的实际困难。因此，社区关工委要以开展助业、助困、助学活动为重点，实施真心引导、爱心排忧、贴心服务的举措，以此深化社区关工委组织对困难青少年的重点服务，推进社区的文明建设。

案例16 小手牵大手，共建和谐家园

——东吾吉村老干部活动之家
工作经验介绍

河北省邯郸市肥乡区东吾吉小学

宋平堂

一 案例概况

"东吾吉村老干部活动之家"是东吾吉村委会组建于 2010 年 9 月的"老党员工作室"，凝聚了东吾吉 8 名"五老"人士。活动之家的成员坚持党的教育方针，坚持立德树人，常年为辖区少年儿童提供法制教育、德育教育、梦想教育、孝道教育等方面的志愿服务。多年来，活动之家累计服务 18000 余人次，为辖区青少年综合素质提升和全面健康成长发挥了积极作用。

二 案例背景

东吾吉村辖区面积约 2 平方公里，常住人口 2019 人，辖区居民构成呈现"三多"特点，即老年群体多、留守儿童多、空巢老人多，带来的后果就是邻里矛盾、婆媳不和、留守儿童不良习惯等问题比较突出，辖区社会关爱帮扶的面很广。村两委干部年轻化，虽然为村注入了新的活力，但平时忙于工作事务，特别是近几年扶贫任务繁重，干部工作紧张，村干部在与群众沟通交流、解决群众实际问题、开展有效的群众工作等方面经验较少。另一方面，东吾吉村的老干部、老党员等人数较多，老同志们发挥余热的热情很高。为了解决这些问题，为老同志们提供一个平台，2010 年 9

月，在肥乡区老干局的指导下，东吾吉村依托老干部、老党员组建了"老干部活动基地"，命名为"东吾吉村老干部活动之家"。"东吾吉村老干部活动之家"坚持立德树人的教育理念，深入开展公民道德实践系列活动，正式成为肥乡区的社区关爱教育平台。

三　实施过程

（一）队伍建设，工作起步（2010年9月~2012年9月）

通过县关工委按需聘请、乡关工委关心支持、"五老"志愿报名等方式，"东吾吉村老干部活动之家"凝聚了8名"五老"志愿者。"活动之家"结合社区特点和居民需求开展工作。成员秉承团结友爱、无私奉献的理念，根据自身资源和特长开展工作。这一阶段，社区关爱教育尚未形成体系，主要依托上级文件和指示，利用寒暑假、重大节假日等重要时间节点开展活动。比如2010年国庆节期间举办了第一次活动，"五老"志愿者把《预防未成年人犯罪法》的宣传册发放到家长手中，此后不断开展法制安全教育、文明礼仪、志愿服务、感恩社会（父母）等多种形式的社会实践活动和公益劳动；"六一"儿童节时，"五老"开展走访慰问留守儿童、困难儿童、孤儿等关爱青少年活动。

（二）规范完善制度和活动（2012年10月~2016年12月）

1. 加强制度建设

制度建设是关爱教育活动规范、持久不可缺少的保障。"活动之家"经全体商讨制定了值班制度、专人负责制度、定期活动制度，形成了一套规范的工作流程，提高了工作效率。每年年初制订工作计划、明确工作任务，年中找不足再加劲，年终召开总结会。此外还确立了一周工作流程：周六日活动，周一写记录，周三做下周活动计划。

2. 加强活动建设

"活动之家"以活动为载体，以活动为手段，开设了"周六大讲堂课堂""周日活动课堂""假日课堂"。每周六上午"五老"为孩子们讲述中国近当代的英雄故事及肥乡的英雄人物事迹。每周日寻访身边英雄，到东吾吉幸福院定期活动，孩子们在家当爸妈的小帮手，帮助爸妈一起整理家务等。寒暑假及重大节假日等时间节点定期为社区青少年学生开展各项教育活动。

3. 家庭结网带动全村和谐风气

"五老"通过走访发现村里存在一些不良社会风气，一些家庭孝道缺失、邻里不睦。为弘扬中华民族传统美德——孝，"五老"群策群力，制定方案，立即行动。首先，小手牵大手，让学生带动家长，由东吾吉小学配合进行宣传，促进家庭和谐；其次，在全村范围内表彰美德媳妇、和谐家庭，进行挂牌表彰；最后，在学校进行家长表彰，让孩子以行孝为骄傲，在全村树立行孝之风。

（三）紧抓"德育"牛鼻子，拓展活动内容（2017 年 1 月至今）

1. 坚持"三送"——送"共识"、送"内容"、送"方法"

在前一阶段的基础上，活动之家进一步拓展了社区关爱教育的方法和内容。第一，坚持利用发宣传单、小喇叭的形式进行宣传，又紧跟时代的脚步通过微信、QQ 等多种媒介对全村青少年进行思想道德和行为规范教育；第二，为农村孩子开设了书法、朗诵、表演等艺术课程，由"五老"人员联系校外有艺术特长的志愿者在周六、周日教授；第三，依托学校，培育青少年良好的习惯，坚持小手牵大手，做好家校共育；第四，坚持把梦想教育搬上舞台，设立了心愿墙，鼓励孩子抒写自己的梦想，实现自己的梦想。把《孝》的小品搬上舞台，多次巡回演出，使更多的人受到孝德教育。

2. 加强实践育人

"活动之家"还积极组织青少年开展社会实践活动。一是开展"爱我中华，读写长跑"主题读书写字活动，与学校合作，周六开放图书馆，采用讲、读、唱、演结合的方式助推青少年读好书。二是开展"小手牵大手，孝德我传承"活动，教师、学生、家长三方互动合作，创建了《孝德长廊》。此活动采用"学生做、家长照、教师展"的方式，使学生每天主动做些力所能及的小事，如帮妈妈倒杯水、给奶奶捶背、帮爷爷洗洗脚等。三是与村里的幸福院联合开展"幸福结对帮"，每隔两周孩子们都到幸福院帮助老人打扫卫生、给老人讲讲身边新鲜事，老人也要给孩子讲故事、讲以往艰苦岁月。这些活动使少年敬老、老有所趣，让老人育少、少有所爱，真正达到"小手牵大手，大手与小手共育共长"之目的。

四　案例效果

（一）有效促进青少年健康成长

2010 年至今，"活动之家"开展的各类活动累计服务 1.8 万余人次。这些丰富多彩的活动既加强了青少年的思想道德教育、拓展了他们的兴趣特长、提升了他们的素质素养，又切实地解决了学生在放学、周末期间无人看管教育的问题，很大程度上解决了家长们尤其是爷爷奶奶等隔代家长的后顾之忧。"六一"期间，屯庄营乡关工委联合爱心公益单位一起为农村困难儿童送衣、送关怀，让他们感受社会大家庭的温暖。

（二）传承孝德，维护社区和谐

开展"小手牵大手，孝德我传承"活动，获得了社会、家长、教师、学生的一致好评。家长、老师均反映孩子懂事了，就连村里的老人都夸孩子长大了不少。此活动引导了青少年践孝行，弘扬了中华民族的传统，在全村树立了行孝之风，让孝内化于心，外化于行，有效维护了社区的稳定和谐。

（三）大手牵小手，互为依托

"活动之家"为愿奉献、有能力的"五老"人员提供了发挥余热的平台，让他们在发挥余热、服务社区的同时获得成就感，在与社区青少年的互动中增强幸福感。

五　经验借鉴

（一）建好阵地，保障实施

"活动之家"在全村发挥了不可或缺的作用，使得社区关爱教育能够转化成各项落地的实践活动。第一，"活动之家"的设立保障了村"五老"人员拥有稳定的工作阵地，使他们能在其中各展所能、持续合作。第二，正式设立的活动之家工作室得到了村两委在场地、人员等方面的保障，也更容易寻求其他单位（如学校等）的对口支援。

（二）建章立制，规范运行

"活动之家"在启动后不久就着手进行制度建设，规范了工作机制和流程，保证了运行的可持续性。"活动之家"制定了工作、会议、教师辅导、图书借阅、学生日常管理、青年志愿者行为规范等制度，明确了"活动之家"的工作任务，规范了"五老"、教师、志愿者的教学内容和教学行为，规范了少年儿童在"活动之家"的学习要求，保障了活动之家的长效正常运转。

（三）协作共赢，凝聚合力

"活动之家"的成功，并非一家之力，而是东吾吉村及上级各部门共同发力、协作共进的结果。首先，区党工委、区团委、区老干局高度重视、大力支持。区关工委顶层设计、耐心指导，东吾吉村两委主动作为、亲力亲为，开展村关爱教育平台的建设；其次，村"五老"开拓创新、有效合作，积极开展关爱教育活动；最后，区级各机关部门积极提供社区教育经费和人力支持，各学校积极动员党员教师、爱心志愿者等进社区开展活动，从而使"东吾吉活动之家"得以长期、稳定、有序地开展工作。

案例17 "五老"建功新时代，助力青少年成长

——"夕阳红五老"志愿服务队工作经验

湖南省湘潭市雨湖区广场街道和平社区

张利辉

一　案例概况

湖南省湘潭市雨湖区和平社区"夕阳红五老"志愿服务队于2015年1月组建，由老年协会会长莫奶奶牵头，22名"五老"人员组成。"夕阳红五老"志愿服务队通过抓德育教育，促爱国守法、明礼诚信；抓法制宣传，促进遵纪守法，预防犯罪；抓文化活动，丰富青少年业余生活等方式助力青少年健康成长。

二　案例背景

和平社区总面积1.5平方公里，现有居民5080人，未成年人1060人。社区内市委党校大院、民政局大院、三工地小区等三个小区的离退休人员自身文化素质高、有一技之长，大部分老人的子女都定居外地，因此离退休人员发挥余热的需求很强烈。和平社区是一点（教育部首批社区教育联系点）、一中心（省级家庭教育指导中心）、一支部（全国五四红旗团支部）所在地。虽然社区已经在关心下一代工作中积累了一些经验，但是由于社区本身事务繁杂，缺乏创新的精力，尤其工作人员大多是年轻人，在未成年人教育方面经验略显不足，因此迫切需要"五老"人员加入社区的关心下一代工作中来。

三 实施过程

（一）组建队伍

和平社区"夕阳红五老"志愿服务队由社区退休老干部、老党员、老教师、老劳模、老工人等组成，平均年龄在 65 岁左右，现有队员 22 名，大都身体健康、具有一定文化水平、热心社会公益事业、有一定的专长、热衷关心下一代工作。"夕阳红五老"志愿服务队队员们发挥他们的政治优势、经验优势、威望优势、时空优势和亲情优势，发挥好示范引领、释疑解惑、排忧解难、凝心聚力作用，以实实在在的行动，影响和带动社会各界参与关心下一代工作。

（二）建立制度

"夕阳红五老"志愿服务队以关心下一代为出发点，探索形成了会议、巡逻、图书借阅等制度。同时，形成了较为规范和完善的工作流程：每年年初拟订年度计划、明确工作任务，年中阶段性总结和计划，年终召开总结会。此外，还确立了一活动一签到、一活动一套图片、一活动一小结的机制，形成了动静结合的管理制度。

（三）开展活动

"五老"人员开展志愿服务活动遵循自愿就近、发挥所长、量力而行、配合协作的原则，提倡不计报酬、无私奉献的精神。

1. 当好党史"宣讲员"

"夕阳红五老"志愿服务队里的郭爷爷是一位抗战老兵，他主动深入社区为小朋友们讲抗战老兵事迹和革命故事。郭爷爷为大家讲述为国家尊严、民族独立和世界和平而战斗的故事，老人讲得动人，孩子们听得认真，帮助青少年了解历史、牢记历史、不忘国耻，珍惜当今来之不易的和平生活，发扬抗战精神，化爱国之情为报国之志，用实际行动爱祖国、振兴祖国，担负起历史的责任和使命。

2. 当好爱心"帮扶员"

长期以来，社区的"五老"人员特别重视和关心特扶家庭、单亲家庭、困难家庭和流动人口家庭未成年子女的健康成长，长期积极动员、组织社会各界对学习和生活上有困难的未成年人献爱心、送温暖，积极开展对失学、失足未成年人的帮扶。家住马坡里12号的一个女孩，患有智力残疾，父亲一人独自抚养她，家庭生活困难。"夕阳红五老"服务队联合社区，组织辖区内未成年人举办"跳蚤市场"活动，将爱心义卖的钱全部捐赠给该女孩，尽力改善其家庭情况。

3. 当好"义务巡逻员"

和平社区是个老社区，尤其马坡里10号小区又是通道式小区，不安全的因素多，"夕阳红五老"人员积极参与义务巡逻，向辖区群众宣传防火灾、防盗窃、防电信诈骗等防范措施，讲解防范重点和策略，向沿街店面发放治安防范宣传资料，大大强化了社区里安全防范的氛围。夏季是青少年溺水高发季节，"夕阳红五老"服务队队员们自己排表，分早、中、晚三轮对广云路602号小区的池塘进行义务巡逻，确保无青少年溺水现象发生。

4. 当好"义务保洁员"

2017年是湘潭创建全国文明城市的关键年，"夕阳红五老"志愿服务队的队员们带领辖区青少年开展"大手牵小手　共创文明城"活动，党员们带着团员们、少先队员们上街捡白色垃圾、烟头、槟榔渣，到绿化带里清除塑料垃圾，到小区楼道铲除"牛皮癣"，为创文的成功默默贡献自己的力量。为了保持创文成果，"五老"志愿服务队又组织青少年不定期开展"共护文明城"活动，将文明建设持续深入。

5. 当好网吧"监督员"

"五老"人员不定期地逐个巡查辖区内的网吧。如果发现有未成年人在网吧内上网，将与其家长一起对其进行思想行为教育。同时，加强对网吧的法律知识宣传，尤其是《未成年人保护法》，杜绝未成年人上网现象，杜绝黄色网站，呼吁绿色上网。加强网吧的卫生环境监督，消除安全隐患。

6. 当好"校外辅导员"

和平社区教育的特色品牌"暑假二课堂"已连续举办六届，每届五期，累计5000人次参加。每年活动前"五老"队员们积极宣传，协助青少年报名，营造良好的暑假学习氛围；活动过程中积极参与现场布置；活动结束后，及时总结活动开展情况，计划下一期活动主题，为青少年丰富多彩的课外活动贡献了力量。

7. 当好"社会宣传员"

"五老"人员采取多种形式对青少年和居民群众进行党的历史、形势政策、思想道德、公民意识、先进文化等方面的宣传教育，增强思想政治工作的针对性和时代感，积极改善社会风气和人际关系，为经济社会发展营造良好的环境。

四 案例效果

（一）实现了学校、家庭、社区教育"三位一体"

2015 年至今，"夕阳红五老"志愿服务开展的各类活动累计服务 5000余人次。"五老"配合学校、家庭在社区对青少年进行素质教育，引导青少年树立正确的世界观、人生观、价值观，为推动社区青少年教育做出了积极的贡献。

（二）关怀关爱，扶贫扶志，促进青少年健康成长

做好关怀关爱，以"扶贫"和"扶志"为抓手从物质和精神两个层面进行针对性帮扶。通过社区网格员的走访，摸清区域内重残、重病儿童的情况之后，社区关工委联合爱心企业定期对他们进行帮扶。物质帮扶和精神激励相结合的工作方式为处于困境中的青少年带去希望和温暖，促进了他们的健康成长，维护了社区的稳定和谐。

（三）全员参与，营造了浓厚氛围

"夕阳红五老"志愿服务队，有效整合了市委党校、小学等各方的资源和优势，合力推动社区关爱教育工作。在"五老"人员的激励和带动下，辖区 40 余名在职干部、大学生等志愿者也积极参与到社区关爱留守儿童、特殊儿童行动中来，加入了"社区雷锋志愿者"团队。

五 经验借鉴

（一）活动树品牌

"暑假二课堂"已举办六届，主题活动涉及党史教育、红色教育、亲

子融洽、文体锻炼、手工制作等多个方面，已成为社区关心下一代工作的特色品牌，社区青少年对这一活动充满期待、饱含热情。

（二）宣讲化通途

邀请老红军、老革命、老党员等老一辈把一生的感悟讲给青少年一代，一是增强了青少年爱党爱国的朴素情感，二是发挥了"五老"人员的优势作用，满足了他们的心愿。以重要纪念日和重大事件为契机，采取讲故事的形式，对青少年开展理想信念教育、价值观教育，是对青少年进行社会主义核心价值观教育的长效机制。

（三）红色资源成合力

湘潭红色资源丰富。位于和平社区广云路 602 号小区的市委大院，是胡耀邦、华国锋曾经工作和生活过的地方。和平社区充分利用本地红色资源，发挥特色优势作用，通过开展青少年红色教育系列活动，推广红色传统文化、湖湘文明，青少年对革命历史等内容有了更多了解。开发本土资源协同育人是做好社区教育工作的重要手段，和平社区力争成为湖南省未成年人思想道德教育的一张名片。

案例18 搭建"五老"平台，助力社区教育

——新田社区"傅婆婆暖心室"介绍

重庆市万盛经开区关工委

曾 莉[*]

一 案例概况

"傅婆婆暖心室"是万盛经开区万盛街道新田社区组建于2013年1月的"老党员工作室"，以暖心室核心成员、退休干部傅之英命名，汇集了辖区20名"五老"。自2013年10月开始，暖心室被正式定位为新田社区开展关工委工作的社区关爱教育平台。暖心室成员坚持党的教育方针，坚持立德树人，常年坚持为辖区少年儿童提供学业辅导、主题教育、心理疏导、科普知识、艺术特长、研学旅行等方面的志愿服务。多年来，暖心室累计服务4000余人次，为辖区青少年综合素质提升和全面健康成长发挥了积极作用。

二 案例背景

"傅婆婆暖心室"所在的新田社区辖区面积约0.3平方公里，常住人口4926人，人员结构"两头大中间小"。辖区居民构成呈现"三多"特点，即中老年人多、农转城人员多、留守儿童和空巢老人多，带来的后果就是辖区社会关爱帮扶的面很广、邻里矛盾也比较突出。社区干部的年轻

---

* 本案例由万盛经开区关工委办公室主任曾莉主笔撰写，万盛街道新田社区关工委专干王露提供部分材料。

化，虽然在一定程度上提升了工作效率、为社区注入了新的活力，但在与群众沟通交流、解决群众实际问题、开展有效的群众工作等方面，却显得力不从心。另一方面，由于新田社区地处万盛经开区政治中心，社区的老干部、老党员等人数众多（超过 120 名），老同志们发挥余热的积极性很高，志愿服务的资源非常丰富，但长期以来，社区缺乏一个让老同志们发挥作用的平台。为了解决这对矛盾，2013 年 1 月，在经开区组织部的指导下，新田社区依托老干部、老党员组建了"老党员工作室"，命名为"傅婆婆暖心室"。10 月，万盛经开区关工委要求各镇街创建社区（村）关爱教育平台，"傅婆婆暖心室"主要功能从"社区调解"转为"关爱教育青少年健康成长"，正式成为新田社区的关爱教育平台。

三　实施过程

（一）工作启动阶段（2013 年 7 月 ~2014 年 12 月）

1. 组建队伍

通过"五老"感染引领、社区关工委按需聘请、街道关工委关心支持、"五老"志愿报名等方式，"傅婆婆暖心室"凝聚了 20 名"五老"志愿者，由傅之英担任负责人。暖心室以"街道党工委保障、社区党委领导、暖心室独立运行"的模式，结合社区特点和居民需求开展工作。暖心室成员秉承团结友爱、无私奉献的理念，根据自身资源和特长开展工作：有的负责定期组织"五老"思想、业务培训；有的负责各类专业知识的教学，如科技环保、优秀传统文化、法制安全、歌唱书法、摄影手工等；有爱心无特长的成员就为大家做好后勤保障等服务。2013 年 7 月，新田社区关工委成立，由社区党委书记担任关工委主任，傅之英担任常务副主任。社区还指派了一名年轻工作人员担任专干，负责关心下一代的具体工作。专干与暖心室的"五老"密切配合，共同推动新田社区的关爱教育工作。

2. 活动开展

这一阶段，社区关爱教育还处于摸索阶段，尚未形成体系。2014 年 1 月，区关工委、区教育局下发了《关于做好 2014 年寒假期间青少年关爱教育活动的通知》，6 月下发了《关于扎实做好全区青少年暑期关爱教育活动的通知》，并于 7 月 10 日在新田社区举行了全区范围的"2014 年'快乐夏日'假日学校"开学典礼。暖心室依托这些文件和指示，利用寒暑假、重大节假日等重要时间节点，开展法制安全教育、读书活动、参观访问、文明礼仪、趣味文体、志愿服务、感恩社会（父母）等多种形式的社会实践活动和公益劳动；在新春佳节期间，"五老"开展走访慰问留守儿童、困难儿童、残疾儿童、孤儿等关爱青少年活动。

（二）规范完善阶段（2015 年 1 月~2016 年 12 月）

1. 建设制度

制度建设是关爱教育活动规范化、持续性、长效化开展的有效保障。从这一阶段开始，"傅婆婆暖心室"探索形成了会议制度、值班制度、图书借阅制度等工作制度。同时，形成了较为规范和完善的工作流程：每年年初拟订暖心室年度计划、明确工作任务，年终召开总结会。此外，还确立了签到、反馈、报道的机制，每次活动都会准备三个签到表（一个"五老"签到表、一个学生签到表、一个志愿者签到表）；每位参加社区关爱教育的学生在年初都会领到一本读书笔记本，让他们在每次活动之后记录下自己的感想；每次活动之后，社区关工委通讯员都会整理相关信息登载于相关的新媒体宣传报道平台，如"万盛关工委"微信公众号、《万盛报》、《万盛手机报》、"万盛新闻网"、"重庆市关工委网站"、"中国火炬"等，形成了常态化的报道宣传制度。

2. 规范课程

这一阶段，"傅婆婆暖心室"开设了"周末课堂"和"假日课堂"，在每周六上午、每年寒暑假及节假日等重要时间节点定期为社区青少年学生开展各项教育活动，并根据时间节点规范全年的课程。社区结合重大节日、寒暑假和纪念日确定每一季度的主题与活动，逐步形成并完善了"每季度一主题、每月一小结、周周有活动"的工作方式。如第一季度（1~3月）以元旦、春节、植树节等为重要节点，第二季度（4~6月）以劳动节、"五四"青年节、国际禁毒日等为契机，第三季度（7~9月）结合中秋节、教师节等，第四季度（10~12月）以国庆节等为主题，同时注重结合地方特色来开展社区教育活动。

3. 精准帮扶

在社区专干的帮助下，"傅婆婆暖心室"对新田社区的留守、贫困、

残疾等"五失"青少年进行了动态的登记造册，并开展常态化的"一对
一"结对帮扶活动，采取节假日集中性物质慰问和常态化精神关怀相结合
的方式，帮助他们解决生活和学习方面的难题，疏通心理郁结、树立远大
志向。针对留守儿童存在的自卑、孤僻等共性问题，"五老"们开展"代
理家长"帮教活动，突出"扶智"和"扶志"，使之开阔眼界，增强自
信；对特困儿童则采取特殊帮扶办法，解决好生活学习保障问题。

（三）品牌提升阶段（2017 年 1 月至今）

1. 方法、内容拓展

在前一阶段的基础上，暖心室进一步拓展了社区关爱教育的方法和内
容。第一，坚持利用黑板报、小喇叭、微信、QQ 等多种媒介对辖区青少
年进行思想道德和行为规范教育；第二，对新来课堂的青少年开展"一对
一"了解，了解他们的性格特点、兴趣特长，然后有针对性地进行关爱教
育；第三，开设了"每周一歌"和"每周一讲"两个"五老"课堂，于
每周六开课，由"五老"人员教孩子们唱红色歌曲、给孩子们讲红色故
事；第四，充分发挥青年志愿者、联系社区单位等社会组织作用，依托
"社区家长学校"，坚持每月开展家庭教育、亲子活动；第五，邀请来自消
防队、科协、司法局等部门和单位的专业人士，配合相关"五老"人员开
设各种教育课堂，激发孩子们的兴趣，全方位提升他们的素养。

2. 强化实践教育

除了开展室内教育活动外，"傅婆婆暖心室"还积极组织青少年开展
三大社会实践活动。一是开展"中华魂"主题读书活动。进一步建好社区
青少年书屋、微型影院，坚持通过室内与户外，讲、读、唱、演结合的方
式助推青少年读好书。二是开展"小手牵大手"文明共创活动。暖心室与
49 中学校团委联合开展家庭文明、交通文明、日常行为文明院坝、广场宣
传示范活动，社区少年儿童和 49 中团员志愿者在这些活动中表现活跃、共
同成长。三是在社区成立"宝贝志愿者"团队，开展"护绿净城"环保志
愿活动。暖心室"五老"带领"宝贝志愿者"们定期巡察河道、公园、公
路的树木花草保护情况，劝阻不文明行为、清除垃圾，宝贝志愿者的"卫
生小队"到家中帮助行动不便的残疾人打扫卫生。

四 案例效果

(一) 衔接家、校教育，解决现实问题

2013 年至今，"傅婆婆暖心室"开展的各类活动累计服务 4000 余人次。这些丰富多彩的活动既加强了青少年的思想道德教育、拓展了他们的兴趣特长、提升了他们的素质素养，又切实地解决了学生在放学、放假期间无人看管、无人教育的问题，很大程度上减轻了家长们尤其是爷爷奶奶等隔代家长的负担。社区关工委老同志主动担任起 17 名留守儿童的"代理家长"，不仅从生活上照顾他们，而且从心灵上关爱他们。每年春节前夕，社区都联合爱心公益单位一起为社区困难儿童送冬衣、送关怀，让他们感受到社会大家庭的温暖。

(二) 帮扶弱势群体，促进社区和谐

暖心室成员参与开展的精准帮扶工作，突出"扶智"和"扶志"，从物质和精神两个层面进行针对性帮扶。通过社区网格员的走访摸清区域内重残、重病儿童的情况之后，社区关工委联合爱心企业定期对他们进行帮扶。物质帮扶和精神激励相结合的工作方式为处于困境中的青少年带去希望和温暖，促进了他们的健康成长，有利于维护社区的稳定和谐。

(三) 激发"五老"热情，丰富老年生活

"傅婆婆暖心室"凝聚了社区当中一批愿奉献、有能力的"五老"人员，为他们提供了发挥余热的平台。同时，丰富多彩的长效活动也为这些老年人的生活增添了趣味，使他们拥有精神层面的获得感、幸福感。虽然迄今为止都没有任何物质激励，这些"五老"依旧热情不减。而且，他们的奉献精神和工作能力也得到了各级领导和社区居民的高度认同。从 2013 年开始，"傅婆婆暖心室"的工作多次受到中国关工委、市关工委及区党工委各级领导的肯定与表彰；2018 年，暖心室被党工委、管委会评为"万盛经开区关心下一代先进集体"，多名成员被评为"万盛经开区关心下一代先进个人"。

（四）带动区域协力，营造关爱氛围

通过"傅婆婆暖心室"，有效整合了区级各机关、街道、学校、社区、消防支队等各方的资源和优势，合力推动社区关爱教育工作。而且，在暖心室"五老"的激励和带动下，辖区 50 余名党员教师、在职机关干部、大学生等志愿者也积极参与到新田社区的关爱留守儿童、特殊儿童行动中来，加入了"社区关爱志愿者"团队。

五　经验借鉴

（一）平台建设，实践落地

"傅婆婆暖心室"在新田社区发挥了不可或缺的作用，使得社区关爱教育能够转化成各项落地的实践活动。第一，暖心室的设立保障了社区"五老"人员拥有稳定的工作阵地，使他们能在其中各展所能、持续合作。第二，正式设立的暖心室得到了社区在场地、人员等方面的保障，得到了街道在经费、资源等方面的支持，也更容易寻求其他单位（如科协、学校等）的对口支援。第三，社区专干与暖心室"五老"成员密切配合，通过暖心室开展的活动将社区关工委的各项工作统筹起来。

（二）规范制度，行之有矩

"傅婆婆暖心室"在启动后不久就着手进行制度建设，规范了工作机制和流程，保证了运行的可持续性。暖心室制定了工作、会议、教师辅导、图书借阅、学生日常管理、青年志愿者行为规范等制度，明确了暖心室的工作任务，规范了"五老"、教师、志愿者的教学内容和教学行为，规范了少年儿童在暖心室的学习要求，保障了暖心室的长效正常运转。

（三）摸清底数，量力而为

在工作中，社区关工委一方面明晰辖区群众的真实需求和急需解决的主要问题，摸清青少年学生的家庭情况和他们的兴趣特长，另一方面了解区域内"五老"的数量、特长、能力等情况，两相结合、对症下药。同时，结合新形势、新常态，力所能及地创新探索、循序渐进地开展工作。

（四）多方协作，凝聚合力

"傅婆婆暖心室"的成功，并非一家之力，而是区内外各部门各方共同发力、协作共进的结果。首先，区党工委、管委会高度重视、大力支持，区关工委顶层设计、耐心指导，镇街党委政府主动作为、亲力亲为，开展社区关爱教育平台的建设；其次，社区"五老"与专干密切配合、开拓创新、有效合作，积极开展关爱教育活动；最后，区级各机关部门积极提供社区教育经费和人力支持，各学校积极动员党员教师、文体专职教师等志愿者进社区开展活动，区关工委7个组队定向对接14个社区定期开展活动，镇街、社区积极对接市内各高校，创建大学生实践基地，积极开展活动。

案例 19 挖掘邕宁文化特色，打造"桂风壮韵"品牌

广西壮族自治区南宁市邕宁区
社区教育指导委员会
彭华婷 谭翠莲

一 案例概况

邕宁区蒲庙镇红星社区"桂风壮韵"是一个以传承传统民族文化为主，重点突出壮族民风民俗，并与高雅文化完美结合的综合性教育文化品牌。它依托优秀民族传统文化，深挖广西壮族自治区民风民俗以及邕宁区传统文化，面向社区青少年、中老年人开展民族特色文化培训、民族主题培训及传承优秀民族文化培训活动，让广大社区居民在感受传统民族文化的精髓和魅力时，将传统民族文化发扬光大。"桂风壮韵"教育品牌从 2013 年 1 月开始创建，至今开展培训活动 72 项，开课 286 期、572 课时，培训人员约 7560 人次。

二 案例背景

红星社区位于广西壮族自治区南宁市邕宁区的政治、经济、文化中心——蒲庙镇，是一个混合型社区，硬件和软件设施等综合方面较为完备。社区面积约 1.5 平方公里，常住人口 50600 人，流动人口 8130 人。辖区内有城区党政机关、企事业单位和居民点共 155 个，居民小组 78 个，大中小学 6 所，幼儿园 9 所，金融机构 4 家。邕宁区历史悠久，文化资源丰富，民族风情多姿多彩，目前仍保留其独特的地域文化，如顶狮山贝丘遗

址、蒲庙五圣宫、壮族八音、壮族抢花炮、壮族嘹啰山歌、壮族采茶戏、含火铁犁头等，以及特色的美食小吃，如榨粉、凉粽、艾糍等。不过，邕宁区这些特有的民间传统工艺、手工美食以及歌舞庙会等民俗风情正在日益淡化，一些传统工艺品和技艺正面临着失传。比如，参加一年一度的花婆节的老年人居多，鲜少看见年轻面孔。自 2013 年起，为了创建社区教育示范社区，营造治安稳定、生活便利、人际关系和谐的良好氛围，红星社区紧紧围绕"左邻右里，互爱互助"的建设理念，以打造"桂风壮韵"教育品牌为抓手，以实施"服务 1 + 5，幸福在红星"工程为载体，构筑起"社区教育服务站"。"桂风壮韵"成为辖区居民传承民俗文化、促进民族团结的教育平台。

三　实施过程

（一）工作启动阶段（2013 年 1 月 ~ 2014 年 12 月）

1. 组建教师及志愿者队伍

通过城区社区教育指导委员会、城区教育局及红星社区居委会从各中小学校、职业院校、社区中聘请有专长的在职或退休的教师、专业技术人员担任"桂风壮韵"品牌兼职教师，挑选乐于参与社会公益事业并能协助组织开展社区教育活动的社区工作者及各大中专院校学生担任"桂风壮韵"品牌志愿者，组建了一支由 280 人组成的社区教育兼职教师和志愿者队伍。

2. 活动开展

这一阶段，红星社区通过大力宣传、精心组织，满足社区不同层次的文化教育需求。社区利用黑板报、宣传栏长廊、文艺队、宣传资料对"桂风壮韵"品牌进行大力宣传，提高社区居民终身学习意识，营造浓厚的社区教育氛围。以"左邻右里，互爱互助"为主题，在社区广泛征集群众喜闻乐见的文艺节目。通过开展"红色远教行·廉政文化进社区""春满红星""跃马迎春·美丽红星""喜迎国庆·携手共建美丽邕宁""唱红歌迎新春"等活动，倡导团结奋进、奋发图强的邕宁精神，弘扬尊老爱幼、邻里互助的美德。

（二）规范阶段（2015 年 1 月～2016 年 12 月）

1. 健全制度

制度健全保障了"桂风壮韵"教育品牌的规范性、长效性。"桂风壮韵"教育品牌在探索中形成了比较规范的工作流程，如制订年初的活动计划、明确工作任务，年终进行总结。此外，工作机制不断完善，每次活动都要做到"四个一"，即一个方案、一张签到表、一份总结、一篇通讯。

2. 完善课程

通过挖掘民族传统节日文化内涵，开设了丰富多彩的传承民族文化的社区教育课程。

一是传统节日主题文化教育课程。通过开展传统节日的教育活动，引导居民群众尤其是青少年了解传统节日，弘扬民族文化，传承民族精神。如春节突出辞旧迎新、合家团圆、祝福平安的主题，举办迎新春大型文艺演出，有民族歌舞、舞狮、腰鼓等表演；壮族三月三突出壮族文化特色，开展壮族特色美食制作、壮族趣味运动会等活动；中秋节突出团结互助、喜庆丰收、和谐圆满的主题，开展游园会、"邻里和谐"气排球比赛等活动；国庆节突出爱国教育主题，开展"我与祖国同发展""向国旗敬礼"等活动。通过丰富多彩的节庆文化活动，为居民群众营造愉悦身心、陶冶情操、升华境界的文化氛围，弘扬中华民族优秀传统文化，不断提升全民思想文化道德素质。

二是"中国梦·壮乡情"优秀民族文化培训课程。如开设壮族八音、嘹啰山歌、壮歌、民族舞蹈、点米成画等培训班，将民族文化与高雅艺术相结合，让居民了解更多的壮族文化，并充分感受邕宁壮族传统文化的魅力，丰富了居民们的文化生活。

三是青少年传承民族传统文化课程。如开设青少年民族舞、"中国梦·民族魂"书法、"民族情·团结美"绘画等民族文化系列培训班及打陀螺、抛绣球、包粽子、剪纸等多项传统技艺培训班，培养青少年传承壮族优秀文化的精神。

（三）完善提升阶段（2017 年 1 月至今）

经过多年探索，逐渐明确了"桂风壮韵"教育品牌的三大内容。

一是依托传统节日开展民族文化知识培训。依托传统节日，如壮族三月三、花婆节、端午节、七巧节、八音文化旅游节、中秋节、春节、元宵节等，挖掘邕宁区地域民族文化，开展民族特色文化培训，形成教材，做到人人皆知。以节日的由来、壮族传统习俗（衣着、美食、庆祝活动等）为切入点，开展一系列的民族特色文化培训，大力宣扬民族文化，让独具特色的民族文化得以传承和发扬。

二是进行民族传统技能主题培训。面向全体民众，尤其是青少年开展形式多样的民族主题培训活动。举办青少年"传统文化"系列培训活动，注重"多样、民俗、固定"，初步构成了"寒假篇""暑期篇""金秋篇"三大板块的活动框架和"竞技、体验、培训"的活动形式，通过夏令营、冬令营和"四点半课堂"等载体，开展青少年民族舞、"中国梦·民族魂"书法、"民族情·团结美"绘画、绘糖画、剪纸、制灯笼、刺绣等培训，结合传统节日开展滚铁环、竹竿舞、三人六足、抛绣球、打陀螺、踢毽子等壮族传统体育项目活动，让青少年自小在多元的文化熏陶中，尽享民族文化的魅力，继而传承和弘扬民族文化精髓；开展壮族民俗文化培训项目，如点米成画、嘹啰山歌、民族舞蹈、传统美食、传统手工艺等培训班，不断传承壮族优秀文化。

三是举办活动传承优秀民族文化。第一是讲"邕宁故事"，培养故事小讲解员；第二是唱"邕宁文化"，将邕宁地域文化编制成朗朗上口的诗词，加以传唱，发展小传播员；第三是举办各种民族文化知识竞赛活动，将传统文化广泛宣传；第四是树立品牌，通过举办文艺汇演活动，将邕宁区本土文化通过艺术形式在舞台上闪亮展出，如重点打造具有邕宁特色的壮族三月三节日，每年确定不同的主题，开展三月三大型民俗活动。

四 案例效果

（一）家校社共育，培养青少年传统文化素养

2013 年至今，"桂风壮韵"教育品牌针对青少年开展的文化培训累计服务 5000 余人次。这些活动既培养了青少年对传统文化的兴趣爱好，增强了了解、学习传统文化的自信心，提高了他们的综合素质，又切实解决了学生在放学、放假期间无人看管的问题，在很大程度上减轻了家长们的

负担。

（二）提高社区居民生活技能，丰富文化娱乐生活

"桂风壮韵"教育品牌深挖壮族乡土民情、邕宁区区域特色优秀文化，开展丰富多样的民族文化培训活动和民族主题娱乐活动，不但提高了社区居民的生活技能，而且丰富了他们的文化娱乐生活。

（三）整合资源，营造氛围，传承文化

"桂风壮韵"教育品牌有效整合了民族传统文化，开展了老少皆宜的活动，营造了浓厚的文化氛围，弘扬与传承了优秀民族文化，不仅让辖区居民受益，而且辐射到邕宁区，甚至全广西。

五　经验借鉴

（一）平台建设，管理有序

红星社区"桂风壮韵"教育品牌汇集了辖区民间艺人、艺术社团等力量，为民族文化教育搭建了平台，得到城区教育局在经费、资源方面的支持，社区在场地、人员等方面提供保障，使之运作顺畅，管理有序。

（二）多方协作，凝聚合力

红星社区"桂风壮韵"教育品牌取得的成效，是辖区各部门、各单位协作共进的结果。在邕宁区委、区政府的正确领导及邕宁区社区教育指导委员会的耐心指导下，社区主动作为，社区教育兼职教师与志愿者密切配合、开拓创新，有效地开展传承民族文化活动。

案例 20　健全组织架构，完善工作机制

——金山街道社区教育联系点工作

江苏省镇江市教育局关工委

赵　平

一　案例概况

在新时代社区教育的发展诉求下，镇江市着力理顺教育关工委参与金山街道社区教育的关系。通过建立联系点领导小组、健全联席会议制度、完善社区教育工作机制、筹措资金奖补参与校外青少年教育的人员等措施，使金山街道联系点的社区教育迈上了新台阶。

二　案例背景

镇江市润州区金山街道地处老城区，是历史文化保护的核心城区。街道下辖 10 个社区，居民有 22000 多户，常住人口 5.2 万人；区域内有中小学 6 所，其中市教育局主管的完全中学、初级中学各 1 所，润州区教育局主管的小学共 4 所，中小学生近 4000 人，离退休教师达 400 多人。2017年 11 月，金山街道被教育部关工委确定为全国社区教育调研联系点。为充分调动"五老"参与社区教育，为街道辖区内的中小学生健康成长营造良好环境，镇江市会同润州区教育局关工委进行了相关调研。

在调研中我们了解到，金山街道及所辖 10 个社区关工委组织基本健全，一些学校与社区有着长期相互协作、良性互动的优良传统，但"五老"参与社区教育存在不少问题，主要表现为"五个不"，即组织机构不健全，离退休教师参与社区教育尚处于自发状态，缺少统筹协调机构；相

互沟通不畅通，学校、家庭、社区教育各自独立，各类教育资源未能有效整合；工作机制不顺畅，学校与社区配合互动不足，缺少常态化的协作机制；经费保障不到位，街道地处历史文化保护核心区，居民大量外迁，年龄普遍老化，社区财力困难，开展面向未成年人的教育活动资金短缺；"五老"工作不对接，退休教师的教育专长与社区教育的需求难以对接。为解决上述问题，近一年来教育部关工委金山街道社区教育联系点从调动社区干部与离退休教师积极性、匹配社区与学校各自教育需求入手，破除体制障碍、解决制约瓶颈。

三　实施过程

（一）建立教育局主导的领导小组

润州区教育局牵头成立了"教育部关工委社区教育金山街道联系点领导小组"，市教育局关工委、润州区教育关工委、金山街道关工委、区社区培训学院作为领导小组的成员单位。润州区教育局党委副书记、区政府教育督导室主任兼任领导小组组长，分管社区教育的副局长兼任办公室主任。区教育局直属社区培训学院负责办公室的日常运作，同时委派一名专职教师兼任金山街道社区教育联络员，加强学校与社区的联络，努力构建"区教育局党委领导、在职书记（局长）主导、市与区教育关工委实施，各成员单位助力"的领导格局。

（二）逐步健全办公室正常工作机制

为争取党委和在职领导的重视与支持，教育局关工委逐步健全办公室统筹协调社区教育的工作机制。办公室副主任、润州区教育局关工委常务副主任潘建元担任局党委与各成员单位、社区与学校联系的"联络官"。办公室重视联系点运行的顶层设计，一年来先后制定了学校与社区联席会议制度、关爱工作奖补经费筹措管理使用制度、学校与社区奖补经费申报制度等，使金山街道领导小组的运作有章可循，推进联系点关爱工作迈上制度化、规范化、常态化的运行轨道。

（三）定期召开学校与社区联席会议

架设学校和社区联系的桥梁，建构联席会议工作机制。联席会议每年分别于 3 月、9 月召开两次例会，参加会议的除领导小组成员单位负责人外，还有中小学与社区负责人、党组织负责人、关工委常务主任。会议的主要内容是学习上级关工委有关文件精神，分析街道未成年人德育工作需求，交流学校与社区共建情况，表彰先进共建集体和优秀"五老"典型等。

（四）推动学校与社区会商互动

教育局关工委借助联席会议搭建的平台，组织学校与社区关工委人员开展活动。围绕未成年人的健康成长，互通教育信息、交流做法和经验。2018 年 11 月，由教育关工委牵头，组织学校与社区共建体的分管领导、关工委负责人外出考察。在句容市茅山村，关工委想教育所想、急学校所急，充分利用新四军苏南抗战纪念馆资源等红色资源，开展未成年人社会主义核心价值观教育，这个做法让考察学习的关工委领导得到了启发。学校与社区各共建体的会商互动，加快了青少年学生社区教育项目的落实。

（五）建立共建体工作奖补基金

为了帮助社区解决未成年人教育经费短缺的困难，市、区教育局关工委会同区关工委筹措奖补资金 4 万元，联系点领导小组制订了《教育部关工委金山街道社区教育联系点 2018 年度奖补资金使用暂行规定》，学校与社区共建体可以根据活动的需要联合申报资助经费。7 个共建体还通过关爱工作的成果展示，向领导小组申报奖励资金。2019 年 3 月，领导小组办公室审核了 7 个共建体的申报资金，评议出一等奖 2 名、二等奖 3 名、三等奖 2 名，并在联席会议第一次年度例会上公布。

四　案例效果

一年来，7 个学校与社区共建体借助教育关工委搭建的平台，建立了工作良性互动、教育融合渗透的良好协作关系。

（一）学校与社区互动不断深化

借助教育关工委搭建的共建平台，杨家门社区与宝塔路小学通过微信和 QQ 群，分层建立了校长、校关工委常务副主任与社区书记的互动协作关系。社区与学校每月联合开展的教育活动，往往第一时间得到落实，确保社区与学校每月一次面向青少年学生开展的社会实践活动如期举行。

（二）教育资源得到充分利用

金山街道是镇江古城历史遗迹保留最多的地方，也是历史文化名城的精华所在。镇江崇实女中、镇江市穆源小学都是有着悠久历史的名校，学校的图书馆、体育场、微机房和金山街道的古渡、街巷、文物等，还有生活在社区的"五老"，都是青少年学生教育路上的宝贵资源。杨家门社区、银山门社区充分挖掘社区资源，开展诸如"走访老城的夏天""民乐走进老巷，共庆祖国生日""街巷运动会""庆腊八，传承传统文化""欢度端午节，慰问孤寡老人"等活动，历史遗迹、风土人情、传统节假日和"五老"人员、大学生志愿者都有机整合到了社区教育的大舞台。

（三）六类新的主题教育活动，丰富了社区教育内容

社区与学校在"五老"及志愿者的携手帮助下，新开辟了六类主题教育活动，极大地丰富了社区教育活动。歌颂党和新中国的"庆七一颂党恩"绘画活动、"民乐走进老巷，共庆祖国生日"民乐演奏活动，让那些具有艺术才能的小学生走进社区，通过艺术表现青少年学生对党、对祖国的热爱；杨家门社区开展的"交通安全在我们身边"绘画展，银山门社区开展的宣传禁放烟花爆竹知识等活动，为广大社区青少年普及了法律相关知识，一定程度上提升了综合素养；"宝小志愿者慰问环卫工人""走访老城的夏天"暑期学生街巷寻访活动，让青少年对劳动创造美好生活有了更多体验；银山门社区开展的"街巷运动会"有效地丰富了社区群众文体生活；银山门社区开展的"庆腊八，传承传统文化"、杨家门社区开展的"九九重阳节，浓浓敬老情"活动，促进了优秀传统文化的弘扬和传承；杨家门社区组织的"关爱空巢老人，老少共庆敬老节"活动，银山门社区组织的"欢度端午节，慰问孤寡老人"活动，重点弘扬了志愿者精神，加强了关爱教育。教育系统"五老"和中小学生参与社区教育，丰富了社区教育内涵，为社区居民营造了健康向上的文化环境。金山街道联系点建设也得到了市内外新闻媒体的青睐，各大报刊纷纷进行了社区教育工作经验的报道，关工委开展的关爱工作也得到了有效传播。

五　经验借鉴

（一）坚持教育局主导，协调三方面关系

在联系点建设过程中，市教育局关工委依靠教育主管部门，主动向润州区教育局党委汇报有关联系点工作的想法、建议。首先，处理好与润州区关工委、金山街道关工委的关系。向区关工委汇报教育部关工委的要求，会同街道关工委共同调研社区教育，共商教育"五老"参与社区教育的问题。其次，处理好与区教育局关工委的关系。按照领导小组的要求，主动分摊社区教育奖补资金，督促两所中学关工委参与社区教育，完成联席会议布置的工作，并发挥退休教师、共产党员关爱团队的示范引领作用。最后，处理好宏观指导与落地实施的关系。一方面履行好市教育局关工委职能，在联系点建设中发挥规划、指导、参谋作用，另一方面服从润州区教育局的统筹领导，摆正位置、准确定位、把握好度，把市属两所学校的关爱工作，纳入金山街道社区教育整体规划。市教育局关工委的正确定位，充分调动了润州区教育局、金山街道、社区培训学院、社区教育中心多方面的积极性，形成了社区教育工作的合力。

（二）搭建统筹平台，完善工作机制

中小学教育与社区教育分别属于国民学历教育和成人继续教育两个体系，在教育的对象、性质、任务等方面有着较大的区别。市教育局主办的两所中学，虽然地处金山街道，但是平日与街道社区的联系不甚紧密。教育关工委搭建联席会议平台，将事关未成年人教育的学校与社区纳入联席会议机制。每年定期召开两次例会，每次会议向在职领导与关工委主任传达最新工作要求，以及社区与学校学习、总结、交流未成年人教育工作信息，让6所学校、5个社区充分了解各自开展的教育工作。既起到了为社区教育举旗定向的作用，又让共建体之间学有榜样、干有动力、超有目标，学校与社区互相启发、互相促进、互相提高。联席会议运行的常态化、制度化，使得不同隶属关系的学校共同参与到社区教育中来。

（三）多方筹措资金，奖补激励先进

学校"五老"参与社区教育，教育局关工委宣传、动员、组织的同

时，积极主动地解决学校与社区遇到的问题。由于城市的建设开发，离退休教师纷纷前往新建小区买房定居，参与关工委组织的社区教育工作，面临着交通、午餐、劳务补贴等经费开支。同时社区干部配合学校关工委开展教育活动，也需要列支教育成本和获得劳务补偿。教育局关工委积极筹措资金，考核发放，为社区教育可持续开展提供了物质保障，让参与社区未成年人教育的社区干部与教育"五老"感受到志愿服务的背后有关工委在有力地给予支持，极大地激发了他们的参与热情和积极性。

案例21 立足家长学校，构建"1＋N" 家庭教育体系

——均安镇社区家长学校

广东省佛山市顺德区均安镇教育局

梁丽珊

一 案例概况

顺德区均安镇依托全镇中小学、幼儿园，通过规范化的家长学校教育网络，实现家庭教育纵向及横向深入发展，形成了机制完善、资源融合、立体多元的教育格局，建立起"1＋N"的家庭教育体系，"1"指立足社区（居委会、村委会）家长学校的规范化办学的基础，"N"指在家长学校课堂授课以外，整合优质教育资源，融合新一代信息技术，开展丰富多元的家庭教育服务。均安镇家校共育工作有力地推动了社区家庭教育的发展，转变了家长的教育观念，端正了家长的教养态度，进一步提高了家长的教育能力，改善了家长的教育行为，营造了家庭教育良好的生态环境，促进了少年儿童的健康成长。

二 案例背景

均安镇是一个具有深厚文化底蕴的历史名镇，在社会发展多元化和流动人口不断融入的风潮下，家庭教育问题尤为突出。通过调查统计，均安镇家庭教育呈现特殊家庭（单亲、隔代、外来务工）增多、家庭教育条件滞后、家长受教育层次偏低、家庭教育服务需求旺盛等特点，当前家庭教育还存在着原生家庭教育观念落后、育儿方法不够科学、家庭教育指导与

服务难以满足需求等问题。家庭教育问题重点表现在以下几方面：面对社会多元化意识形态的影响，家长的应对能力严重不足；亲子冲突加剧，过分隔膜的现象普遍存在；社区家庭教育网络系统极不完善，教育资源零碎；社区学校教育缺乏形成多方共育的意识，学生德智、心理、健康等综合素质教育效果不理想。社区就以上问题，以家长学校为平台，积极调动各方资源，落实好社区家庭教育的发展。

三 实施过程

均安镇在一系列家庭教育相关规划、纲要、指导大纲等宏观政策导向下，把家长学校的规范化建设放在提升学校教育教学质量、争创人民满意教育的战略高度，主动做好社区家庭教育的组织管理工作，督促各家长学校切实担负起指导和推进家庭教育的责任，加强对教学质量的监控，推动工作的规范化、科学化、常态化发展。

（一）立足家长学校，完善三大建设

1. 强化队伍建设，夯实家庭教育的根基

办好家长学校，关键是学校教员。家长学校建设以班主任为骨干的教师队伍，以热衷于家庭教育科研工作的优秀教师组建成各级家校教研组，定期聘请优秀家长、"五老"人员等为家长学校授课。为保证家长学校的培训水平、帮助家长学校教员顺利上岗，让家长学校教员认识家长培训的重要性和培训的主要内容、原则、方法等，均安镇每学期组织全体教员接受系统的家庭教育指导培训不少于6课时，并引入社会力量强化师资培养，打造一支水平较高的镇级家庭教育指导师队伍，不断加强教员的教研、讲授能力。根据授课计划，要求在每期授课前对全体教员开展专题教育研讨和集体备课活动。家长学校教研组组织全体班主任召开了"父母课堂"案例教学研讨会，详细讲解了案例教学的上课模式。通过观看教学视频、案例分析等，进一步学习了案例教学上课模式的实际操作，有效保证家长学校授课的质量。学校把教员培训记入继续教育课时，并纳入绩效评估，以激发教员队伍的学习积极性。

2. 构建课程体系，丰富家庭教育的内涵

课程作为家长学校实施家庭教育的有效载体，构建家庭教育的课程体

系便是必然之路。家长学校以《全国家庭教育指导大纲》为依据，以佛山市教育局关工委出版的《佛山市中小学（幼儿园）家长学校授课参考教案》为蓝本，编写了涵盖亲子关系构建、学习习惯培养、品行教育、生涯规划等序列化的《均安镇家长学校教案汇编》四册；制订了相应学段的授课规划，每学年每学段上4次家长培训课，家长学员系统全面地完成所有的教学内容。在教学形式上，按照授课规划，各班每个学期形成比较固定的不少于2次的集中授课，教员可以根据所定的授课专题进行学习、备课，课前引导家长学员自主学习，对每月教材进行导读导学。在授课时，结合"父母课堂"的部分案例，紧扣导语引入—案例展示—案例分析—组织反思—引导践行—课外拓展六个环节指引学员把科学的育儿方法运用于实践，以解决实际问题。通过集中教学、个别指导、互动交流等形式，开展丰富多彩、形式多样的教学活动，深化教学效果。

3. 落实评价跟踪，提升家庭教育的实效

对于课后的跟踪和评价，特别注重检查"三率"：家长受教育率、学习出勤率、教材订阅率。每一次家长培训活动结束后，都会向家长调查学习的情况，要求家长填写好每一次的学习反馈、撰写学习心得。根据制定的教员、学员评价机制，每学期评选出"优秀教员""优秀家长""优秀教案""优秀学习心得"，并给予表彰奖励，树立家教典范，营造一个良性的学习氛围，不断完善家长学校的评价机制。

（二）整合优质资源，提供立体多元的家庭教育服务

1. "亲子时光"工程拉近亲子关系

在发挥学校教育主阵地的基础上，通过推出"亲子时光"工程，充分利用镇内大型活动场所，发挥镇内家庭教育指导师的作用，对父母开展培训提升活动，从而达到对亲子关系的调适，使之更好地促进儿童身心健康和谐发展。以爱护孩子身心健康、潜能开发、性格培养、习惯养成为目标，在父母与孩子情感沟通的基础上实现双方互动，使父母和孩子能够更好地沟通交流，也使家长切身感受和理解亲子教育的特殊意义。"亲子时光"工程包括亲子心理团辅活动、亲子共读、亲子绘画、亲子手工、亲子户外拓展等活动。

2. 送教活动架起共育桥梁

为进一步满足家庭教育需求的多样性，均安镇家长学校推出送教系列活动。许多家长由于工作限制，不能参加学校的培训活动。因此，均安镇调动社区（居委会、村委会）、企业等有效资源，各学校组成"送教讲师团"，选取家长比较集中的企业、居委会、村委会开展送教活动，也针对个别学生家庭特殊问题，开展送教到家的服务。在开始送教活动前，首先深入了解学生的家庭情况，然后根据不同层面家长的特点，设计不同授课主题，以案例教学为主，加强与家长的沟通交流，不断提高送教实效。

3. "家教空中站"极大满足家长需求

均安镇家长学校整合优质的家教资源，盘活各类宣传阵地和资源平台，搭建起便捷、高效、丰富的学习资源平台，使忙于工作的家长不受时间、空间的限制。通过微信小程序、微信公众平台实现随时、随地、随身学习，这一学习平台逐渐成为家长学校现场教学的补充与拓展，进一步满足了家长的学习需求。"家长学校"小程序具有宣传家长学校规范化办学、推送家校活动简讯、共享家庭教育资源、家校双向互动学习等功能，以"凝聚智慧，让爱有方"为理念，满足家长对孩子教育个性化、层次化的学习需求，汇集了"父母课堂"导读、心理健康教育知识、养成教育知识、亲子密码、卫生与安全教育知识等学习资源，进一步传播家庭教育的知识与科学的育儿理念。

四 案例效果

均安镇家长学校通过扎实地开展社区家庭教育，建立起"1＋N"的家庭教育体系，搭建起了多方携手共育的桥梁，促进了家庭文明建设和青少年儿童的健康成长。家长学校在遵循家庭教育知识的普及整体性的原则上，使每个家长都对家庭教育知识有了系统而全面的了解，整体把握住了孩子从幼儿期到青春期每个阶段的基本身心特点及其教育需求，努力完善了课程体系的构建，极大地丰富了青少年课后教育内容，促进了家庭教育的有效发展，获得了社区居民和学校的一致认可。2014 年顺德区均安镇被确认为"全国优秀家长学校实验区"（后改为"全国规范化家长学校实验区"），2015 年广东省"全国规范化家长学校实验区"现场会在均安举行，

2017 年均安镇家长学校被评为区、市、省、国家四级"终身学习品牌项目"。

五　经验借鉴

（一）充分发挥家长学校课堂普及家庭教育知识的阵地作用

坚持把家长学校作为提高家长家教水平的主要阵地、创新家庭教育的重要场所、实施终身教育的重要渠道，把办好家长学校作为推进青少年道德建设的基础工作，加强组织领导，规范办学建设，拓宽家庭教育途径，推动家庭教育可持续、健康发展。

（二）依托移动互联网的强大功能，着眼满足不同层次家长的教育需求

移动互联网的兴起使人们能随时随地获取学习信息，极大满足了快节奏下人们的各类需求，并能增强学习的积极主动性和灵活性。充分利用移动互联网开展家庭教育知识的传播，一方面可以满足不同家长的学习需求，另一方面也能作为课堂学习的拓展与延伸。

（三）聚焦家庭教育突出问题，加强资源整合利用，形成多方联动、共建共育的工作格局

全社会对家庭教育的重视程度越来越高，在全国教育大会上，习近平总书记就指出，"办好教育事业，家庭、学校、政府、社会都有责任。家庭是人生的第一所学校，家长是孩子的第一任老师，要给孩子讲好'人生第一课'，帮助扣好人生第一粒扣子"。家庭教育需要整合多方资源，形成合力、同向同行，才能提升工作实效。

案例 22 共驻共建社区教育

——"孩子玩吧" 3.0 项目介绍

内蒙古自治区包头市青山区都兰社区

赵丽霞

内蒙古自治区包头市青山区教育局关工委

孔令梅

一 案例概况

都兰社区"孩子玩吧"项目由青山区教育局青少年发展中心、科技少年宫和包头市温馨家园社会工作服务中心等机构承接开展，利用专业机构、专业教学、专业教师的专业模式，设立标准化课程体系，将专业教育和社区教育有机结合，以都兰社区 0~6 岁幼儿为服务对象。"孩子玩吧"项目以蒙台梭利教具、绘画、奥尔夫音乐等室内课程为主，截至目前已累计开课 200 多节次，受益人数达 1800 人次。2019年，社区党委对项目进行提档升级，新增设乐高玩具课堂、公益玩具角，促使"孩子玩吧"进入 3.0 时代，给孩子们建立一个寓教于乐的学习场所。

二 案例背景

青山路街道都兰社区主要由老旧小区组成，与青山区教育局一机五小仅一墙之隔。社区总占地面积约 0.17 平方公里，总人数 7100 余人，其中 0~6 岁的孩子有 414 人，约占总人口的 6%。当地居民大部分是一机集团的职工家属，孩子的父母都需要工作，孩子主要由老人照看。老人照看的方式传统，无法与现代的育儿理念相结合，导致孩子在幼儿阶段的教育有所缺失。接受高质量的早教，对孩子的影响是长远的。但是目前社会上主流早教机构报价高昂，一般居民家庭难以承受。结合社区资源与需求的实际情况，社区党委开展了全方位关注孩子成长的项目，与青山区教育局积极对接，开设免费早教，创立了都兰社区的社区教育课堂——"孩子玩吧"。

三 实施过程

2016 年 6 月 23 日，"孩子玩吧"项目正式启动。通过近几年一系列的提档升级措施，"孩子玩吧"进入 3.0 时代。该项目主要依托青山区教育局青少年发展中心、科技少年宫、一机五小，他们主要负责绘本、奥尔夫音乐、英语、绘画教学，包头市温馨家园社会工作服务中心负责乐高教学。每周三、周五上午利用一个小时各开展一次标准化课程教学活动。

（一）重视硬件设施建设

"孩子玩吧"功能室设立于都兰社区党群服务中心二楼，面积为30 平方米。设立之初，功能室内部并未分区。在此基础上，2019 年社区新购置了桌椅、滑梯、乐高玩具等儿童教育、娱乐用具，将功能室内部划分出了教学区和娱乐区，进一步提高了功能室利用的合理性。功能室中建立了"乐高积木角"，进一步丰富"玩"的内容，提升"教"的内涵；仿效"党建·爱心公益汇"的做法，建立社区"爱心玩具角"，各类捐赠而来的玩具均由区工作人员消毒后集中摆放，供社区孩子们共享。

（二）优化课程建设

"孩子玩吧"在初期设立了蒙台梭利教具、绘画、奥尔夫音乐教学等课程，今年又新增绘本教学和幼儿英语教学。这些课程的老师均来自青山区教育局青少年发展中心和科技少年宫，还对接了相关机构开展乐高积木教学。根据社区 0~6 岁的孩子家长或隔代家长的需求，我们于 2017 年又将家长学校引进了社区教育的课堂。由青山区教育局推出家长学校课程

"菜单"并负责调派讲课老师，家长学员可以通过"点菜"的形式，确定自己感兴趣的授课内容。

（三）建立微信群

为进一步延伸教学影响，社区建立了"孩子玩吧幼儿教育"微信群，宣传社区"为小"服务，打造社区与家庭联系的第一服务平台。在微信群中，有专业的幼儿教师分享育儿经验，发布教学信息。目前，已有30位家长加入微信群，实现了线上辅助、线下教学的目标。

（四）服务模式转变

从单一的服务模式转变成多样的服务模式。由过去社区低偿聘请专业教师开展幼儿教育，升级为社区积极引进专业社会组织与"对接创投项目"两种方式并行，实现了多家机构、两种模式服务同一个项目的新创举。

（五）强化总结评估

每年6月，由社区和教育局关工委组织对前来听课的儿童家长进行一次教学满意度问卷调查；每年9月，以座谈的形式，由社区组织0~6岁儿童的家长30名进行一次调研，并根据调研情况进行课程安排及针对性活动。根据调查结果进行项目整改，撰写项目总结并存档。

四　案例效果

设立两年多以来，"孩子玩吧"已累计开课200多节次，受益人数达1800余人次，真正为辖区内的孩子们谋福利。运行至今，该项目成为提高广大家长素质，普及正确、科学的家庭教育方法的教育平台。

（一）提升了孩子的能力

"孩子玩吧"是都兰社区党委携手专业机构多角度、全方位地为社区适龄儿童提供的精品早教项目，使辖区幼儿不出社区就能享受到科学、专业、现代化的早教服务。不断优化的硬件环境和课程设置，从德智体美劳等多方面开发了孩子的智力，提升了社区孩子的能力。

（二）提升了工作人员的能力

通过这一项目，深化了社区与专业机构、共建单位、辖区单位的合作。社区工作人员不仅从中学习到与孩子沟通与交流的方法，而且与社区居民、共建单位和辖区单位工作人员建立了良好关系，提升了他们今后开展工作的能力。

（三）提升了居民素质

通过将家长学校引入"孩子玩吧"，社区加强了对家长和隔代家长等社区居民的联系与教育，以科学的育儿理念和方法影响了他们。在强化"为小"服务的过程中，也提升了社区居民的整体素质。

（四）构建了新型服务模式

在"孩子玩吧"项目中，社区充分发挥了社会组织、共建单位、辖区单位的作用，利用它们的资源为儿童及其家庭提供游戏、娱乐、教育等服务。通过这种方式，有效构建了共建、共治、共享的社会治理格局，加强了社会治理体系的建设。

五　经验借鉴

"孩子玩吧"项目是深入贯彻中共青山区第十届代表大会第二次会议报告精神的产物。街道社区党委积极作为，发挥示范引领作用，加强城市基层党建，提升社区党委服务居民的能力和范围，增强居民的凝聚力和归属感。经过长期探索，都兰社区形成了"企业、社区、学校、家庭"四位一体的共建格局。

（一）资源共享

社区党委携手青山区教育局青少年发展中心、科技少年宫开办项目，实现了教师、场地及教具资源共享。青山区教育局青少年发展中心、科技少年宫教师走进社区为儿童授课。社区带领孩子走进青山区教育局青少年发展中心、科技少年宫利用场地和教具为孩子授课。多角度、全方位地为社区适龄儿童提供精品早教，得到了广大居民的欢迎和拥戴。

（二）构筑"四位一体"工作新模式

"孩子玩吧"一开始就是专业机构与社区组织共同参与开展的项目，而今年又新增加了共建单位、辖区单位的参与，进一步深化了"党群干部＋社会组织＋专业机构＋社区志愿者"的新模式，拓展了资源面和优势互补作用，更好地服务了社区的幼儿及家长。通过社会组织、专业机构、社区志愿者的联系、服务、引导，社区教育工作更具成效。

案例 23　一点学堂，一点都不简单

上海市杨浦区学习型社会建设与
终身教育促进委员会办公室
桂寅乐

一　案例概况

"一点学堂"是上海市杨浦区于 2016 年 7 月在全区 12 个街道（镇）
社区学校挂牌成立的家庭亲子教育服务平台。它以"建三五聚点，挤星点
时光；学焦点之知，汇点睛之识；修点滴品行，入一点学堂"为教育目
标，面向全区未成年人及其家庭开展教育讲座、拓展训练、动手体验、场
馆探究等教育活动。"一点学堂"成立至今，已组织开展活动 900 余次，
惠及 65350 多人，近 25000 个家庭，对全区的未成年人在传统文化、人格
情商、规则意识、创新能力等方面的培养给予了有力的支撑。

二　案例背景

未成年人思想道德教育是全人类共同关注的教育命题，事关国家与民
族的前途和命运。其中，家庭作为孩子的第一所学校，家长作为孩子的第
一任老师，家庭教育对于未成年人的健康成长至关重要。2016 年，国家九
部门联合发布了《关于指导推进家庭教育的五年规划（2016—2020）》，将
家庭教育纳入经济社会发展整体布局之中，明确提到：家庭教育连接学校
与社会，需要社会力量的参与支持，引入专业化的指导服务力量，搭建常
态化、规范化的服务平台，为家长提供多元化、针对性的指导服务，以促
进家庭教育有序发展。基于此，杨浦区依托本区完善的三级社区教育网

络，以全区 12 个街道（镇）社区学校为平台，成立"一点学堂"。以期通过整合社区各类资源，集中社会各方力量，积极探索社区（校外）开展未成年人思想道德建设工作的新途径，努力形成我区学校、家庭、社会三位一体的未成年人思想道德教育新格局。

三 实施过程

（一）工作启动阶段

1. 引智聚力建平台

基于努力搭建社区未成年人思想道德建设服务平台、助力未成年人健康成长的工作初心，杨浦区学习办和杨浦区教育教工委于 2016 年 4 月 26 日邀请了上海市开放大学教授杨平、上海明德学习型组织研究所所长张声雄、上海市教科院职成教研究所研究员楼一峰、复旦大学心理学教授丁敬耘等知名专家召开研讨会，专门就如何借助杨浦"三区联动"优势进行了商讨。此次研讨会讨论了在社区开展未成年人思想道德建设工作的路径和方法，并初步形成了在社区成立"一点学堂"开展以家庭亲子为对象的社区教育服务平台这一工作设想。2016 年 6 月 28~29 日，杨浦区召开了以"当代未成年人思想道德建设的路径和方法"为主题的首届未成年人思想道德建设国际研讨会。在会议期间，关于杨浦区成立"一点学堂"的工作设想得到了众多专家的肯定和智力支持。2016 年 7 月，"一点学堂"在全区 12 个街道（镇）社区学校同时挂牌成立，开始了在社区开展未成年人思想道德建设工作的新探索。

2. 顶层设计优机制

为了保证各街镇"一点学堂"能够规范、有效地开展活动，杨浦区学习办对一点学堂的运作机制和制度进行了顶层设计。在机制建设方面，由区学习办负责统筹，区教育关工委负责业务支持和督导，各街镇常务副校长为各学堂责任人，负责组织开展具体的教育活动。各街道（镇）"一点学堂"的具体运作进行属地化管理，由各街道（镇）社区教育委员会负责。在制度建设方面，制定了《杨浦区各街道（镇）社区学校"一点学堂"运作规程》（以下简称《规程》），并以红头文件形式发至各街镇。《规程》分总则、组织机构、经费保障和附则等 4 部分 12 条，对"一点学堂"的指导思想、主要任务、功能定位、内容与形式、创新机制等进行了详细规定。

（二）规范完善阶段

1. 建章立制保运行

为使各街镇"一点学堂"的活动能够常态化、制度化，杨浦区教育关工委确立了"三定三有"的运行模式。"三定"即"定主题"，避免随意化，有的放矢；"定时间"，每季有计划，每月有活动，每周有推进；"定人员"，社区学校总负责，负责召集人员、安排任务、督促指导等工作。"三有"即"有阵地"，学堂有专用教室；"有载体"，充分运用小报、网站、微信公众号等及时发布活动信息；"有考核"，"一点学堂"活动情况与社区学校考核相结合，建立台账、记实管理，并作为评优评先的重要依据。

2. 制定标准重考核

为了让各街道（镇）重视"一点学堂"工作，杨浦区学习办将"一点学堂"工作纳入每年街道（镇）学习型社区建设工作考核体系。同时，为了使考核做到有据可依，杨浦区学习办制定了《各街镇"一点学堂"评估标准》，根据组织管理、办学条件、教学管理、活动效果、品牌特色等主要指标进行评价考核。

（三）品牌提升阶段

1. 亲子教育创特色

自"一点学堂"成立后，各街镇充分挖掘社区教育资源开展一系列家庭亲子教育活动，深受广大社区居民家庭的欢迎和喜爱。在此基础上，"一点学堂"注重特色打造，积极开展三大主题亲子教育活动。一是亲子共读活动，让孩子从小在父母的引领和陪伴下逐步养成阅读的习惯，体验阅读的快乐。二是非遗体验活动，邀请社区非遗传承人指导孩子和父母共同学习体验非遗项目制作，帮助孩子从小树立对中华民族优秀传统文化的认同和自信。三是人文行走活动，组织亲子家庭参加人文行走这一创新性终身学习活动，为孩子们走进社会，认识区情，增强热爱杨浦、建设杨浦的责任感和使命感提供实践路径。

2. 加强宣传扩影响

为推广"一点学堂"好的做法和特色案例，社区充分利用《杨浦社区教育》期刊、《学在杨浦》简报和"上海杨浦终身学习网"等媒介，大力宣传报道各街镇"一点学堂"的特色活动、经验做法及活动成效，积极营造全社会共同关注未成年人思想道德的社区教育环境。2017 年 7 月，在杨浦区召开的"第二届未成年人思想道德建设国际研讨会"上，区教育局党委书记顾登妹在主旨报告中，向中外嘉宾们介绍了"一点学堂"，并引起了《解放日报》《文汇报》等多家知名媒体的关注与报道，逐渐扩大了"一点学堂"的知名度与影响力。

四 案例效果

（一）关注孩子成长，凸显育人价值

目前，全区加快了"一点学堂"的建设，12 个街镇的"一点学堂"都在规范、有序、高效地运行。各街镇的"一点学堂"通过设计和策划适合各学龄段孩子及其家长们喜闻乐见的亲子教育互动活动，使我区青少年在传统文化、人格情商、规则意识、创新能力等方面都有所突破。

（二）立足社区教育，完善育人体系

现在，各街镇以"一点学堂"为载体，将社区开展未成年人思想道德教育工作落到实处，并且成为拓展学校教育、链接家庭教育的有效纽带，有力地推动了杨浦区构建"学校、家庭、社区"三位一体的大教育格局建设。

（三）对标各方需求，促进和谐稳定

各街镇"一点学堂"开展以亲子教育为主的活动，促使更多家长参与到孩子的教育中，增进了家庭成员之间的相互了解，促进了家庭关系和谐发展。另外，近几年来杨浦区积极投身全国文明城区创建工作，各街镇"一点学堂"在未成年人思想道德建设方面积极响应，增强对青少年的理想信念教育，提升了全区未成年人思想道德建设工作水平，以适应新时代的社会发展。

五 经验借鉴

(一) 建章立制，规范运作

自"一点学堂"开办以来，"一点学堂"就办学定位、管理机制、教学事务、考核评价等方面相继制定了一系列制度。通过建章立制保证了"一点学堂"的教育活动科学合理，规范有序，促进了"一点学堂"的健康可持续发展。

(二) 精准定位，开展活动

在活动内容方面，"一点学堂"始终聚焦未成年人思想道德建设中不断出现的新情况、新问题，并针对具体问题开展指导活动，突出时代性与实效性，使学校教育、家庭教育和社区教育三者之间实现良性互动。在活动要求方面，"一点学堂"聚焦"十个一点"：下一点决心，挤一点时间，学一点有用的知识，掌握一点自己喜爱的技艺，让自己生活多一点精彩，让自己的人生多一点素养，使家庭少一点矛盾、多一点乐趣，使自己生命少一点无聊、多一点意义。因为只要求"一点"，未成年人可与家长一起进步，学到更多知识。这样的家庭教育，极大地方便了组织管理与活动开展。

(三) 三区联动，整合资源

"一点学堂"在开办之初，曾面临着师资短缺、课程单一等方面的难题。经过反复思考和调研，"一点学堂"充分发挥杨浦区"三区联动"优势，与高校、园区展开密切联系与合作，将其资源纳入社区教育中。通过资源整合，一批高校、园区的"五老"被吸纳进来，壮大了"一点学堂"的师资队伍，丰富了"一点学堂"的课程内容。

案例 24　重视隔代家庭教育，提升
祖辈育幼素质

浙江省宁波市奉化区教育关工委
张奕光

一　案例概况

近年来，奉化区教育关工委讲师团致力于隔代家庭教育专题活动，高度重视隔代教育，把隔代教育选为家庭教育的研究课题，走进社区、小学和幼儿园，和祖辈家长零距离交流。秉承让更多的祖辈家长走进课堂了解现代家庭教育的理念，从 2014 年开始，讲师团进行了各项调研。讲师团中心组成员集体讨论组稿、分任务到各个教学点开展讲座等一系列活动。几年来，隔代家庭教育专题活动在小学、幼儿园、老年大学、社区等地受到祖辈家长的热烈欢迎，为提高祖辈家长育幼素质、配合学校共同教育好孩子发挥了积极作用。

二　案例背景

老人们教育观念落后、教育方法不科学，常常会陷入教育误区。我们通过问卷调查、开座谈会、个别交流等形式，调研了我区隔代教育的现状，了解到：近年来家长素质普遍较高，信息资源、法制观念、民主意识、主体意识增强，对教育的需求和期望也越来越高，儿童素质的全面发展普遍受到重视，两代人共同成长和学习型家庭建设逐渐成为趋势；同时，家长的家庭教育指导工作得到党和政府的高度重视，儿童成长的环境得到进一步优化。不过也存在许多值得担忧的问题，例如，祖辈家长不懂得尊重孩子和孩子的成长规律，重视智力培养而忽视对孩子的德育教育以及情感教育，过分娇宠、溺爱孩子和过度保护孩子，忽视对孩子自主、自强、自立、自信的培养，教育的目标和期望值过高等。

三　实施过程

为了让更多的祖辈家长了解我国隔代家庭教育的现状、认清隔代教育的利弊、学习家庭教育的相关理论知识、更新教育理念、探索科学的隔代家庭教育模式，奉化教育关工委讲师团选择了隔代教育这一中心议题，采取了调研、备课、制作 PPT、开设祖辈家长课堂讲座等一系列举措。

（一）细心做好调研工作

2014 年，教育局关工委讲师团组建了专题调研小组，分别到妇联、教育局普教科、有关社区以及部分学校和幼儿园，采用翻阅有关档案资料、走访有关领导、老师和学生家长，结合问卷调查等方式进行了专项调研活动，进而对调研材料进行系统梳理、综合分析，形成了一份比较详尽的调研报告。

通过调查研究，我们深切地感受到，作为一种客观存在的家庭教育方式，隔代教育对孩子的个性发展有着极大的影响，孩子的学习态度、生活习惯、处事经验、道德品质等很大程度上都受到祖辈家长的影响。但是祖辈家长的抚养又存在一些弊端，比如祖辈家长对孩子过分溺爱和迁就、过分保护，代劳本来孩子自己能做的事情；祖辈家长受传统思想的束缚，总用传统观点要求孩子，对新事物接受较慢。这些弊端都容易使孩子产生以自我为中心的意识，形成任性、娇气等不良品行，缺乏开创性精神和发散性思维。而且，祖辈家长对孙辈的溺爱和护短，使孩子很难接受其父母的严格要求和批评，造成孩子与其父母的感情隔阂，使正常和必要的教育难以进行。

（二）认真制订教学计划

为了让隔代家长能够理解、接受并支持学校和幼儿园的现代教育理念，加强父辈和祖辈之间的沟通，充分发挥隔代家长的积极因素，学校和幼儿园都会针对这些问题组织一些讲座和召开专题家长会，但是缺乏计划性和系统性。据此，教育局关工委讲师团中心组的老师们把"让祖辈家长走进课堂"作为专项选题进行了集体讨论，在领导的肯定和支持下，积极开展了这一活动。认真制订了开展隔代教育的工作计划，在确定教学目标、教学内容、教学方式的同时，确定了讲师人选，明确了讲课提纲，并由两名老师执笔撰写了关于隔代教育的主题讲课稿，分别是王秀娥老师的《孩子健康成长，我们幸福快乐》和张奕光老师的《做合格的隔代家长——和爷爷奶奶促膝谈心》。此外，还选择浙江省老年教育课堂里关于祖辈家庭教育的有关内容，如"如何营造良好的育人环境""如何培养孩子的同伴交往能力""如何进行有效的亲子沟通""给孩子一个健康的心理""让家庭拥有传统美德""如何在生活中培养孩子的能力""亲子教育的典型案例"等作为讲课主题。选定讲课主题之后，刊登在教育局的网站上，有需求的学校可以有针对性地选择老师举办讲座。

（三）开展主题讲座

讲师团中心组的两位老师以讲师团老师和祖辈家长的双重身份，结合自己的亲身经历，从理论到实践具体分析了隔代教育的利弊，用生动鲜明的事例讲述了祖辈提高自身素质的重要性，并运用现代化的多媒体展示了隔代家长教育孩子的成功案例，帮助祖辈家长走出教育的误区、理解现代教育的目标，加强父辈与祖辈之间的沟通，让祖辈家长受益匪浅。近年来，他们分别到社区、农村的小学和幼儿园做了近 50 场讲座，每次讲座内容都会根据学校实际情况进行修改和丰富。由于学校、幼儿园以及社区领导的重视，家长的到课率达 98% 以上。课上祖辈家长们认真听，有的还认真记，课后相互交流，主动提出一些具体问题进行讨论，遇到教育孩子的棘手问题时，及时请教、妥善解决。讲师团所到之处都得到了祖辈家长的欢迎和好评。从 2016 年开始，在老年大学的支持下，区教育局关工委讲师团开设了"孙辈教育"班，有近 80 名祖辈学员接受了系统的教育。授课模式也从简单的老师讲座扩展到讨论、参与、体验、沙龙、论坛、经验介绍、网络对话等多种模式。

四 案例效果

（一）丰富了社区课程体系，加强了学校和家长的联系

2014～2019 年，奉化区教育局关工委讲师团从未间断过"让祖辈家长走进课堂"这项工作，而且讲课的形式多样化、内容系统化、范围扩大化。这项活动得到了社区、学校、幼儿园领导的大力支持和重视，除了我们的讲座以外，学校和幼儿园都会针对这些问题组织一些讲座和召开专题家长会。这项工作加强了家长和学校的联系，丰富了社区教育的课程体系，拓展了社区教育的内涵。

（二）形成了家庭、学校、社区协同育人新局面

"让祖辈家长走进课堂"在提升隔代家长育幼素质方面成效明显，也引起了学校、社区对隔代家长育幼问题的重视，加强了学校和家长之间的沟通。每学年学校都会举行家长开放日，把祖辈和年轻家长请进课堂，还邀请专家举办相关讲座，形成了家庭、学校、社区协同育人新局面。

五 经验借鉴

（一）利用家长学校，增大教育力度

家长学校课程体系中要有专门针对隔代家长的课程，并保证其足够的教育时间。专门请祖辈家长定期进学校、深入课堂，了解孙辈们受教育的情况，了解学校对学生家庭特别是对祖辈家长的要求。在家长委员会成员中有一定比例是祖辈家长，要物色受教育程度高、比较懂教育的祖辈家长参加家长委员会，并发挥作用。

（二）系统化教育，提高教育水平

在社区成立的家长学校里可按孩子的年龄专门组织祖辈家长参加定期或不定期的活动，请医学专家、心理医生、营养学医师和幼儿园老师以及学校老师进行一些专题讲座，如科学育儿知识、孩子成长的关键期、学龄前儿童的心理和生理特征、怎样帮助孩子学习阅读等，让更多的祖辈接受系统的教育，拓展教育知识、提高教育水平。

（三）专业化课程，实现科学化育人

委托老年大学增设专门课程，帮助老年人调整心态，提高祖辈家长与孙辈孩子的沟通能力，增强他们教育孙辈孩子的能力。如阳光社区、绿都社区、庄山社区等多次组织祖辈家长开展多种形式的活动，让老年人接受一些专业化学习，听"老年人的心理健康""三代人如何和谐相处"等讲座，增强对育幼知识的了解，更新教育观念，实现科学育幼。

（四）以问题为导向，加强理论研究

教育局关工委讲师团以隔代家长的需求为基点，在调研和培训过程中起到了积极作用，往后将继续以社区隔代教育问题和需求为导向，做好有关隔代家长教育的专题讲座，帮助隔代家长提升素质。同时，凭借讲师团的优势进一步展开关于隔代教育问题的理论研究，为提升隔代家长的素质、促进孩子的成长做出更大贡献。

（五）与时俱进，适应社会发展

现代社会竞争日益加剧，年轻父母工作压力很大，越来越多的家庭把教育孩子的担子移到了祖辈家长的身上。随着社会的发展和进步，祖辈家长的素质也会越来越好。因此，讲师团老师也需要更新知识，与时俱进，不断提高自己的素质，以适应社会发展的需要。

案例 25   学校放假，社区开学

——沈河区社区学校建设与管理经验

辽宁省沈阳市沈河区家庭教育学校

苏朗格望

一   案例概况

多年来，沈河区委、区政府认真贯彻落实《中共中央国务院关于进一步加强和改进未成年人思想道德建设的若干意见》和《教育部等九部门关于进一步推进社区教育发展的意见》等系列文件精神，在充分发挥区域内公益性未成年人校外活动场所重要作用的同时，不断拓展新内涵、搭建新载体、探索新路径，构建了独具特色的覆盖全区、上下联动、全民参与的"学校放假　社区开学"学习教育新模式，使社区学校成为放假期间服务、凝聚、教育广大未成年人的活动平台和加强思想道德建设、推进素质教育、建设社会主义精神文明的重要阵地，推动了校外教育事业的健康发展。

二   案例背景

未成年人是祖国的未来和希望，肩负着实现中华民族伟大复兴的历史重任。加强未成年人思想道德建设，营造全社会广泛参与的良好学习教育环境，是基础工程，也是千秋大业。沈河区是沈阳市的中心城区，辖区面积 58 平方公里，户籍人口 73 万人，服务人口 120 万人，下辖 15 个街道 111 个社区。"学生放假，家长上班，孩子谁管"是家长们每一年寒暑假都会遇到的难题。由于家长需要工作，无暇照顾孩子，特别是低年级的孩

子，其安全问题令家长担忧。针对这一情况，为解决家长后顾之忧、填补中小学生寒暑假期间的教育真空，沈河区青少年教育办公室于 2001 年在全市率先提出"学校放假　社区开学"的假期教育理念，在工作中注重探索社会、家庭、学校教育三结合的新途径。通过开展形式多样的教育实践活动，寓教于乐，把孩子从电脑、手机、电视机前吸引到社区来参加社会活动，促进未成年人思想、生理、心理的健康成长。

三　实施过程

（一）搭建组织网络，多部门联动

为保证学习教育活动的有效落实，区委、区政府相继成立了沈河区社区教育委员会、沈河区未成年人教育保护委员会、沈河区社区学院等机构组织，负责社区教育的统筹和指导。在全区 111 个社区成立了社区学校，各社区书记兼任社区学校校长，并安排 1 名专职干事，构建了横向到边、纵向到底、覆盖全区、上下联动、全民参与的社区青少年教育网络平台，也为组织开展未成年人学习教育活动奠定了坚实基础。

（二）加强队伍建设，多角度施教

社区青少年教育工作涉及面广、对象层次复杂、工作难度大，必须动员全社会来做。沈河区在发挥专职社区教育工作者作用的同时，着力建设了一支来源多样、素质较高、责任心强、懂得社区教育和家庭教育规律、专兼职结合的社区青少年教育队伍。一是选派优秀教师到各社区担任青少年校外教育和家庭教育辅导员，既解决了社区教育工作力量不足和缺少专业人才的问题，又促进学校教育、家庭教育与社区教育的有效沟通、有机结合。二是充分发挥"五老"队伍作用。利用老干部、老战士、老专家、老教师、老模范"五老"队伍，让他们发挥余热，老有所为，当好革命传统教育宣传员、思想道德教育辅导员、社会风尚监督员。三是积极建设社区志愿者队伍。把社会热心人士和在校大学生等各类人才有组织地汇集起来，积极投身社区青少年教育，形成来源稳定、素质较好、结构合理的社区青少年教育志愿辅导员队伍。

（三）拓展教育内容，多形式活动

依托社区学校载体，在开展普及性教育实践活动的基础上，沈河区注重发挥社区学校贴近基层、就近便捷的优势，在项目设计、活动组织、运行模式等方面进行了积极探索，组织开展了一系列适合未成年人特点、深受学生欢迎的教育活动，如职业体验、安全讲座、文艺表演、亲子运动、书法绘画、志愿服务等几十种活动形式，既丰富了孩子们的假期生活，也使他们受到良好的思想道德教育，赢得了学生和家长的广泛认可和高度赞誉。同时，为更好地发挥家庭教育在未成年人思想道德建设中特殊而重要的作用，2017年沈河区以极具前瞻性的发展理念为指引，创新成立全国首家区级家庭教育学校，坚持统筹融合、深度融合的发展理念，在全区建立了"五级家庭教育联动化模式"，初步形成了以"区级——整体统筹，社区——融合普及，学校——重点安排，年级——计划推进，班级——具体实施"的全方位、立体式区域家庭教育管理指导服务体系。在建立五级家庭教育联动模式中，为发挥社区推广普及家庭教育的作用，成立社区家教名师工作室，开展社区家教讲座、家教名师线上指导等工作；组织全区街道、社区开展"家庭教育宣传日"、家庭教育公益大讲堂、家庭孝亲文化展示、书写家庭亲子日记、百名好家长评选等活动。把家庭教育与未成年人思想道德建设相结合，促进家校社合力育人。

（四）强化统筹协调，多层次互动

在每年的寒暑假到来之际，沈河区按照上级工作安排，结合我区实际制定活动方案，组织街道主管领导召开专项工作部署会议，统计社区活动安排，指定社区专职干事和青教办专项督导员负责落实和检查，并将活动情况纳入社区绩效考评，活动后总结评比，表彰先进。同时，为保证学习教育的效果，沈河区给学生印发中小学生寒暑假社区学校活动评价卡和社区学校学生档案登记表，要求学生持卡报到。社区在评价卡上出具鉴定，返回学校后，教师根据评价卡，了解学生寒暑假在社区的活动情况，并作为评选优秀学生的依据。社区、学校齐抓共管，构建了未成年人的思想道德教育进社区、学生档案进社区、社会实践进社区、评比表彰进社区的良好工作格局。

（五）强化服务保障，多方位推动

沈河区委、区政府坚持将未成年人校外活动场所建设纳入国民经济和社会发展总体规划，并与打造街道、社区文化活动阵地统筹安排。多年来，累计投入 10 亿余元，强化公共文化服务体系建设，提升文化活动阵地服务水平，实现街道文化活动中心和社区文化活动站全覆盖，为社区开展未成年人学习教育活动创造了良好环境。在此基础上，区委、区政府每年还把未成年人校外活动场所运转、维护和开展公益性活动的经费纳入同级财政预算，并逐年按比例增加。同时，定期邀请专家及学者，通过座谈会、培训会、案例分析、实地考察等多种形式，对全区 15 个街道的青教负责人及 111 名社区青教专干开展业务培训活动，为强化未成年人思想道德建设提供了坚实保障。

四 案例效果

实践表明，社区学校在培养学生的社会实践能力、全面提高综合素质方面，发挥着不可替代的重要作用。多年来，沈河区社区学校累计组织开展各类活动 6000 场次，参与的未成年人累计达 30 余万人次，受益家庭达 10 万余户。通过社区学校组织的一系列活动，不仅培养了学生的组织能力、合作能力、创新实践能力，还提升了未成年人的思想道德品质，使学生们真正成了"学校里的好学生、家庭里的好孩子、社区里的好少年"。"学校放假 社区开学"活动得到了社区居民的高度认可和各界媒体的广泛关注，新华网、人民网、辽宁广播电视台、沈阳广播电视台、《辽宁日报》、《沈阳日报》等多家新闻媒体对相关活动进行采访和报道。"学校放假 社区开学 一座没有围墙的学校"因形式创新、内容多样、模式可复制、可推广，被辽宁省民心网列为季度经验信息。

（一）孩子们的收获

社区学校的活动丰富多彩、寓教于乐。孩子们不仅有计划、高效率地完成了假期作业，还通过课外活动丰富了视野、开阔了思维、提高了学习能力，同时，以志愿者学长为榜样，目前已有部分受益孩子成为志愿者老师。

（二）志愿者的收获

社区为青年志愿者搭建了社会实践的平台，使他们学有所用，走入社会、服务社会，实现人生价值。在服务活动中锻炼了志愿者的组织能力、团队合作与协调能力，提升了自我的责任担当与服务意识。同时，"五老"志愿者也在奉献中增强获得感，在老有所为、老有所乐中体会别样的幸福。

（三）家长、社会的认可

自社区学校活动特别是"学校放假　社区开学"活动开展以来，得到了家长的认可，受到社会多方面的关注，收到良好的社会反响。截至目前，已连续开展 18 年，2015 年沈阳市教育局、市青教办在全市进行了推广，现已成为全市重要的青少年校外教育品牌活动。

五　经验借鉴

（一）加强领导，推进社区开学服务体系建设

区内各社区党委始终把青少年假期工作作为一件大事来抓，不仅要解决家长们在假期里没有时间照看孩子的难题，同时也要帮助孩子们度过一个充实的假期生活。为此，每个社区根据实际情况制订符合本地区的社区学校假期活动计划，社区书记主抓此项工作，配备专人负责托管班相关事宜，并且通过驻社区的政协委员、人大代表等资源对接"社区助教青年志愿者联会"，采取大孩子带小孩子的模式，由来自各高校优秀学子负责孩子们的课业辅导和益智游戏；社区"五老"人员负责孩子的安全、餐饮以及生活服务，由有特长的"五老"依托社区资源为孩子提供特长爱好及兴趣培养；爱心企业、爱心人士为托管班提供活动及经费支持，为此项工作有序、实效地开展做了有益补充。在社区学校孩子管理方面，做到三个到位：一是签到制度到位，二是人员保障到位，三是配备午餐到位。

（二）整合资源，项目化开展社区学校服务

针对辖区青少年特点和实际需求，坚持公益化服务的宗旨，结合每个社区的实际情况，项目化地开展青少年假期活动。如新北站街道凯旋社区

针对居民家庭经济条件不足，需要帮助的家庭和儿童较多，为促进家庭和谐发展，大力开展爱心互助、家庭教育等项目，关注弱势群体和困难家庭，对特殊家庭青少年进行能力培养、情绪处理和压力疏导，令其身心得以健康地发展。

（三）家社校联动，公益效益收获满满

关爱未成年人就是关心我们的未来，沈河区致力于推进社区教育与学校教育、家庭教育有效结合，为形成人人关心青少年成长、全社会共同育人的良好风尚和社区环境而不懈努力。社区开展的活动具有一定的延展性。其一，社区学校以丰富多彩的活动作为载体，为中小学生搭建了平台，做素质教育的传播者和促进者。其二，打造了社会实践平台，成为青年志愿者做"社区服务先行者"的实践基地。其三，对接志愿者和帮扶对象，达到了长期持续的定向帮扶。其四，大手拉小手，幸福一起走，传帮带得到传承，受益学生反哺社区成为青年志愿者师资力量。其五，传播及提高社区居民的爱心意识，把关爱、互助、爱的传递付诸行动。其六，对接社会、公益团体等资源，与社区工作形成联动，更好地为社区居民服务，提高居民幸福指数。

案例26 搭建社区关爱教育平台，让朵朵蓓蕾在阳光下绽放

——"阳光朵朵"社区公立小学生托管中心工作经验

福建省福州市鼓楼区东街街道军门社区

施 捷

一 案例概况

2007年9月，军门社区在全市率先开设社区"四点钟学校"，填补了辖区内小学生放学后管理的"真空点"。2014年，社区"四点钟学校"升级版模式开始探索，在鼓楼区人社部门的支持下，社区创办了全市首家公办小学生托管中心——"阳光朵朵"。自创建以来，社区始终坚持服务青少年的根本方向和立德树人的根本任务，充分发挥社区教育和服务功能，采取社区主办、学校支持、社会专业组织参与的联合办学模式，有效解决辖区青少年在学校放学后、家长下班前的失管失教难题，解决了双职工家庭的后顾之忧，构建了家庭、学校、社区三位一体的未成年人关爱体系，促进了社区和谐稳定发展。

二 案例背景

军门社区成立于1952年，位于福州市中心区域，隶属于鼓楼区东街街道，辖区总面积约0.18平方公里，常住居民约3500户，人口1.3万余人，是典型的老旧小区。辖区居民构成复杂，老龄化率高、外来人口多、双职工家庭比例大，孩子的接送问题成为困扰双职工家庭的一大难题。2013年

下半年，在党的群众路线实践教育活动中，辖区某小区业主委员会主任和部分居民反映社区内形形色色的托管中心普遍存在卫生较差、托管人员素质不高、安全隐患巨大、缺乏统一管理等问题。在此背景下，社区关工委立足实际，以"急党政之所急、想青少年之所需、尽关工委之所能"为总基调，高度重视社区日托中心关爱平台建设工作，积极走访辖区青少年家庭征集民意。民有所呼，我有所应。经多方打听、考察，在鼓楼区人社局的协调与支持下，社区于 2014 年 3 月牵头创办了"阳光朵朵"社区公立小学生托管中心，旨在搭建社区关爱教育平台，创新社区教育阵地，让孩子们在阳光下健康成长，也得到了众多学生家长的一致好评和认可。

三　实施过程

（一）创建启动阶段

1. 机构引进

在区委、区政府的支持下，社区在申请了工商营业执照、托管食堂卫生许可证后，从社区办公大楼中腾出 360 多平方米，投入 60 万元开办了一座三层楼的社区公立托管中心。整个托管中心共分为 3 层，一楼是食堂，二楼是教室，三楼是休息室，餐具、课桌、床铺、棉被、灭火器等设施设备齐全。"阳光朵朵"采取"公办民营"的管理模式，在鼓楼区人社局的帮助下，引进社会组织专业机构参与管理"阳光朵朵"小学生托管中心，社区无偿提供服务场所，专业机构则为少儿提供专业服务。托管中心为学生们提供午、晚餐，提供照料服务，利用课余时间安排课业辅导，让孩子有效完成作业，并利用周末，通过手工制作、文艺汇演、知识竞赛等形式，多方面丰富孩子们的生活，激发青少年热爱学习、热爱劳动、热爱祖国的情感，让孩子们在温暖的社区中快乐成长。社区充分利用托管中心这一平台，发挥社会资源，重点打造集青少年活动、教育等功能于一体的社区关心下一代教育新阵地，以关爱教育平台扩增创新效应。

2. 队伍建设

为不断提升社区关爱教育平台建设水平，在队伍建设方面，社区整合了辖区各方优势，持续探索有效融合，打造了高素质的"阳光朵朵"教育管理队伍、"五老"队伍及志愿者队伍。由机构从社会上进行招聘，按照生均数8:1配备大专及以上学历的专业教师，并定期为教师举办形式多样的培训和实践活动，探索办学新模式，提升教育品质。社区关工委还充分挖掘社区资源，发挥"五老"的独特优势，团结带领社区广大"五老"，迅速集结起一支强大的社区关心下一代骨干队伍，开展以社会主义核心价值体系为主的思想道德教育。同时吸纳社会志愿者参与，结合辖区重点小学教师与志愿者服务，为孩子们提供健康教育、心理辅导、兴趣指导等服务。

3. 课程制定

鉴于辖区青少年的年龄差异和家庭教育不同，"阳光朵朵"在开班之前针对年龄段、教学方式、教学内容制定课程与方案，以生为本，在"四点钟学校"的基础上，积极探索社区关爱教育平台工作的有效途径，创新学习形式，为"阳光朵朵"青少年营造良好的学习活动环境。坚持"党建"带"关建"，依托党建阵地充分发挥党员力量，把党建与青少年关爱工作相结合，组织发动"五老"人员在"七一"建党节、"八一"建军节、国庆节等节日对孩子们开展红色教育；搭建青少年展现自我的舞台，提高青少年文化素养，把兴趣爱好与综合教育相结合，开设科普、绘画、唱歌、舞蹈等兴趣班；不仅在学业上给予孩子辅导帮助，更重要的是立德树人，把社区引导与家庭教育相结合，邀请家长共同参与和配合做好孩子的思想道德教育。

（二）规范完善阶段

1. 制度规范

制度是提升社区教育实效的有力保障。在这一阶段，"阳光朵朵"通过摸索实践，逐步建立起学生接送、学生辅导、安全卫生、教职员工岗位、每日晨检、食品留样、突发事件预案等制度，形成及完善了"年初有计划、工作有部署、活动有记录、工作有检查、年终有总结"的工作方式，使各项活动和工作逐步走向制度化、规范化、常态化。

2. 思想引导

"阳光朵朵"是实现学校与社区衔接的新载体，成为打开学校的围墙，开辟青少年社会实践基地；打破学校一味地道德说教，实现特定场合的置身说理。社区每周开展一次思想教育活动，将"阳光朵朵"青少年带入道德讲堂活动中，以"身边人讲身边事、身边人讲自己事、身边事教身边人"的形式，以从小养成文明习惯、遵守文明规则、法制同行等为主要内容，组织"五老""社区最美人物""道德模范代表"携手青少年深入开展思想道德实践养成活动，增加青少年对社会实践的认知，并逐步回答"人应怎样活，路应怎样行"的人生选择问题，努力提升青少年的道德修养。

3. 帮困解难

社区积极引导，搭建帮困解难服务平台。"五老"以爱心、耐心和恒心，温暖帮扶弱势群体，通过"吉祥三宝"（助学、助医、助困）、认领"微心愿"、结对帮扶等形式开展助学助困活动，帮助"阳光朵朵"中的青少年解决学习和生活上的困难，并从情感上加以关心呵护。同时，组织青少年积极参与对辖区贫困家庭的慰问活动，为辖区孤寡老人、残疾人打扫家里卫生，鼓励青少年结对帮扶，将自己的春节压岁钱捐助给贫困家庭的孩子，将爱心传递给弱势群体和贫困家庭，让他们学会关爱他人并从中获得快乐。

（三）品牌提升阶段

采取知行相结合、"走出去""请进来"相结合的办法，组织开展丰富多彩的知识讲座、教育活动、社会实践等，使之有创意、有特色、有成效，从德、智、体、美、劳等多个方面提升青少年的综合素质。

1. 美德教育

组织发动"五老"在"阳光朵朵"青少年中开展以"传承红色基因，争做时代新人"为主题的活动，坚持以红心、同心、善心为抓手，引导青少年认清自己的"根"与"魂"，听党话、跟党走；请老党员讲"鼓楼故事"，老红军忆长征经历、讲长征精神等；开展"迎新献写春联""拗九敬老""清明祭扫英烈""最美志愿者讲故事"等社会主义核心价值观教育，传承红色基因；开展"最美中国字"活动，培养学生的书法兴趣，增强对汉字的热爱；母亲节给妈妈做贺卡，学会关爱、学会感恩，培养他们热爱生活的良好品德。同时积极引导青少年诵读中华经典文化作品，践行社会主义核心价值观。

2. 兴趣培养

结合"我们的节日",在春节、中秋节、重阳节、国庆节等重大节日举办大型文艺演出活动,为青少年展现自我、激发自信创造条件;开展"读书月"系列活动,丰富孩子的日常文化生活,增加青少年课外阅读的积极性,提供一个倡导学习、增进交流、促进友谊的平台;社区青少年科普工作室免费开放,每年暑假引导"阳光朵朵"青少年参加社区举办的科普夏令营活动,邀请省乐探机器人活动中心的讲师亲自授课,引导孩子们做热爱科学、勇于创新的好少年。以上精彩的活动均受到了辖区学生、家长们的一致好评。

3. 社会实践

组织开展"我是环保小卫士""营造绿色社区,呵护温馨家园""文明连着你我他""大手拉小手 文明一起走"等实践活动,激发了青少年主动参与社会实践的积极性;退休老干部吕云娥开展的"文明宣讲进课堂"活动,通过讲故事、提问题等互动形式,让孩子明白了什么是行为美、语言美、仪表美;入户发放"文明城市创建宣传手册",扩大创建宣传力度,引导辖区青少年参与社区治理工作,自觉为创建文明社区、文明城市做出贡献。

四 案例效果

(一)青少年校外成长环境进一步优化

社区一头连着学校,一头连着家庭。"阳光朵朵"作为学生课外学习、活动的安全场所,既是学校教育的延伸和补充,构建学校、家庭、社会"三位一体"教育网络的纽带和载体,更是推动社区教育工作,促进未成年人健康成长的基地。经过近五年的发展,军门社区"阳光朵朵"规模扩大,更加规范,活动内容更丰富。截至目前,"阳光朵朵"开展各类教育活动、实践活动 120 余次,累计受教青少年达 9600 余人次,给社区双职工家庭带来了实实在在的便利和有效帮助。

(二)有效整合资源,合力推动社区关爱教育工作

通过"阳光朵朵"有效整合了街道、辖区学校、社区、段警、党建联

盟单位等各方资源和优势，合力拓展了社区关爱教育空间，为"阳光朵朵"办学场地、阵地建设、队伍建设、特色打造等方面提供了有力保障，对社区建好、用好关爱平台奠定了基础，成为民生实事工作的有力举措。2015 年军门社区"阳光朵朵"被列为鼓楼区委、区政府为民办实事的项目。

（三）"五老"参与社区治理，走出关心下一代工作的新路径

"阳光朵朵"凝聚了一批热心、关心下一代工作的"五老"、志愿者充实到关心下一代工作委员会。目前，社区"五老"志愿者有 151 人，形成了一支相对稳定的关心下一代骨干队伍，通过这个平台从关爱帮扶、普法帮教等方面入手，开展形式多样、内容丰富的老少携手、共建共享教育活动，为青少年学习、成才等做好指导、引导工作，走出了关心下一代工作参与社区治理的新路径。

五　经验借鉴

（一）打好三张牌，增强聚合力

一是打好机制牌。社区建立日常管理机制，协调"阳光朵朵"的日常运转。同时建立健全领导机制、保障机制、共建机制、考评机制等，确保"阳光朵朵"长期运作、持续发展。二是打好特色牌。因地制宜，特色鲜明，孩子们在"阳光朵朵"过得十分愉快且很有意义。充分考虑学生的年龄特点，结合学校的办学特色，开展才艺培训活动、文体娱乐活动等，开设了丰富多彩的课程。通过优化特色师资结构，全面提升课程质量，从而促使学生综合素养的全面提升。三是打好规范牌。规范运作，使"阳光朵朵"工作让社会、家长称心。合理安排优质的师资管理队伍、开办丰富多彩的课程，使工作日趋规范，家长也愿意把孩子放到"阳光朵朵"来参加活动。

（二）编好三张网，增强保障力

一是编好阵地网。充分利用社区现有场所创办"阳光朵朵"，投入经费，配备桌椅、书架等各类学习器材，设立课业辅导区、少儿休息区、图

书阅览区等多功能、多层次的青少年教育和活动场所，形成道德教育、科普教育、文艺修养等多个系列的教育阵地，较好地满足了青少年在校外的学习教育需求。二是编好安全网。强化安全保障，让家长放心。严格落实学生接送和学生辅导等制度；对学校食堂环境卫生、食品安全工作进行检查；为孩子们营造卫生、安全、舒适、健康的环境。三是编好师资网。除聘请专业教师人员进行学生管理、课业辅导外，还积极发动社区内热心青少年教育的"五老"人员组成德育讲师团，担负起青少年德育教育责任。老同志深入细致、认真扎实的工作作风，为办好"阳光朵朵"奠定了基础。同时发动学校教师和各类专业人员组成社区青少年教育志愿团，开展以社会主义核心价值体系为主的思想道德教育。

案例 27　聚社会组织力量，为关爱下一代注入活力

——劳动一坊社区未成年人"多彩课堂"工作经验

陕西省西安市莲湖区桃园路街道劳动一坊社区

周建玲

一　案例概况

未成年人"多彩课堂"是西安市莲湖区桃园路街道劳动一坊社区于2014年组建的一项专门服务于未成年教育的党建项目。项目成立之初就以"关爱未来、关心成长"为宗旨，不断探索"组织共建、资源共享、机制衔接、功能优化"的新型服务模式，进一步发挥社区党组织整合辖区资源、服务群众的核心作用。作为社区教育工作开展的重要组成部分，未成年人"多彩课堂"项目包含"四点半课堂"、"壹基金壹乐园"儿童服务站、"国乐"进社区以及寒暑假社会实践四项内容，坚持为辖区未成年人提供各类主题教育、科普知识、兴趣培训、研学旅行及社会实践等系列服务。在每年的教育工作中，未成年人"多彩课堂"项目服务惠及8000余人次，在解决未成年人放学后失管失教问题、激发学生学习兴趣、陶冶艺术情操、提升孩子们的综合素质等方面发挥了积极作用。

二　案例背景

劳动一坊社区属于老旧小区，辖区面积约0.14平方公里，常住人口12910人，人员结构呈现"两头大中间小"的特点。辖区居民构成呈现

"三多"特点，即退休中老年人多、进城务工人员多、未成年人多。未成年人校外教育存在一系列问题，例如，家长忙于上班，孩子在放学后无人看管、作业无人辅导、孩子们上课外兴趣班无人接送、外来务工人员和困难家庭无力承担昂贵的课外辅导班费用、每年寒暑假孩子难以找到合适的实践机会等。为切实解决这些问题，自2014年开始，劳动一坊社区党委利用"在职党员进社区"的工作契机，利用辖区内的学校及其他教育机构等共助共建单位众多的资源优势，邀请辖区内西电实验小学的党员教师在放学后来社区给孩子们指导课后作业。其后，联合"天朗教育"共同开办"四点半课堂"，联合陕西省红凤工程志愿者协会成立"壹基金壹乐园"儿童服务站。最终通过政府购买服务的方式，组建了未成年人"多彩课堂"。在社区党委的领导下，未成年人"多彩课堂"以社区关心下一代工作委员会为组织平台，以社会组织的专业教育为服务手段，以社区志愿服务为有益补充，拉动了多元主体协同协作、资源整合、形成合力，促进了下一代健康成长。

三 实施过程

(一) 调研尝试阶段 (2013年12月~2017年8月)

2013年，劳动一坊社区工作模式面临转型。为了进一步服务好群众，做好关心下一代健康成长工作，社区积极了解辖区学生情况，挖掘孩子们的学习需求。社区利用"在职党员进社区"的服务机会，在岗位认领中，联系西电实验小学的党员教师，在寒暑假给辖区贫困家庭的孩子补课，解决了个别家庭子女假期的教育问题。这项工作的持续开展赢得了学生家长的一致认可，随着家长们的口口相传，不断有家长来社区表达自己孩子想加入补习班的想法。社区开展了广泛调研，收集家长意见。调研发现，辖区孩子的假期学习需求迫切，尤其是外来务工及困难家庭子女，难以承担校外辅导班昂贵的学费，相比之下，社区的假期课堂是他们最好的选择。为了满足更多学生的学习需求，劳动一坊社区党委开始着手建立系统的假期课堂。以20余名困难家庭子女为对象的假期课堂在西电实验小学启动，每天安排上午学习班和下午学习班，学生根据自己的时间选择上课时间。在西电实验小学党员教师的支持下，每年寒暑假的假期课堂都如期开展教学工作。

（二）工作启动阶段（2017 年 9 月～2017 年 12 月）

1. 强化组织领导，搭建为民服务平台

2017 年，在莲湖区委组织部的统一协调下，在区教育局、民政局的多方协助下，劳动一坊社区初步建立了"多彩课堂"的服务模式。为了做好该项工作，由社区党委书记担任社区关工委主任，社区副主任担任社区关工委副主任，并配备 2 名专职工作人员，负责"多彩课堂"日常工作的开展。在该项目成立之初，就形成了"社区党委牵头，与西电实验小学和天朗教育中心三方互动"的运行模式，充分发挥了社会组织——天朗教育中心的作用。2017 年 12 月 15 日，"壹基金壹乐园"儿童服务站项目陕西启动仪式在西安梅园宾馆举行。劳动一坊社区作为陕西省红凤工程志愿者协会首批成立的儿童服务站点，接受了"壹基金"的授牌，并承诺将不断努力建立一个安全友好的儿童活动空间，为辖区未成年人提供卫生健康教育和心理支持的学习平台。

2. 理清工作思路，细化未成年人服务内容

2017 年 7 月，区委组织部、区教育局委员会、区民政局委员会联合下发了《关于办好莲湖区社区"四点半课堂"的通知》，按照文件的相关要求，劳动一坊社区面向辖区所有家庭发出了"四点半课堂"的开办意见征求通知，并按照招收困难学生的标准，选取了 25 名学生作为"四点半课堂"的服务对象。结合小学的"弹性离校"制度，与天朗教育中心、西电实验小学共同创办了"四点半课堂"，于每个工作日下午 4：30～5：30 为学生开设数学、硬笔书法、国画、英语、法制安全教育等课程，不仅解决了辖区困难家庭孩子们放学后失管失教的情况，同时为提高学生们综合素质提供了有效途径。

（三）规范完善阶段（2018 年 1 月～2018 年 6 月）

1. 抓好制度建设，形成长效工作机制

未成年人教育活动要规范、持续发展，制度不可或缺。从这一阶段开始，未成年人"多彩课堂"项目工作形成了报名制度、接送制度、请假制度、课堂管理制度、图书借阅制度、微信群制度等一系列工作规章制度。

同时，形成了较为规范和完善的工作流程：每学期开学前拟订未成年人教育工作的年度计划、明确工作任务，拟发招生通知、开学前家长会、学期家长意见收集、年终总结汇报等。此外，还制定了签到表，每次孩子们到来和离开都要签上名字和时间，课后完成课程作业。负责具体工作的同志每天都要在社区的各个网络平台上记录当日孩子们的学习内容，坚持做到每天一小结、一周一总结，并将总结以美篇的形式发送至社区未成年人教育的相关群里，接受领导和家长的监督，形成常态化的工作机制。

2. 按需施教，在实践中助力"绿芽成长"

随着未成年人"多彩课堂"工作的持续推进，新的问题凸显出来。与天朗教育中心、西电实验小学共同创办的"四点半课堂"在每个工作日下午4：30～5：30为学生提供补课服务，但是5：30放学后，家长们却还在上班，不能按时接走孩子，造成补课后与家长接孩子之间的时间空缺。为了解决这个问题，社区决定将"四点半课堂"的地点改为社区会议室，仍旧请天朗教育中心提供师资力量，到社区给孩子们上课。在课后由社区干部负责孩子的家庭作业指导和人身安全，将孩子们的学习时间延迟到下午6点。此举不但解决了家长上班与接孩子的时间冲突，还为孩子赢得了更多的学习时间。同时考虑到社区孩子在寒暑假期间没有合适的实践机会，社区配合西电实验小学"绿芽成长"开设未成年人社会实践基地，统一组织学生参加各种社会志愿服务活动，不仅帮助家长分担了照顾孩子的压力，还通过社会劳动，提高了未成年人对社会的了解及自身能力。同一阶段，社区设立了"壹基金壹乐园"儿童服务站服务项目，利用周末、重大节假日、寒暑假和纪念日确定主题活动，如元旦、春节、学雷锋日、植树节等组织未成年人开展有意义的教育活动，同时注重坚持"红色引领"的导向，结合民俗风情开展社区教育活动。社区未成年人教育工作逐步形成了完善的工作体系。

（四）品牌提升阶段（2018年7月至今）

1. 拓展服务内容，创新"多彩课堂"教学模式

在前一阶段的基础上，未成年人"多彩课堂"进一步拓展了社区未成年人教育的方法和内容。第一，"四点半课堂"对学习内容进行了调整，增设了深受孩子们喜欢的国学和国画的内容，加深了学生对我国优秀传统文化的了解。第二，"壹基金壹乐园"儿童服务站坚持每周末开展社会实践、手工制作、思想道德和法制教育等系列活动，在此基础上，增加乐高机器人设计、魔术表演等孩子们感兴趣的活动频次。第三，2019年2月开始实施"国乐进社区"项目，坚持每周末开展陶笛和葫芦丝的培训课程，让孩子们更加深入地了解民族乐器。第四，充分发挥辖区"五老"力量，助力下一代健康成长。第五，联合司法局、环保局、消防队等政府部门和社会专业人士，为未成年人开设各种教育课堂，提升孩子们的学习兴趣，并传授生活必备常识，全方位提高未成年人的综合素养。

2. 加强社会主义核心价值观教育，注重培养下一代社会实践能力

除了开展课堂教育，劳动一坊社区党委还注重未成年人价值观的培养，积极通过"多彩课堂"组织孩子们开展社会实践活动。一是开展"中华魂"主题读书活动。进一步发挥好社区未成年人读书室、活动室的作用，坚持通过室内与户外结合，讲、读、唱、演结合的方式培养孩子们的阅读兴趣。二是定期组织小小志愿者参与各项公益活动。在寒暑假期间成立了四支未成年人志愿者服务队：开展公共交通文明引导的"指南针"服务队、参与城市治理卫生整治活动的"小蜜蜂"服务队、关心关爱辖区孤寡老人的"向日葵"服务队、积极做好国家政策宣传的"小号手"服务队。三是社区"壹基金壹乐园"儿童服务站开展"植树与环保"、参观陕西省科技展览馆等活动，不仅开拓了孩子们的视野，也锻炼了他们的社会适应能力。

四 案例效果

（一）搭建学校、家庭之外的社区学习园地

未成年人"多彩课堂"充分利用和发挥辖区内学校及其他教育机构、共驻共建单位等众多的资源优势，为辖区未成年儿童的健康成长搭建平台。社区干部主动做起20余名孩子的"代理家长"，不仅在生活上照顾孩子，而且在心灵上关爱他们，让孩子们在未成年人"多彩课堂"里养成好的学习与生活习惯；"壹基金壹乐园"儿童服务站组织开展学校和家庭之外的结构化课程和参与式活动，让孩子们在周末也能接触到丰富多彩的课

外知识；周末"国乐进社区"为热爱民族乐器的孩子们省去了高昂的学习费用，使其在家门口就轻轻松松地学到了喜欢的国乐艺术；寒暑假期间的社会志愿服务，让孩子们提前接触社区，感受劳动的不易，培养他们感恩的美德。

（二）积极帮扶弱势群体，努力促进社区和谐

未成年人"多彩课堂"一直坚持以辖区困难家庭子女为主要服务对象。每一个党建服务项目组织家长报名时，要对其家庭情况进行严格的调查和筛选，着重照顾辖区低保、单亲、重病及外来务工人员子女家庭，在未成年人教育工作方面实现精准帮扶。

（三）激发社会活力，丰富孩子们的课余生活

未成年人教育凝聚了社区和社会化组织中一批乐于奉献、专业能力强的志愿者为孩子们提供快乐成长的平台。社区教育不但有丰富多彩的兴趣课堂，每年寒暑假还开设社会实践基地，组织未成年人共同参与内容丰富的社会志愿服务活动。辖区离退休党员、居民群众、大学生等也积极参与到社区为民服务工作中，壮大了我们的志愿者团队，扩大了社区"多彩课堂"的社会影响力。

五 经验借鉴

（一）寻求社会资源，对接居民需求

未成年人"多彩课堂"在社区建设中发挥了不可或缺的作用，使得社区关爱教育能够转化成各项可落地实施的具体活动。第一，"多彩课堂"的设立保障了各社会组织在社区拥有了稳定的阵地，使他们能在其中各展所能、持续合作。第二，正式设立未成年人"多彩课堂"项目，让劳动一坊社区场地、人员等方面有了保障，也得到了莲湖区教育局、桃园路街道在经费等资源方面的支持。由于我们的服务得到了家长和广大群众的高度认可，也更容易寻求其他单位（如科协、学校等）的对口支援。第三，社区干部与志愿者密切配合，通过未成年人"多彩课堂"开展的活动将社区的各项工作统筹起来，协同推进。

（二）设立多项工作制度，确保服务有序开展

未成年人"多彩课堂"在启动后不久就着手进行制度建设，规范了工作机制和流程，保证了运行的可持续性。"多彩课堂"制定了会议、教师辅导、图书借阅、学生日常管理、未成年人志愿者行为规范等工作制度，明确了未成年人教育的工作任务，规范了参与其中的社会组织、社区干部、教师、志愿者的各项教学内容和服务行为，也规范了参与"多彩课堂"的学生学习要求，保障了未成年人教育的长效正常运转。

（三）汇集多方智慧，为下一代健康成长注入活力

劳动一坊社区未成年人"多彩课堂"的成功，并非一家之力，而是在莲湖区教育局、桃园路街道办党工委的大力支持下，社区联合天朗教育中心、辖区学校以及社会组织力量共同协作共进的结果。首先，桃园路街道办党工委高度重视，社区党委大力支持、亲力亲为、耐心指导社区未成年人"多彩课堂"平台建设；其次，劳动一坊社区、天朗教育中心、陕西省红凤工程志愿者协会、乐之韵学生乐团、社区志愿者密切配合，开拓创新，有效合作，积极开展未成年教育活动；最后，桃园路街道办积极提供社区教育经费和人力支持，天朗教育的老师和社会组织机构的专业志愿者积极进社区开展活动，社区积极对接市内各高校，创建大学生实践基地，定期开展活动。

案例 28　志愿服务凸显公益，合力开创社区教育

——绿柳社区"五点半课堂"做法介绍

新疆生产建设兵团第十三师柳树泉农场学校

陈　杰　梁彤彤

一　案例概况

绿柳社区"五点半课堂"成立于 2014 年 12 月，以柳树泉农场学校 1~5 年级学生为主要服务对象。为了使放学后无人看管的孩子有个安全舒适的地方学习，绿柳社区首创了团场小学生校外监管教育模式，开设"五点半课堂"。"五点半课堂"配套齐全，由社区统一管理，针对小学生的身心特点，探索开展了丰富多彩、生动活泼的教育活动，如作业辅导、心理辅导、绘画教学、球类练习、读书分享、讲故事等，并在每周五为社区小学生开展兴趣拓展专题活动。为了确保长期性与有效性，社区动员并组织了一批志愿者共同参与，凸显公益支教，还成立了社区教育委员会，制定了"五点半课堂"安全管理制度、工作人员值班制度，以保障"五点半课堂"的规范运行。

二　案例背景

绿柳社区所在地是新疆生产建设兵团第十三师柳树泉农场，场区常住人口约 0.8 万人，居民主要是种植葡萄的农场职工。团场长期有一定数量的外来务工人员，他们的经济条件相对较差，其子女比较缺少社会关爱。而且，团场职工工作时间与学校上下学时间不一致，时间错位造成家长接

送孩子不方便。学生放学不能及时回家，存在诸多安全隐患。另外，团场社会教育机构甚少，少年儿童管理出现"空档"。"三忙一闲"的季节性工作特征导致当地居民在冬季农闲期主要居住在社区范围内，春夏秋三季主要居住在距离场区较远、距离农田较近的连队，带来的后果就是学生在冬季家庭教育监管情况较好，春夏秋季家庭监管缺失。即使家中有老人帮忙照看，也因为文化素养低而无法辅导孩子写作业，所以很多孩子放学不回家，三五成群坐在小区的板凳上或者趴在石墩上写作业。为解决这一难题，社区成立了"五点半课堂"。

三 实施过程

（一）初创阶段（2014 年 12 月 ~2015 年 3 月）

柳树泉农场绿柳社区服务中心在原幼儿园的基础上改造修建起来，一开始就具备了开展社区教育的先天资源优势：小操场、图书室、器材室、教室等基础设施较为完善。经社区党组织酝酿、策划、评估，一致认为开展社区教育是可行的。社区领导将"五点半课堂"初步方案上报团场党委，获得团场党委的审议通过，获准开展社区教育活动。

（二）规范阶段（2015 年 4 月 ~2015 年 12 月）

"五点半课堂"成立之后，为了做好运行与保障工作，社区成立了社区教育委员会，制定了"五点半课堂"安全管理制度、工作人员值班制度。经过一段时间的试运行，发现了一系列问题：教育主题单一、管理经验欠缺、师资力量不足等。经过研讨，社区教育委员会制定了专题课表、规定了教育主题、确立了教育方向，最终形成了"五点半课堂"安全管理制度、"阳光使者志愿服务队"任课值班制度等。

（三）巩固阶段（2016 年 1 月 ~2018 年 9 月）

"五点半课堂"积极吸纳志愿者以补充师资力量，特别是"阳光使者志愿服务队"发挥了主要力量。随着"炫舞飞扬艺术学校"成员的加入，课堂增加了舞蹈、合唱等内容，极大地增添了"五点半课堂"的趣味性。每周五，为了让孩子告别紧张的学习状态，社区工作人员都会组织小学生开展兴趣拓展、游戏等活动。每个学期开学制订工作计划，举行开班仪式，节假日组织学生和家长举行亲子活动，以加深家长与孩子之间的沟通，并及时向家长反映一段时期内孩子的表现。学期末，对学生进行综合素养评定，做好评价机制。

（四）创新阶段（2018年9月至今）

"五点半课堂"自成立以来得到了团场领导和各位家长的大力支持和一致好评。付出的努力被肯定，给予了社区工作更大的动力。为进一步增强社区教育的效力，今后社区教育将从仅以学生为对象的"五点半课堂"逐步走向具有综合社会教育效力的教育主题平台。

四 案例效果

"五点半课堂"符合当地社区发展和社区建设特征，是社区关心下一代健康成长的重要举措，打造了社会教育平台，为构建和谐家庭、和谐社区发挥了重要的作用。"五点半课堂"在社会层面解决了职工群众在子女教育方面出现的一系列困难。主要体现在以下五个方面。

（一）与学校教育优势互补

自"五点半课堂"成立并开展工作以来，引入了大学生志愿者和技能、素养过硬的社区教育兼职教师负责放学后学生的辅导，学生回家后就没有任何家庭作业。这种课后辅导与学校教育形成了良好的互补，解决了家长晚上辅导学生作业的困难。

（二）降低安全隐患

以前，进入夏季农忙时节，很多家长没法准时接送学生，学生就会成群结队在各小区游窜，安全无法得到保障。学生常常会故意破坏公共设施，或者互相打闹，在街上乱跑。当家长来接的时候，往往找不到孩子，以致出现家长成群在半夜找孩子的情况。"五点半课堂"的出现，使家长与社区教师形成了一个有效的衔接，解决了学生因缺少监管而发生危险及受到伤害的社会问题。

（三）促进学生全面发展

社区服务点的布局与办公设施特点，给孩子们提供了一个不同于学校的小天地。在这里，既有专人看护又可自由选择活动，且有多种体验，如看电影、读书、写作业、玩游戏等，学生在这里能够找到自己喜欢做的事。特别是一些定期的教育活动，如学唱一首歌、学一段小舞蹈、演一出小节目，定期开展比赛活动等，特别能调动孩子的积极性。这里无疑变成了一个放学后的乐园，促进了孩子的全面发展。

（四）配合了社区治理

老幼群体是社区服务的重点人群，面向老年人和孩子的服务工作质量和水平，对社区服务工作的声誉有直接影响。"五点半课堂"通过自己的努力与实践，切实解决了居民的困难，深受家长和社会的好评，加深了居民对社会服务的认可程度。同时，居民们也能体会到社会的发展与进步，感受到国家对青少年儿童的关怀与关切，稳定了民心，凝集了爱国情怀，使居民们不断感受当今时代的美好与幸福。

（五）发挥社会教育功能

从长远来看，社区教育作为未成年人教育的必要补充，充分发挥了社会教育的功能。丰富的社会生活资源与良好的教育条件，可让孩子较早多一些社会体验。同时，社区教育也填补了家庭教育的盲区，可以从另一个视角让孩子得到教育，体验社会实践。上学期间，学生在一个相对封闭的环境中，时间规律很强，视野较为狭窄，但社区教育能较早对孩子进行半体验式社会教育。教育有了社区的参与，能够及时将家校的交流错位予以弥补，起到家校联系的桥梁作用，协助解决家校冲突，减少社会矛盾。社区教育可以针对学校与家庭两个对象的不足来开展工作，创新、发展空间很大，是社会教育的一种新形式，有效地丰富了社会教育的内容。

五　经验借鉴

（一）定位补充教育，找对发展空间

社区关注到了学校教育的有限性与社会教育的缺失，在二者之间选择

了开拓空间，作为学校教育和家庭教育之外的第三种补充力量，和学校教育形成了良好的对接。

（二）凸显公益支教，打造免费教育平台

纯公益性体现了很强的服务意识，无条件的入学方式满足了一部分学生的教育需求，多样化的课堂培养了青少年儿童的学习兴趣。志愿者的参与更有爱心，公益意识强、组织效果好，使学生进行开放性知识积累与学习，易受到学生的欢迎。

（三）破除社会难题，赢取社会合力支持

以社区职工群众的困难为切入点，有效地帮助他们解决问题。通过辅导孩子教育，满足家长的实际需要，可以赢得更多社会资源和支持。绿柳社区的设计思路符合当地民情，规划科学，赢得了政府及社会的广泛支持。

案例29　点亮心灯，润物无声

——广兴茂社区心理咨询室工作经验

吉林省四平市铁东区北市场街广兴茂社区

吴雅秋

一　案例概况

习近平总书记指出，十年树木，百年树人。祖国的未来属于下一代，做好关心下一代工作，关系到中华民族的伟大复兴。为响应习近平总书记对关心下一代工作的重要指示，北市场街广兴茂社区在2014年初联合教育关工委，在校外教育辅导站、解困爱心救助站、法制宣传帮教站、文体卫生活动站、创业就业培训站等五站的支持下成立了心理咨询室。心理咨询室成员由具有专业资质的心理咨询师及有经验的老教师、老领导组成。他们用真诚、爱心、专业给"心灵蒙了灰"的孩子"洒扫除尘"、"栽花种草"，让爱重驻孩子们稚嫩的心田。

二　案例背景

关爱青少年，帮助解决青少年在成长过程中遇到的思想道德、学习生活、身体健康等方面的困惑，是关工委关爱青少年成长的重要工作。对于青少年而言，衣食住行是生存的基本需求，思想道德教育是精神食粮。根据青少年身心发展的实际需求，切实解决他们的物质生活困难，是关爱的第一步。新时代，社会主要矛盾发生变化，青少年的生存问题减少，但是心理问题日趋显现。鉴于此，经过几年的探索和实践，社区开展了青少年心理疏导和疗愈工作。

未成年人正处于身心发育的关键时期。如果在这一时期出现心理失衡或人格上的偏差，将对他们的一生产生严重的不良影响。现今社会日新月异，极速发展与变革、各种家庭的变故，使未成年人受到了极大影响。他们中间，常出现嫉妒、自卑、孤僻、厌学、逃课、离家出走甚至有自杀倾向等心理不健康的表现。这主要是由于他们缺乏解决矛盾、应对挫折和危机的能力。为解决这一突出问题，我们联合校外教育机构和有经验的"五老"，多年来一直坚持对辖区问题未成年人及其家庭采取心理疏导、心理讲座、跟踪回访、开设家长课堂、家校联动等措施，最终取得明显效果。

三 实施过程

（一）领导重视，组建强大的工作队伍

在区关工委和区教育局关工委的指导下，街道及社区领导非常重视未成年人的心理疏导工作，请专职领导分管，并将此项工作纳入街道的行政计划；给社区分拨了十几位德高望重的老干部、老教师，协助辅导，组建了一支心理辅导队伍；购置了心理健康书籍和辅导资料，供老师们学习和提高；在街道和社区设置了心理辅导室，并设有专门的咨询电话。

（二）心理疏导形式多样化

1. 个别辅导，稳准快调整孩子心理状态

每个孩子的成长环境和条件存在很大差别，孩子的心理发展水平具有不平衡的特点。因此，对于有特殊情况的孩子，心理咨询室采取有针对性的个别辅导措施。在教师循循善诱的沟通中，逐渐了解孩子的心理问题，分析产生这些问题的内因和外因，然后采取温暖、亲切的态度和科学、规范的方法，帮助孩子正确对待和解决自己的心理问题。个别辅导既可以减少孩子的顾虑，使其毫无保留地表达自己的真实想法、倾吐心中的秘密，又有利于辅导老师更加耐心、细致、深入地了解孩子，从而进行有效的帮助。

2. 开设心理辅导课，降低心理异常发生率

通过开设系统的心理辅导课，给辖区内在校师生和家长普及心理健康知识，有助于班主任和家长及时有效地处理一些问题，减少孩子的心理问题堆积，避免产生严重后果。同时，积极让孩子了解心理健康的标准、心

理异常的原因，学习自我调整的方法，从而帮助孩子正确地面对自己，提高自行解决问题的能力。为此心理咨询室还开设了"跟负面情绪做朋友""原生家庭父母的情绪影响""指南针法，做出符合内心的选择""用生活中的机会练习情绪管理""如何消除紧张和焦虑""如果你觉得自己什么都不对""分析对比，发现更好的自己""如何不再过分敏感，担忧不好的事情会发生""如何解脱自卑，建立自信"等心理健康讲座。

3. 家校联动，夯实心理辅导基础

苏霍姆林斯基曾说："最完备的教育是学校教育和家庭教育的结合"，只有提高家长素质，转变家长的不良教育观念，才能真正提高教育的质量，达到提高民族素质的目标。家长是孩子的第一任老师，也是孩子的终身老师；家庭教育，寓教于日常生活，时时处处存在于家庭的每一个瞬间，家长毫无掩饰的言谈举止，时时刻刻被模仿，这种模仿对孩子的品格影响是潜移默化的。所以，学校定期开设家长课堂，邀请专家和专职辅导员老师，开设与孩子们息息相关的特色课程，如"家长角色与家庭关系""读懂孩子，认识孩子""梦想激励与学习动力""好习惯成就好前程""青春期孩子的相处之道""网络时代的家庭教育""婚姻关系与亲子关系""中高考指导与孩子生涯规划"等。

四 案例效果

通过开展各项心理疏导工作，家长配合学校的能力和观念得到逐步提升和改善，未成年人恶性心理事件大幅度减少。近几年来，社区共辅导29名逃学孩子，使他们重返校园。经多次、长期的辅导，43名有心理抑郁倾向的孩子基本能与人和谐相处，学习和生活逐渐步入正轨。13名有轻生和离家出走念头的孩子，经过长期的跟踪辅导后，已经打消了错误念头，心理健康得到保持，重新开始了正常的学习和生活。对于个别有难度的家庭和个人，社区有针对性地进行定时家访，先从家长入手，携手改变孩子的现状。社区中一名厌学的二年级男孩，因其父母离异，孩子长期见不到妈妈而选择逃课。社区心理辅导员首先主动与男孩在外地工作的妈妈进行多次电话交流，再和孩子的爷爷奶奶面对面地交谈，进而和孩子近距离地沟通。此外，心理咨询师像妈妈一样接送孩子上学，给予孩子更多关心和关爱，终于解开了孩子的心结，使其每天都高高兴兴地上学，直至现在学习状态依然保持得很好。

五 经验借鉴

（一）循序渐进，长期坚持

心理疏导工作任重而道远，需要耐心、恒心、爱心和专业素养，是一项需要长期坚持的艰苦工作。要想有成效，需要有长期的计划和短期的目标，既要循序渐进，又要持之以恒，耐心细致且具体周到，才能达到我们理想的目标，这也是广兴茂社区心理疏导工作一贯秉持的标准。每一次心理疏导工作背后，都蕴含着心理工作者的辛苦付出和无私奉献，也记载着社区工作的点滴成绩和助人的快乐，为社区所有居民服务，不抛弃、不放弃更是社区坚定不移的工作理念和原则。

（二）谨慎诊断，及时纠正

未成年人心理障碍的表现形式多种多样，主要表现为怕困难、要面子、胆子小、不敢当众说话、不珍惜生命、孤僻心理、人际交往障碍、乱猜疑、嫉妒等，而且上述心理障碍往往不是单一存在的，而是几种障碍交织在一起。面对错综复杂的心理障碍，我们都要谨慎正确地诊断，然后对症下药，因势利导，及时纠正心理偏差，保障未成年人心理健康发展。珍爱生命的课程永远任重而道远，作为父母，作为老师，要用适合孩子的方式进行沟通和教育，让孩子体会到父母之爱和师生之爱。如若不能被孩子所感知和体会，那将是教育的悲哀。为了让整个社会都能多关注孩子的心理健康，使更多的家庭和孩子能够体会生命的美好和无价，社区仍会逐步完善工作方法和内容，提高工作效率，为实现少年强国之梦而不断努力奋斗。

参考文献

杜幼文：《社区教育的社会效益评价问题》，《现代远程教育研究》2012 年第 6 期。

范以纲：《社区教育发展三十年——以上海市普陀区为例》，学林出版社，2016。

顾秀莲：《以习近平新时代中国特色社会主义思想为指导，全面加强基层关工委建设——在全国基层关工委建设工作会议上的报告》，2018 年6 月 27 日。

国家标准化管理委员会：《社区服务指南第 3 部分：文化、教育、体育服务》，2006 年 12 月 4 日。

黄园：《关工委组织参与社会治理的研究》，硕士学位论文，南昌大学，2017。

黄云龙：《我国社区教育的嬗变、发展态势及其实践策略》，《教育发展研究》2005 年第 18 期。

姜振华、胡鸿保：《社区概念发展的历程》，《中国青年政治学院院报》2002 年第 4 期。

教育部关工委社区教育中心：《教育系统关工委社区教育理论与实践研究论文集》，2016。

教育部关工委社区教育中心：《教育系统关工委社区教育工作交流研讨会交流材料》，2016。

教育部关心下一代工作委员会：《关心下一代工作指南》，重庆出版社，2015。

教育部关心下一代工作委员会：《关心下一代论文集粹》，广西师范大学出版社，2015。

教育部关心下一代工作委员会：《晚晴——全国教育系统关心下一代工作先进集体、关心下一代工作先进个人事迹选》，华文出版社，2015。

教育部关心下一代工作委员会：《纪念教育部关工委成立 25 周年（1991—2016）》，2016。

教育部关心下一代工作委员会：《全国教育系统关工委社区教育联系点工作会议交流材料》，2018。

教育部社区教育研究培训中心：《中国社区教育发展报告（2015—2017年）》，国家开放大学出版社，2019。

李慧洁：《日本社区教育及其借鉴》，《内蒙古师范大学学报》（教育科学版）2007 年第 8 期。

李佳萍：《我国社区教育管理的问题与对策研究》，博士学位论文，东北师范大学，2014。

李蒙恩：《教育系统关心下一代工作发展历程回顾》，《中国德育》2008 年第 11 期。

李卫红：《在继承中创新 在创新中发展 全面推进教育关工委工作——在纪念教育部关工委成立 25 周年暨第五次工作会议上的讲话》，2016年 4 月 25 日。

李卫红：《在教育部关工委社区教育联系点总结交流工作会上的讲话》，2018 年 12 月 7 日。

李卫红：《抓住机遇 主动作为 积极推动教育关工委社区教育工作创新发展——全国教育系统关工委社区教育工作交流研讨会》，2016 年 11月 23 日。

厉以贤：《社区教育的理念》，《教育研究》1999 年第 3 期。

厉以贤：《终身学习视野中的社区教育》，《中国远程教育》2007 年第5 期。

刘尧：《社区教育的内涵、特点与功能探讨》，《西北农林科技大学学报》（社会科学版）2010 年第 3 期。

孙成华：《以十九大精神为引领 推动教育关工委社区教育工作再上新台

阶》，教育部关工委社区教育联系点建设推进会，2017 年 11 月 23 日。

吴遵民：《关于对我国社区教育本质特征的若干研究和思考——试从国际比较的视野出发》，《华东师范大学学报》（教育科学版）2003 年第 3 期。

吴遵民：《我国当代社区教育的历史回顾与展望》，《远程教育杂志》2011 年第 3 期。

习近平：《决胜全面建成小康社会　夺取新时代中国特色社会主义伟大胜利——在中国共产党第十九次全国代表大会上的报告》，2017 年 10 月 18 日。

徐魁鸿：《我国社区教育的发展：历史、问题及对策》，《职教论坛》2012 年第 4 期。

杨志坚、张少刚：《中国社区教育发展报告（1985—2011 年）》，中央广播电视大学出版社，2012。

杨志坚、张少刚：《中国社区教育发展报告（2013—2014 年）》，中央广播电视大学出版社，2015。

叶忠海：《社区教育学基础》，上海大学出版社，2000。

于虹：《在教育部关工委社区教育联系点建设推进会上的讲话》，2017 年 11 月 23 日。

余善云：《重庆市社区教育发展的历史回顾与展望》，《天津电大学报》2014 年第 4 期。

原永堂：《教育部关心下一代工作委员会的十五年》，《中国德育》2006 年第 8 期。

张凤山：《关工委工作概论》，北京交通大学出版社，2008。

张云间、张秀岩、王晓明：《关于社区教育若干基本问题的思考》，《教育研究》1995 年第 5 期。

教育部关心下一代工作委员会：http://www.ggw.edu.cn/。

中国社区教育网：http://www.shequ.edu.cn/。

附录1 个案访谈名单

（根据姓名拼音首字母排序）

1. 陈　晃　福建省教育系统关工委常务副主任
2. 陈惠民　湖北省武汉市洪山区珞南街道办事处关工委常务副主任
3. 陈忙耕　重庆市北碚区关工委副主任、北碚区教委关工委常务副主任
4. 龚宇涛　江西省新余市关工委副主任、教育局关工委顾问
5. 郭艳红　北京市昌平区城北街道燕平路社区党支部书记
6. 洪礼珍　上海市杨浦区殷行路街道社区学校常务副校长
7. 简小红　江西省新余市渝水区仙来街道办龙州社区书记
8. 孔令梅　内蒙古自治区包头市青山区教育局关工委常务副主任
9. 李贺祥　内蒙古自治区包头市教育局关工委常务副主任
10. 梁丽珊　广东省佛山市顺德区均安镇教育局德育专干
11. 刘秀芬　内蒙古自治区呼伦贝尔市海拉尔区靠山街道关工委常务副主任
12. 孟庆金　湖北省教育厅关工委常务副主任
13. 孙玉刚　吉林省教育厅关工委常务副主任
14. 田　野　甘肃省定西市安定区永定路街道东街社区主任
15. 王建平　上海市杨浦区学习办常务副主任
16. 王平华　辽宁省抚顺市顺城区抚顺城街道安怡社区书记兼主任
17. 王延凤　重庆市教委原处级调研员
18. 吴红宇　内蒙古自治区呼伦贝尔市海拉尔区教育局关工委副主任
19. 吴惟粤　广东省教育系统关工委常务副主任

20. 吴维维　贵州省贵阳市社区教育指导中心社区教育办主任
21. 线长久　北京教育系统关工委副主任
22. 肖兴艳　贵州省贵阳市世纪城社区党委副书记
23. 张　慧　甘肃省定西市安定区永定路街道东街社区书记
24. 张文博　北京市昌平区教育局关工委常务副主任
25. 郑金城　重庆市教委关工委副主任

附录2　案例和报告提交单位

1. 北京市　昌平区城北街道燕平路社区
2. 北京市　宣武红旗业余大学
3. 重庆市　万盛经开区关工委
4. 福建省　福州市鼓楼区东街街道军门社区
5. 福建省　福州市鼓楼区水部街道建华社区
6. 甘肃省　定西市安定区永定路街道东街社区
7. 广东省　佛山市顺德区均安镇
8. 广西壮族自治区　南宁市邕宁区社区教育指导委员会
9. 广西壮族自治区　桂林市辰山社区
10. 广西壮族自治区　桂林市金星社区
11. 广西壮族自治区　桂林市六合社区
12. 广西壮族自治区　桂林市龙胜县民族社区学院
13. 广西壮族自治区　桂林市猫儿山社区
14. 广西壮族自治区　桂林市毛塘路社区
15. 广西壮族自治区　桂林市清秀社区
16. 广西壮族自治区　桂林市社区大学
17. 广西壮族自治区　桂林市五通社区
18. 广西壮族自治区　桂林市秀峰街道
19. 广西壮族自治区　来宾市飞龙小学
20. 广西壮族自治区　来宾市金秀县民族小学
21. 广西壮族自治区　来宾市金秀县忠良中学

22. 广西壮族自治区　龙胜县

23. 贵州省　安顺电大省级社区教育试点单位

24. 贵州省　安顺市安顺经济技术开发区西市小学

25. 贵州省　安顺市平坝区教育和科技局

26. 贵州省　安顺市西秀区马槽社区

27. 贵州省　贵阳市观山湖区世纪城社区服务中心

28. 贵州省　贵阳市云岩区中天社区

29. 贵州省　锦屏县

30. 贵州省　雷山县城南社区

31. 贵州省　六盘水市水城县第二小学

32. 贵州省　盘州市第二小学

33. 贵州省　盘州市第二幼儿园

34. 贵州省　盘州市第四小学

35. 贵州省　铜仁市铜仁学院大健康学院

36. 海南省　儋州市教育局关工委、儋州市那大镇大同社区

37. 河北省　邯郸市肥乡区东吾吉小学

38. 河南省　安阳市教育局关工委

39. 河南省　南阳市宛城区教体局关工委

40. 河南省　南阳市镇平县涅阳办事处社区教育学校

41. 河南省　郑州市二七区大学路办事处康桥华城社区关工委

42. 河南省　周口市鹿邑县教体局关工委

43. 黑龙江省　哈尔滨市香坊区新成街道建成社区

44. 湖北省　武汉市华中师范大学社区

45. 湖南省　湘潭市雨湖区广场街道和平社区

46. 吉林省　辽源市东丰县西侧社区

47. 吉林省　辽源市龙山区教育关工委

48. 吉林省　四平市铁东区北市场街广兴茂社区

49. 江苏省　镇江市教育局关工委

50. 江西省　新余市渝水区仙来办龙州社区

51. 辽宁省　大连市甘井子区兴华街道华国社区

52. 辽宁省　抚顺市顺城区抚顺城街道安怡社区

53. 辽宁省　盘锦市大洼区教育局关工委

54. 辽宁省　沈阳市沈河区家庭教育学校

55. 内蒙古自治区　包头市都兰社区、青山区教育局关工委

56. 内蒙古自治区　呼伦贝尔市海拉尔区靠山街道办事处芳园社区

57. 青海省　西宁市城西区文亭巷社区

58. 山东省　滨州市滨城区市彩虹湖社区

59. 山西省　太原市万柏林区兴华街办后北屯社区

60. 山西省　太原市万柏林区长风西街街道地矿社区

61. 山西省　太原市小店区教育局

62. 山西省　阳泉市平定县教科局

63. 陕西省　西安市莲湖区桃园路街道劳动一坊社区

64. 上海市　杨浦区学习型社会建设与终身教育促进委员会办公室

65. 四川省　成都市金牛区荷花池街道东一路社区

66. 四川省　成都市金牛区沙河源街道汇泽路社区教育关工委

67. 西藏自治区　革吉县教育局

68. 西藏自治区　拉萨江苏实验中学

69. 新疆生产建设兵团　第六师五家渠市青湖路街道猛进社区关工委

70. 新疆生产建设兵团　第七师教育局

71. 新疆生产建设兵团　第十二师三坪农场祥和社区

72. 新疆生产建设兵团　第十三师红山农场第二学校

73. 新疆生产建设兵团　第十三师红山农场学校

74. 新疆生产建设兵团　第十三师黄田农场学校

75. 新疆生产建设兵团　第十三师火箭农场学校

76. 新疆生产建设兵团　第十三师柳树泉农场学校

77. 新疆生产建设兵团　第十四师

78. 云南省　安宁市教育体育局

79. 云南省　保山市腾冲市腾越镇中心学校

80. 云南省　凤庆县象贤中心学校象贤完小

81. 云南省 临沧市耿马傣族佤族自治县益家青少年事务社会工作服务中心
82. 云南省 鹤庆县草海镇板桥村委会关工小组
83. 云南省 昆明市官渡区太和街道黄家庄社区
84. 云南省 临沧市沧源佤族自治县教育体育局
85. 云南省 孟连县关心下一代工作委员会
86. 云南省 巍山县大仓小学
87. 浙江省 杭州市滨江区社区学院
88. 浙江省 杭州市上城区社教办
89. 浙江省 杭州市上城区赠人玫瑰学生成长关爱中心
90. 浙江省 杭州市萧山区宁围街道
91. 浙江省 湖州市南浔区教育局
92. 浙江省 宁波市奉化区教育关工委

附录3　问卷提交单位

（根据地名拼音首字母排序）

1. 北京市　昌平区教育关工委
2. 北京市　房山区教育系统关工委
3. 北京市　怀柔区教育关工委
4. 北京市　密云区教育关工委
5. 北京市　平谷区教育关工委
6. 北京市　西城区教育关工委
7. 重庆市　北碚区教委关工委
8. 重庆市　万盛经开区教育局关工委
9. 重庆市　渝中区教委关工委
10. 福建省　福州市鼓楼区教育系统关工委
11. 甘肃省　阿克塞县教育和科学技术局
12. 甘肃省　广河县教育局
13. 广西壮族自治区　防城港市港口区教育和科学技术局
14. 广西壮族自治区　桂林市叠彩区
15. 广西壮族自治区　桂林市临桂区教育局
16. 广西壮族自治区　桂林市七星区教育局
17. 广西壮族自治区　桂林市象山区教育局
18. 广西壮族自治区　桂林市秀峰区教育局
19. 广西壮族自治区　桂林市雁山区教育关工委
20. 广西壮族自治区　龙胜各族自治县教育局
21. 贵州省　安顺电大省级社区教育试点单位

22. 贵州省 安顺开发区教育局

23. 贵州省 安顺市西秀区教育关工委

24. 贵州省 毕节市百里杜鹃教育科技局

25. 贵州省 毕节市大方县教育科技局

26. 贵州省 毕节市赫章县教育系统关工委

27. 贵州省 毕节市金海湖新区教科文卫局

28. 贵州省 毕节市金沙县教育科技局关工委

29. 贵州省 毕节市纳雍县教育科技局

30. 贵州省 毕节市七星关区教育科技局

31. 贵州省 毕节市黔西县教育科技局

32. 贵州省 毕节市威宁自治县教育科技局

33. 贵州省 毕节市织金教育科技局

34. 贵州省 贵阳市白云区教育关工委

35. 贵州省 贵阳市南明区 河滨、大南、二戈寨、花果园、沙冲、沙南、市府、太慈、西湖、湘雅、小车河、兴关、油榨、中南、遵义等社区

36. 贵州省 贵阳市息烽县教育局

37. 贵州省 贵阳市修文县教育关工委

38. 贵州省 贵阳市云岩区教育局

39. 贵州省 雷山县教育和科技局

40. 贵州省 六盘水市六枝特区教育局

41. 贵州省 六盘水市钟山区教育局

42. 贵州省 盘州市教育局关工委

43. 贵州省 普定县教育和科技局

44. 贵州省 黔东南州锦屏县教育和科技局

45. 贵州省 黔东南州麻江县教育和科技局

46. 贵州省 黔西南州安龙县教育关工委

47. 贵州省 黔西南州册亨县教育局

48. 贵州省 黔西南州普安县教育关工委

49. 贵州省 黔西南州晴隆县教育局

50. 贵州省　黔西南州望谟县教育关工委

51. 贵州省　黔西南州兴仁市教育局

52. 贵州省　黔西南州兴义市教育关工委

53. 贵州省　黔西南州贞丰县教育局

54. 贵州省　仁怀市教育局关工委

55. 贵州省　水城县教育关工委

56. 贵州省　铜仁市德江县教育局关工委

57. 贵州省　铜仁市思南县教育局

58. 贵州省　铜仁市万山区教育局

59. 贵州省　铜仁市沿河自治县教育局

60. 贵州省　铜仁市印江自治县教育局关工委

61. 贵州省　铜仁市玉屏侗族自治县教育局

62. 贵州省　兴义市义龙新区教育关工委

63. 海南省　白沙黎族自治县教育局

64. 海南省　保亭黎族苗族自治县教育局关工委

65. 海南省　昌江黎族自治县教育局关工委

66. 海南省　澄迈县教育局关工委

67. 海南省　儋州市教育局关工委

68. 海南省　定安县教育局关工委

69. 海南省　东方市教育局关工委

70. 海南省　海口市琼山区教育局

71. 海南省　临高县教育局

72. 海南省　陵水黎族自治县教育局

73. 海南省　琼海市教育局关工委

74. 海南省　琼中县教育局

75. 海南省　屯昌县教育局关工委

76. 海南省　万宁市教育局

77. 河北省　邯郸市肥乡区教育关工委

78. 河南省　安阳市北关区教育局

79. 河南省　安阳市林州市教体局

80. 河南省　官庄工区社会事业局

81. 河南省　鹿邑县教育体育局关工委

82. 河南省　南阳市宛城区教体局关工委

83. 河南省　内黄县教育局

84. 河南省　三门峡市湖滨区教育科技体育局

85. 河南省　三门峡市灵宝市教体局

86. 河南省　三门峡市陕州区教育体育局关工委

87. 河南省　三门峡市义马市教体局关工委

88. 河南省　长垣县教育局

89. 河南省　郑州市二七区

90. 吉林省　吉林市丰满区教育关工委

91. 吉林省　辽源市东辽县教育局关工委

92. 吉林省　白山市抚松县教育局关工委

93. 吉林省　白山市浑江区

94. 吉林省　白山市江源区教育局

95. 吉林省　白山市靖宇县教育局

96. 吉林省　白山市临江市教育局关工委

97. 吉林省　白山市长白县教育关工委

98. 吉林省　吉林市桦甸市关工委

99. 吉林省　吉林市磐石市教育局关工委

100. 吉林省　吉林市舒兰市教育局关工委

101. 吉林省　吉林市永吉县教育局关工委

102. 吉林省　辽源市东丰县教育局关工委

103. 吉林省　辽源市龙山区教育关工委

104. 吉林省　辽源市西安区教育局关工委

105. 辽宁省　大连市金普新区教育局关工委

106. 辽宁省　大连市西岗区教育局关工委

107. 辽宁省　抚顺市顺城区教育局

108. 辽宁省　锦州市凌河区教育局

109. 辽宁省　盘锦市大洼区教育局关工委

110. 辽宁省　盘锦市兴隆台区教育局关工委

111. 辽宁省　沈阳市沈北新区教育局

112. 辽宁省　沈阳市沈河区教育局家庭教育学校

113. 辽宁省　沈阳市苏家屯区

114. 山西省　太原市尖草坪区教师进修学校

115. 山西省　太原市万柏林区关工委

116. 山西省　太原市万柏林区　地矿、西岸、滨汾苑等社区

117. 山西省　太原市小店区教育局

118. 山西省　太原市迎泽区社区学院

119. 四川省　成都市金牛区教育系统关工委

120. 四川省　富顺县教育局关工委

121. 四川省　洪雅县教育和体育局

122. 四川省　自贡市大安区教育和体育局关工委

123. 天津市　宁河区教育局关工委

124. 天津市　武清区教育关工委

125. 天津市　西青区

126. 西藏自治区　阿里措勤县教育局

127. 西藏自治区　阿里噶尔县教育局

128. 西藏自治区　阿里革吉县教育局

129. 西藏自治区　阿里札达县教育体育局

130. 西藏自治区　日喀则市桑珠孜区教育局

131. 西藏自治区　山南市浪卡子县教育局（体育局）

132. 西藏自治区　山南市洛扎县教育局（体育局）

133. 西藏自治区　山南市乃东区教育局

134. 西藏自治区　山南市曲松县教育局

135. 西藏自治区　山南市桑日县教育局

136. 西藏自治区　山南市扎囊县教育局

137. 新疆生产建设兵团　第八师石河子市教育局

138. 新疆生产建设兵团　第二师铁门关市教育局

139. 新疆生产建设兵团　第九师教育局

140. 新疆生产建设兵团 第六师五家渠市教育局

141. 新疆生产建设兵团 第七师教育局

142. 新疆生产建设兵团 第十二师教育局

143. 新疆生产建设兵团 第十三师教育局

144. 新疆生产建设兵团 第十师教育局

145. 新疆生产建设兵团 第十四师昆玉市教育局

146. 新疆生产建设兵团 第十一师教育局

147. 新疆生产建设兵团 第四师可克达拉市教育局

148. 新疆生产建设兵团 第一师教育局

149. 云南省 安宁市教育体育局

150. 云南省 保山市腾冲市教育体育局

151. 云南省 宾川县教育体育局

152. 云南省 沧源佤族自治县教育局

153. 云南省 大理市教育体育局

154. 云南省 洱源县教育体育局

155. 云南省 凤庆县教育体育局

156. 云南省 耿马自治县教育体育局

157. 云南省 鹤庆县教育体育局

158. 云南省 华坪县教育体育局

159. 云南省 剑川县教育体育局关工委

160. 云南省 孟连县教育体育局

161. 云南省 弥渡县教育体育局

162. 云南省 墨江县教育体育局

163. 云南省 南涧彝族自治县教育体育局

164. 云南省 宁洱县教育体育局

165. 云南省 普洱市思茅区

166. 云南省 石林彝族自治县教育体育局

167. 云南省 巍山县教育体育局

168. 云南省 漾濞彝族自治县教育体育局

169. 云南省 永平县教育体育局

170. 云南省　永胜县教育体育局关工委

171. 云南省　云龙县教育体育局

172. 云南省　镇沅县教育体育局

173. 浙江省　杭州市滨江区教育局

174. 浙江省　杭州市拱墅区社区学院

175. 浙江省　杭州市上城区教育局

176. 浙江省　杭州市萧山区

177. 浙江省　湖州市南浔区教育局

178. 浙江省　嘉兴市南湖区社区教育学院

179. 浙江省　景宁畲族自治县社区学院

180. 浙江省　宁波市奉化区教育关工委

181. 浙江省　遂昌县社区学院

后 记

　　教育部关工委社区教育中心成立以来，通过社区教育调查研究、理论研讨、信息交流、业务咨询、人员培训、书刊出版等方式推动教育系统关工委社区教育工作，对工作进行全面梳理、系统总结整个工作历程和经验、展示如此丰富的实践案例尚属首次。为落实这项工作，保障质量，中心派遣专人负责报告的编写工作。从 2018 年 10 月底到 2019 年 8 月底，编者历时 10 个月，综合运用文献研究、实地调研、个案访谈、小组座谈、案例征集和问卷调查等多种方法，在全面研究的基础上撰稿，几经修改之后完成这本《关心下一代工作与社区教育——全国教育系统关心下一代工作委员会社区教育发展报告》。

　　本书聚焦教育系统关工委开展的社区青少年关爱教育工作，以教育系统关工委相关人员和社区工作人员为研究对象，对教育系统关工委社区教育工作的历程、方法、成效等方面进行了全面梳理，并提出工作建议，为将来相关工作的不断深化、拓展提供参考。工作启动之初，中国成人教育协会社区教育专业委员会副理事长、社区教育专家组副组长庄俭就本书的编写思路提供了极有启发意义的建议，并为编者详细介绍了上海的社区教育工作经验；重庆市教委关工委多次组织区县关工委座谈，为本书的撰写提供思路和建议，并要求万盛、北碚、渝中等区全力协助。万盛经开区教育局关工委不仅提交了优秀案例和丰富的材料，还带领编写组成员实地考察了当地多个社区的工作，让编者与社区工作人员进行深入交流、了解社区工作的真实状况。随后，全国 12 个省、自治区、直辖市的关工委、社区和教育系统的 25 位相关人士接受了编者的访谈，详细介绍了当地社区教育的推进情况，以及他们关于社区教育的理解和建议。

本书的编写过程得到了全国 28 个省、自治区、直辖市和新疆生产建设兵团的大力支持。其中，27 个省、自治区、直辖市和新疆生产建设兵团提交的 69 个案例和 20 余篇地方社区教育状况介绍资料，成为书稿撰写的重要基础材料；17 个省、自治区、直辖市和新疆生产建设兵团提交的近 200 份社区教育调查问卷，也为本书的撰写提供了重要的参考。教育部关工委秘书处提供了关于教育系统关工委工作的丰富资料，是书中教育系统关工委社区教育历程分析的依据所在；社区教育中心秘书处所在的重庆课堂内外杂志有限责任公司大力支持本书撰写工作，为研究提供经费和人员支持，相关领导也多次亲自过问研究进展情况、参与稿件修改工作。本书的编写工作能够顺利展开，也离不开各地教育系统关工委领导和社区工作人员的鼎力支持。在此，谨向为本书编写工作提供支持的各地各有关组织和人员致以诚挚的感谢。

为提高书稿质量，全面、准确总结教育系统关工委社区教育工作，在初稿完成之后，我们邀请了多位专家审阅稿件，为我们把好质量关。其中既有社区教育领域专家，也有长期参与青少年社区教育的关工委领导和一线工作者。审稿专家包括：中国成人教育协会社区教育专业委员会副理事长、社区教育专家组副组长庄俭，教育部关工委社区教育中心副主任、重庆市教委关工委副主任郑金城，四川省教育厅关工委执行主任王晓都，福建省教育系统关工委常务副主任陈晃，浙江省教育厅关工委副秘书长程笑君，内蒙古自治区包头市青山区教育局关工委常务副主任孔令梅，华中师范大学社区纪检委员文洁琼，湖北省武汉市洪山区珞南街道办事处关工委常务副主任陈惠民，教育部关工委社区教育中心秘书长胡长江等。他们的意见和建议，使得书稿逐步趋于完善。谨致以诚挚的感谢！

图书在版编目（CIP）数据

关心下一代工作与社区教育：全国教育系统关心下一代工作委员会社区教育发展报告／姚喜双主编． -- 北京：社会科学文献出版社，2019.12

ISBN 978 - 7 - 5201 - 5813 - 8

Ⅰ. ①关…　Ⅱ. ①姚…　Ⅲ. ①青少年教育 - 教育工作 - 研究 - 中国②青少年教育 - 社区教育 - 研究 - 中国

Ⅳ. ①G775

中国版本图书馆 CIP 数据核字（2019）第 257706 号

关心下一代工作与社区教育

——全国教育系统关心下一代工作委员会社区教育发展报告

主　　编／姚喜双

副 主 编／刘信中　郑金城

出 版 人／谢寿光

组稿编辑／谢蕊芬

责任编辑／庄士龙　杨　阳

出　　版／社会科学文献出版社·群学出版分社（010）59366453
　　　　　地址：北京市北三环中路甲 29 号院华龙大厦　邮编：100029
　　　　　网址：www.ssap.com.cn

发　　行／市场营销中心（010）59367081　59367083

印　　装／三河市龙林印务有限公司

规　　格／开　本：787mm × 1092mm　1/16
　　　　　印　张：15.75　字　数：249 千字

版　　次／2019 年 12 月第 1 版　2019 年 12 月第 1 次印刷

书　　号／ISBN 978 - 7 - 5201 - 5813 - 8

定　　价／98.00 元